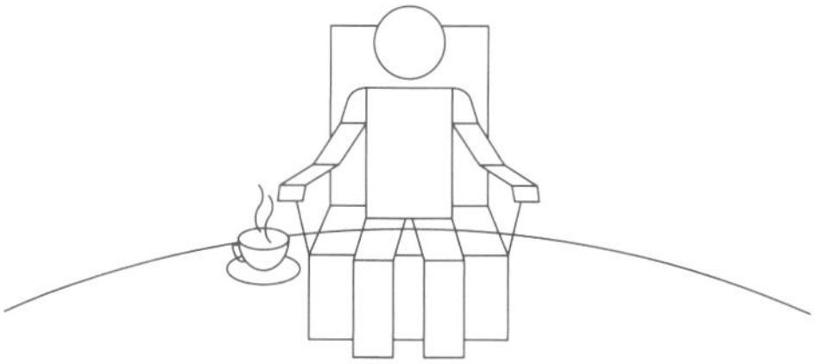

社長の年金・退職金相談と事業承継初期対応の実務

特定社会保険労務士・
ファイナンシャルプランナー
奥野 文夫 著

税理士
中川 善行 税務監修

日本法令

はじめに

60代以上社長の6割が事業承継を自分事として考えていない

経営者の高齢化が進む中、後継者がいないなどの理由で事業承継が進展しない中小企業が多いことが社会問題となっています。

「2020年版中小企業白書」によると、社長の年齢分布は「60代以上」が6割近くを占め、「70代以上」の割合が年々増加しています。社長の年代別に後継者の有無について確認すると、60代では約半数、70代では約4割、80代では約3割で後継者が不在となっています（次ページ）。

ところが、中小企業全体における事業承継の意向について見ると、「今はまだ事業承継について考えていない」と回答した企業の割合が最も多くなっています（3ページ参照）。

経営者が60代以上の企業も、約4分の1の企業において、「今はまだ事業承継について考えていない」となっています。「現在の事業を継続するつもりはない」と回答した企業も含めると、**60代以上社長の6割が事業承継を自分事として考えていない**、といえます。

社長の年齢分布

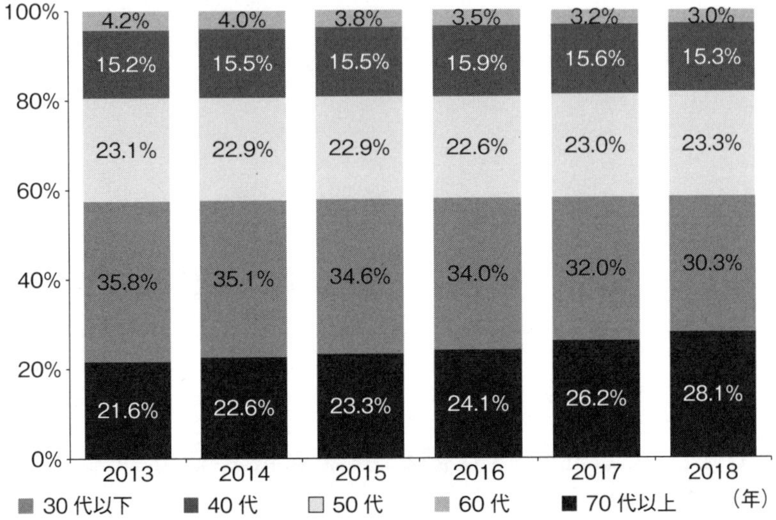

資料：㈱東京商工リサーチ「全国社長の年齢調査」

出典：『2020 年版中小企業白書』（中小企業庁）

社長の年代別に見た後継者決定状況

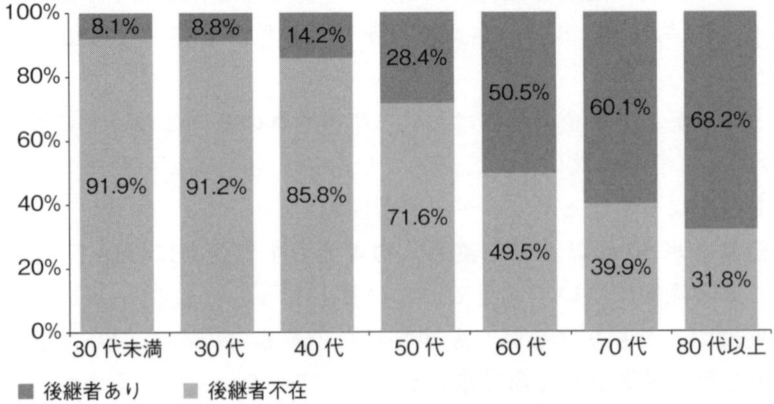

資料：㈱帝国データバンク「全国・後継者不在企業動向調査（2019 年）」

出典：『2020 年版中小企業白書』（中小企業庁）

事業承継の意向別の割合

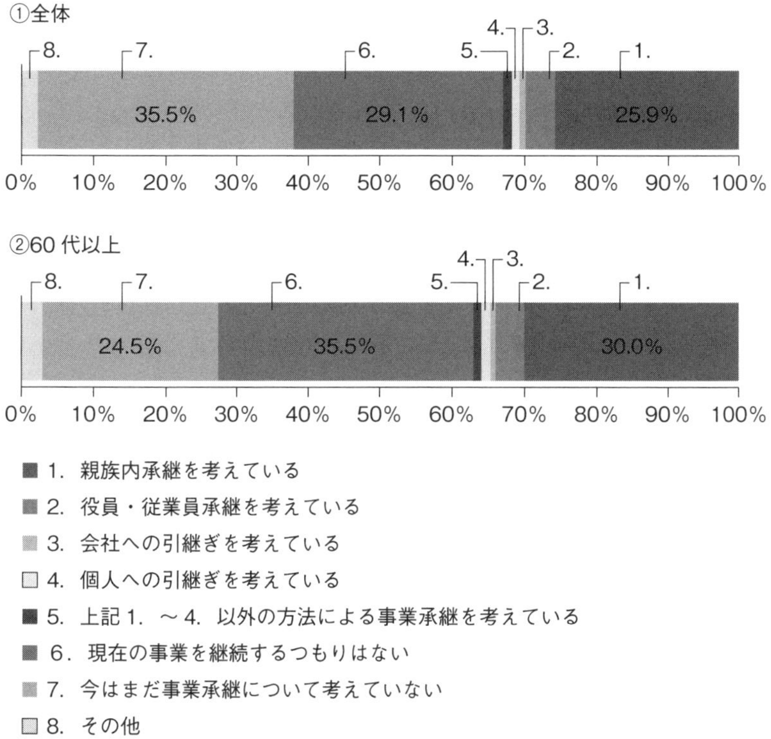

資料：中小企業庁「中小企業実態基本調査」

出典：『2020 年版中小企業白書』（中小企業庁）

事業承継準備には５～10 年程度かかる

後継者の選定や育成にかかる期間も含めれば、事業承継の準備には５～10 年程度はかかるといわれています。何らかの形で次世代に事業を引き継ぎたい場合、可能であれば社長が 60 歳となる頃までに事業承継に向けた準備を始めたいところです。

社長が高齢になるほど時間的な猶予は限られます。準備が遅れると事業承継対策として採り得る選択肢も限られてきます。社長が 65 歳を過ぎている場合は、早期に事業承継に関する検討・準備を始めることが重要だといえます。

中小オーナー企業の社長は定年がないため、リタイアメントプラン・事業承継の検討が遅れがち

ほとんどの企業において、従業員には定年があります。ですから、遅くとも定年を迎えるまでには、いつまで働くか・どのような働き方をするかなどを考える機会が強制的に訪れます。50代の従業員を対象に定年後も見据えたキャリアデザイン支援を行っている会社もあります。

一方、**中小オーナー企業の社長には定年がありません。**働けるうちは何歳まででも働けるため、事業承継準備を行わないまま働き続けるうちに70歳台や80歳台となり、健康を害して働けなくなり業績が悪化するケースや、認知症になって経営上の意思決定を行えなくなるケース、病気や不慮の事故により亡くなってしまって後継者・遺族・従業員等が苦労をしたり顧客に迷惑をかけたりするケースもあります。

本来は定年がないことによる経営上・ライフプラン上のリスクに社長が自ら気づき、自分には定年が必要ではないか・定年が必要なら何歳にするかを、60歳頃までには考え始めることが望ましいといえるでしょう。しかし、定年がないことによるリスクを自覚している社長は少なく、自身のリタイアメントプラン・事業承継についても、考えるのを先延ばしにしている社長が多い印象です。

最近では金融機関や商工団体、M&A事業者など様々なところが社長に事業承継に関する情報提供を行っているので、そうした情報に触れて事業承継についての検討・準備が重要な課題だと意識している社長もいます。しかし、多くは利益の確保・アップ、資金繰り、従業員の採用・定着等緊急度の高い事項に対処せざるを得ず、手を付けられないままとなっているようです。

士業者には、外部環境の変化への対応や事業承継を見据えた情報提供が求められる

令和２年度、令和３年度には、新型コロナウイルスの感染拡大を受け緊急事態宣言が発出され、経営環境に重大な影響を及ぼしました。今後の経済状況の見通しが不透明な中、外部環境がどのような状態になろうとも事業を継続して利益をあげていくためには、従来の本業・これまでの成功体験のみに固執するのではなく、柔軟な姿勢で思いきった事業再構築（新分野展開、業態転換、事業・業種転換、事業再編等）を模索・実行していくことも重要となるでしょう。

経済産業省の「事業再構築補助金」の公募も行われていますが、補助金を申請するか・採択されるかとは関係なく、各企業において、長期にわたって継続して利益をあげていけるよう、今後の事業計画を立て直してみることは重要です。

また、事業承継時の贈与税・相続税の納税を猶予する事業承継税制も、平成30年度税制改正において大きく改正され、平成30年１月１日から令和９年12月31日までの10年間限定で特例措置が設けられています。この特例措置を活用することで、事業承継時の自社株に関する贈与税・相続税が100％猶予されることとなっていますが、活用にあたっては、後継者の氏名、事業承継の予定時期、承継時までの経営の計画、承継後５年間の経営計画等を記載した特例承継計画を策定し、令和５年３月31日までに都道府県庁に提出する必要があります(提出期限は令和６年３月31日まで延長予定)。

こちらについても、実際に納税の猶予等の特例措置を受けるかどうかにかかわらず、事業承継計画を立ててみることは重要です。

士業者が社長の話を聞いて、顧問先企業等が今後も事業を継続して利益をあげていくための事業計画や事業承継計画の策定・実現のために役に立つ情報を提供することの重要性は、今後ますます増していくことでしょう。

AIにより自動化される士業業務と、自動化の難しい士業業務

社労士等士業の世界では、電子申請の普及、法人設立関連手続のワンストップ化、AI（人工知能）の発展、各種クラウドサービスの普及などにより、単純な届書作成・提出代行業務等の価値は低下するといわれています。報酬相場が下がってもこれらの業務で継続的に利益をあげ続けるためには、業務体制の一層の効率化等が必要となります。危機感を抱いている人も多いのではないでしょうか。

しかし、次のような業務は、AIによる自動化対応が難しいものと思われます。

・相談者の事情や困りごと、解決に向けた意向をよく聞いて理解することが求められる業務
・相談者と同じ目線に立って状況を見ることが求められる業務
・相談者に寄り添い、相談者の人生観や価値観を理解したうえで課題の解決・理想の状態の実現に役立つ情報を整理して提供する業務
・相談者の想いに共感し、励ます業務　　など

事業承継支援は、上記の特徴をすべて備えた業務です。特に、その一環として行う社長の年金やリタイアメントプランに関する相談対応では、相談者の意向を細かく聞き取り、寄り添うことが求められます。

年金相談を通じて社長に事業承継を自分事として捉えてもらう

しかも、**社長の年金相談では、相談者全員が事業承継・事業整理の方針を検討すべき年齢にある決定権者**ですので、事業承継支援者が知りたい重要な情報を短時間で得ることができます。

中小オーナー企業の社長には、年金支給開始年齢を迎えるまで自身の老齢年金受給について深く考えてこなかった人が多いです。

しかし、**65歳からもらえる老齢基礎年金や老齢厚生年金は、亡くなるまで２カ月に１回、国から確実に支給される終身年金**です。

在職中の役員給与額と比べると、受給できる老齢年金額は多くはありませんが、結果として**どのような事業承継・事業整理を行うこととなったとしても、年金は退職後の生活を生涯にわたって支えてくれる最低限の生活基盤となる**ものです。

年金相談の過程でこのことに気づいてもらうことで、社長に退職時期や退職後の人生を自分事として考え始めてもらうことができます。

年金相談対応は事業承継支援の起点となり得る

社労士・FP等が年金相談に親身になって対応することで社長から信頼されれば、事業承継相談の初期対応も可能となります。

さらに、社長の希望に応じて各種支援機関や経験豊富な信頼できる税理士・公認会計士・弁護士・司法書士・中小企業診断士、M&A事業者等を紹介するなどにより、貢献できる業務範囲が広がります。他士業等にも喜ばれます。

税理士・公認会計士・弁護士・司法書士・中小企業診断士等の士業者で、事業承継・相続について顧問先企業等を支援したいものの社長の意向がわからないという人も、社長の年金相談に対応することで、早期に事業承継等についての本音を聞き出すことができるようになります。事業承継・相続案件の新規見込客開拓の手段としても、社長の年金相談対応は有効です。自身で対応することが難しい場合は、社長の年金相談に精通した社労士・FP等と連携することも考えられます（注）。

（注）手続業務や労務相談顧問を中心に行っている社労士から、社長の年金相談を行っている社労士に対しての、顧問先社長の老齢年金相談対応依頼もあります。

本書の主な対象読者

本書は、社労士・FP 等の業務として年金相談を行う可能性が高い方だけでなく、社長の年金相談に関わりたい次のような方のための本です。

・事業承継の初期相談対応を行うことで顧問先社長との関係を強化し、顧問先数の減少を防ぎたい士業の方
・専門分野の経験・知識を活かして事業承継・相続対策について支援を行いたいが、社長に事業承継・相続の話を切り出せない、社長に話を聞いてもらえない、とお悩みの士業の方
・事業承継や相続について他社よりも先に社長からの相談を受けたい士業や金融機関・支援機関・M&A 事業者の方
・M&A の売手案件を探している方
・社長からの信頼をベースに、事業承継・相続対策としての生命保険活用提案で貢献したい保険営業職の方

これらの方が、それぞれの強みを活かした切り口から事業承継関連情報を社長に提供するだけではなく、本書で提唱している「社長の年金相談」という別ルートも確保することで、事業承継に関する気づきの機会を早期に社長に提供できるようになります。そして、事業承継を社長が自分事として捉えるようになり、社長から事業承継について相談されるようになります。

その他、次のような方のお役にも立つでしょう。

・事業承継・相続に対して社長がどう考えているのかわからず不安な後継社長候補の方や親族の方
・自身の今後の事務所運営、事業承継・事業整理を検討している士業の方

本書の構成

まず序章で、事業承継の構成要素・事業承継に向けた大まかなステップや、社長の年金相談が事業承継相談に結びつく３つの理由を確認します。

次に、第１章では、年金相談対応から事業承継相談対応までのあらゆる局面で必要となる基本的な考え方・マインドセットについてお伝えします。

その後、社長の年金相談対応、退職金・リタイアメントプラン相談対応、事業承継相談初期対応に際して押さえるべきポイントについて、それぞれ、第２章、第３章、第４章でお伝えします。

＊　本書は令和３年12月１日現在の法律などに基づいて解説しています。

＊　在職老齢年金制度・繰下げ制度など社長の年金に関する基礎知識については、必要に応じ拙著『社長の年金　よくある勘違いから学ぶ在職老齢年金』（日本法令）もご参照ください。

＊　本書では厚生年金保険に加入している法人社長からの相談対応について解説しています。個人事業主がミニマム法人で厚生年金保険・健康保険に加入して年金・医療保険給付を充実させる方法については、拙著『個人事業＋ミニマム法人でフリーランスの年金・医療保険が充実！』（中央経済社）や『個人事業主・フリーランスの年金不安をなくす本』（自由国民社）をご参照ください。

＊　第３章など税務に関する事項については、税理士の中川善行先生に監修していただきました。

CONTENTS

第1章　社長の年金相談等で求められるマインドセットと対応

第2章 社長の年金相談対応で押さえるべきポイント

序　章

社長の年金相談が事業承継相談に結びつく理由とは

ここではまず、事業承継の構成要素や事業承継に向けた大まかなステップについて確認します。

次に、社長の年金相談が事業承継相談に結びつく３つの理由をお伝えします。

Ⅰ

事業承継の構成要素と承継に向けたステップ

1　事業承継の構成要素

「事業承継ガイドライン」(平成28年12月中小企業庁) では、事業承継とは、**「人 (経営)」・「資産」・「知的資産」** の３つの要素を次世代に引き継ぐことと定義されています。

中小企業白書では、これらのうち「人 (経営)」の承継および「知的資産」の承継を合わせて「経営の引継ぎ」と捉え、事業承継を「経営の引継ぎ」と「資産の引継ぎ」の観点から分析が行われています。

図0-1　事業承継の構成要素

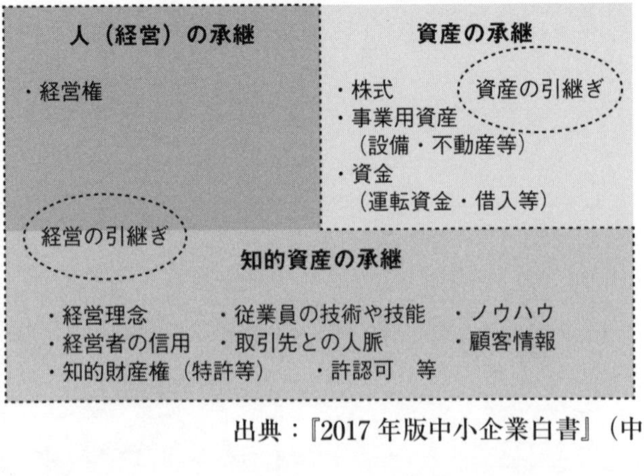

出典：『2017年版中小企業白書』(中小企業庁)

また、事業承継の類型としては、事業承継ガイドラインでは、**親族内承継、役員・従業員承継（企業内承継）、社外への引継ぎ（M&A等）**の３つに区分して説明されています。

事業承継の類型に応じた事業承継に向けた大まかなステップは、（**図 0-2**）のとおりです。

図 0-2　事業承継に向けたステップ

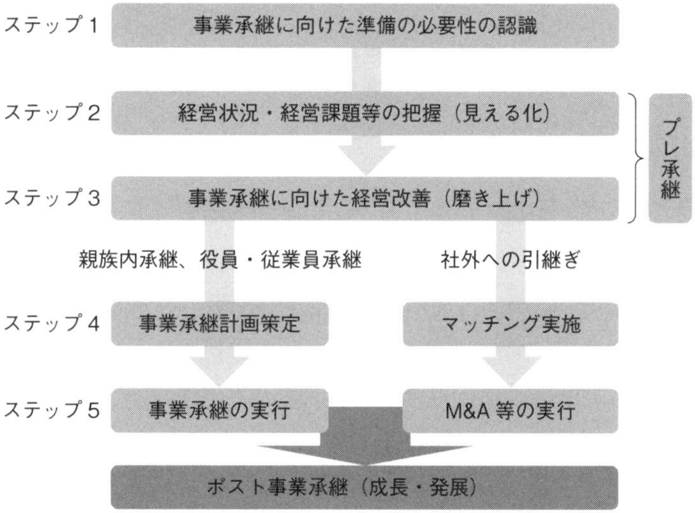

出典：『事業承継ガイドライン』（平成 28 年 12 月中小企業庁）一部改変

中小企業における事業承継の遅れを改善するためには、「事業承継に向けた準備の必要性の認識」（**図 0-2** のステップ１）を社長がなるべく早い段階で持つことが最も重要といえます。

2　どうやって社長に事業承継を自分事にしてもらうか ～「いつ社長をやめますか」とは聞けない

このような状況を踏まえ、社労士やFP、税理士、公認会計士、弁護士、司法書士、行政書士、中小企業診断士などの士業にも、事業承継支援業務に参入しようとする人が増えているようです。

事業承継支援業務を行いたいと考えている士業の方と話をしていると、**「いつ代表取締役を退任するつもりなのか」や「事業を今後どうするつもりなのか」について、社長の本音を知りたいものの聞きにくい**、との悩みを聞くことがあります(注1)。

また、後継者候補の方からも、社長がいつ経営のバトンを渡してくれるのかわからないとの不安・不満の声を聞くことがあります。

(注1) 著者も、社労士・FPとして開業する前に生命保険営業の仕事で面談した60歳台前半の社長に対し、(事業承継について相談されてもいないのに) 退任予定時期や後継者の有無を尋ねて激怒された苦い経験がありますので、気持ちはよくわかります。

3　年金相談をきっかけに事業承継相談につながるケースが多い

著者は、社労士・FPとして22年前に開業した当初から、ご縁により中小企業団体 (労働保険事務組合) の役員を務めています。この団体の役員や顧問をお願いしている弁護士、司法書士、税理士等各分野の専門家の先生方と協力しながら、事業を取り巻く日々の困りごと・悩みごとから年金・退職金・事業承継・相続・廃業まで、会員企業社長からの様々な相談への対応を行ってきました。また、地元関西の事業協同組合主催の経営者向け勉強会や地方銀行主催の後継者向け定期勉強会で講師を務めたり、将来の事業承継を見据えた人事制度や賃金・退職金制度の見直し依頼を受けたりもしてきました。

社長の年金相談を受けていると、そこから派生して役員退職金・リタイアメントプランや事業承継・相続に関する相談を受けることも多いです。

そこで、平成25年からは社長向けのセミナーや書籍等で、「遅くとも65歳頃までに、できれば60歳頃までには、年金受給についてだけでなく、事業承継についても併せて検討を開始するようにしたいところです」と訴えたところ、全国の社長からの相談が入るようになりました。中には、事業承継の方針が決まっている社長からの相談もありますが、多くは今後どうするかがまだ決まっていない社長からの相談です。

これまでに相談・業務依頼を受けた企業のうち、事業承継を終えた企業のその後の状況は、次のように様々です。

・子が事業を引き継ぎ、順調に事業を継続しているケース
・役員が事業を引き継いだものの、最近の急激な外部環境の変化に対応できず、倒産してしまったケース
・同業他社へのM&A（株式譲渡・事業譲渡等）を行った後、自身が以前からやりたかった活動に従事しているケース

また、次のようなケースもあります。

・後継者のいない社長が急死し、それまで経営にタッチしていなかった社長の妻や娘が経営を引き継ぎ苦労しているケース
・後継者を探す前に社長が認知症になり、廃業することとなったケース
……など

こうして振り返ってみると、最近は、年金をもらえる年齢になっても、65歳になっても、引き続き経営権を握り続ける社長が増えている印象があります。特にここ数年は、事業承継が決まっていない70歳以上の社長からの老齢年金相談も多いです。

Ⅱ

社長の年金相談が事業承継相談に結びつく３つの理由

著者も昔は、後継社長からの就業規則・人事制度・賃金制度・退職金制度の見直し等の相談・業務依頼を受けて支援を始めたものの、経営の重要事項に関する実質的な権限を先代社長（取締役会長等）が引き続き握っており、途中で先代社長の反対を受けて見直しが進まなくなる、という歯がゆい経験を何度もしました。

ところが、社長の引退前から社長自身の年金について相談を受けていたケースでは、その流れでスムーズに役員退職金・リタイアメントプランや事業承継（事業整理）・相続に関する相談も受けることが多くありました。

社長の年金相談対応から始めたときに、結果として事業承継相談に結びつくケースが多い理由は、次の３つです。

1　「どの年金を・いつから・どのようにして・いくらにして受け取るのか」を決めるためには、いつ退任するかを決める必要があるから

2　年金受給について考える過程で、社長が事業承継を自分事として考え始めるから

3　解決策を社長目線で親身になって考える過程で、社長から信頼されるから

1　「どの年金を・いつから・どのようにして・いくらにして受け取るのか」を決めるためには、いつ退任するつもりかを決める必要がある

(1)　事業承継支援における社労士・FPの優位性

「いつ退任するつもりなのか」や「事業をどうするつもりなのか」について、社長の本音を知りたいものの聞きにくい、と感じている士業の方や後継者候補の方がいらっしゃると、先ほど書きました。

その点、社長の年金相談に応じる社労士やFPであれば、そのような悩みは生じません。

なぜなら、社長の年金相談に対応する際に、社長の年金の基本形や在職老齢年金制度による年金と給与の調整の仕組みなどを説明したうえで、**「いつから年金を受けたいですか？」と聞けば、「いつ退任するつもりなのか」や「事業をどうするつもりなのか」について社長のほうから教えてくれることが多い**からです。

(2)　年金相談で掴む社長の本音

高額報酬の社長が退任したり報酬月額を減額したりすると、年金の支給停止が解除され社会保険料負担（会社負担分および本人負担分）が減る、というメリットが生じます。一方、現状の役員給与設定のまま働き続ける場合と比べると、将来退任した後に受給できる年金額が減るというデメリットが生じます（70歳未満の場合）。

退任後受給できる年金額がどれだけ減るのかは、①いつ退任するか、②在職中の役員給与設定によります。

したがって、いつ頃退任するかの大まかな予定が決まっていないと、在職中の年金受給のために役員給与設定を変更すべきかどうかや、いつからどのように変更すべきかを判断できません。

そのため、「いつから年金を受けたいですか？」と聞く必要があり、自然と後継者の有無、後継者がいる場合は誰か（親族・役員・従

業員等)、退任予定時期等デリケートな内容についても教えてくれることが多くなるのです。つまり、「いつまで働くつもりか」や「事業をどうするつもりなのか」について、社長の考えを話してくれるわけです。

(3) 社長の希望を踏まえた情報提供を

年金相談を受けた時点で、既に後継者が決まっているケースもあります。一方、後継者がいないため生涯現役で働くつもりであることや、退任時期・事業をどうするかをまだ決めていないことを教えてくれる社長もいます。あるいは、後継者候補に対する不満・本音を話す社長もいます。

いずれにしても、社長が教えてくれた状況を踏まえて、「どの年金を・いつから・どのようにして・いくらにして受け取るのか」を考えてもらいながら、社長の理想・希望の実現のために必要な情報を提供することとなります。

2 年金について考える過程で、社長が事業承継を自分事として考え始める

金融機関や事業主団体、各種支援機関、様々な士業者、M&A 事業者等から提供される事業承継関連の情報に繰り返し触れていても、漠然としか考えていない段階の社長にはなかなか響かないようです。事業承継支援においては、**事業承継を一般論ではなく自分事として社長に考えてもらうことが最も難しく、自分事として考えてもらえるようになるまでに時間がかかる**ということなのでしょう。

しかし、親しい社長が亡くなったことをきっかけに、自身に万が一のことがあったら事業はどうなるのだろうと、事業承継対策の必要性に気づくケースもあります。同様に、**自身の年金相談の過程で、今後会社・事業をどうしていきたいか、いつ退任するか、その前にいつか**

ら役員給与設定を変更するかを自分事としてイメージし始め、自身のリタイアメントプランや事業承継・相続、退職後の人生について今後の理想・希望を教えてくれる社長も多いです。

これは、「どの年金を・いつから・どのようにして・いくらにして受け取るのか」を考えるうちに、次のようなことが徐々に明確になっていくからでしょう。

・何のために年金受給のための対策を採るのか（会社の営業利益アップのために、自身の可処分所得アップのために）

・何のために営業利益や可処分所得を増やすのか（事業再構築対策資金確保のため、後継者の報酬を増やすなど事業承継・相続対策資金確保のため、M&A 準備のため、老後の生活資金確保のため等）

・今の事業をどうしたいのか、いつ頃まで社長として経営に従事したいのか（いつ頃までどのような働き方をしたいのか）

3　解決策を社長目線で親身になって考える過程で、社長から信頼される

年金相談をきっかけに、これまで知らなかった働きながら年金を受ける方法もある（あった）ことに社長が気づいたり、「こうでなければ」と思い込んでいた常識・固定観念が正しいとは限らない（正しいと考えるべき根拠がない）、と気づいたりすることが多いのです。**社長の課題解決・理想実現につながる選択肢が、既に知っている方法の他にもあることに早期に気づいてもらえると、視野が広がり行動の自由度が高まりますので、喜ばれます。**

社長の年金相談の過程で信頼関係を築いた社長のうち一定割合の人は、こちらから提供するその他の情報に対しても聞く耳を持ってくれます。

その結果、社長の年金だけでなく、役員退職金・リタイアメントプラン、人生（今後のライフプラン）、事業承継・相続等様々な課題についても相談を受けることとなります。

第1章

社長の年金相談等で求められるマインドセットと対応

この章では、社長の年金相談を入口として、役員退職金・リタイアメントプラン、事業承継等の相談にも対応するうえで共通して必要となる、基本的な考え方・マインドセットについて説明します。

Ⅰ　社長の年金相談イコール理想の人生・会社経営の実現支援

相談対応を行ううえで最も大事な心構えは、相談のあらゆる局面で、社長はどうしたいのか（理想）や、社長が大事にしている価値観を確認することです。相談者にとっての理想・希望・幸せを、相談者の価値観に沿った形で実現できるように支援しようとする姿勢です。

こうしたい・こうなりたいという理想の状態や大事にしている価値観は、一人ひとり違います。ですから、世間の常識や士業の世界での固定観念にとらわれず、**社長の理想の状態や大事にしている（したい）価値観を常に確認する**ことが重要です。

これが、年金相談・退職金相談・事業承継等相談など、すべての相談対応において最も重要な心構えだと考えます。

1　相談対応の原則は、社長の話をよく聞くこと

相談者の話をよく聴いてみないと、社長の理想や価値観はわかりません。ですから、まずは、社長の話をよく聞いてみましょう。

例えば、社長からの最初の年金相談は、次のタイミングで入ってくることが多いです。

・特別支給の老齢厚生年金の請求書が届いたとき（支給開始年齢に到達する約３カ月前に届きます）

・65歳になる約３カ月前（上記の請求手続を行っていない人のもとに年金請求書が再度送られてきたとき）

・65歳になる月の上旬頃（上記の請求手続を行った人のもとに65歳からの年金の請求書（はがき）が届いたとき）

いずれにおいても、何から伝えればよいのか・どんな情報を伝えればよいのかがわからない状態で相談してくる社長が多いです。

そこで、まずはヒアリングから始めるわけですが、年金に限らず退職金や事業承継等について、社長が困っている状況・社長の理想の状態など、社長の置かれている立場を理解したうえで聞いてくれる人はほとんどいないのが実情です。**誰にも相談できなくて困っている社長が多いため、単に時間をかけてじっくり話を聞き、内容を理解するだけでも喜ばれ、信頼されます。**

2　相談者と同じ視点からも状況を捉えることが重要

社労士・FP等は、年金等に関して社長よりも多くの知識を有していることが一般的です。ですから、社長の年金相談等に対応する際にも、専門的な見地からアドバイスをすることができます。

しかし、社長が困っている状況を理解して解決策を提示するためには、専門家としての立場から状況を捉えるだけでなく、社長と同じ視点からも状況を捉えることが重要です。

そのためには、社長が何を見て（何を聞いて）情報を得たのかを確認したり推察したりすることが大事です。相談者が実際に見たこと（聞いたこと）を踏まえて、相談者の頭の中にあることを理解したうえで回答しないと、回答内容がうまく伝わらないからです。

例えば、社長の年金相談では、公的年金制度に関する専門的な知識以上に、次のような点について知っておくことが重要です。

・「ねんきん定期便」、年金請求書、年金額改定通知書、支給額変更通知書等、年金について社長に送られてきた書類に何がどのように記載されているか

・会社員（従業員）向けの書籍や新聞・雑誌記事、インターネット上の記事等でどのような情報が提供されているか

・年金事務所や金融機関の年金相談員、顧問社労士からは一般にどのような情報が社長に提供されているか

同様に、役員退職金の相談対応に際しても、一般に顧問税理士からどのような情報が社長に提供されているかを理解しておく必要があります。事業承継の相談対応に際しても、業界団体や金融機関、M&A事業者等からどのような情報が社長に提供されているかを知っておく必要があります。

Ⅱ

社長の意思決定に必要な客観的な事実を伝える

1　相談対応の流れ

社長の話を時間をかけて聞き、社長の価値観・理想の状態を理解し、社長と同じ視点からも現在の状況を確認した後の相談対応は、次のような流れとなるのが基本です。**このような流れで、社長の悩み解決・理想実現のために採り得る選択肢を示すことで、社長が安心して自由に意思決定を行うお手伝いができます。**

1　理想と現状を確認してもらう
2　理想と現状にギャップが生じていることを確認してもらう
3　ギャップが生じている原因は何かに気づいてもらう
4　理想を実現するための方法（選択肢）があることに気づいてもらう
5　どの選択肢を採用するのが自社・自身にとって最適かを社長が判断できるように、必要な客観的な情報を提供する（採り得る各選択肢を採用するとしたら、どのようなメリットが生じるかを説明するだけでなく、生じ得るデメリット・リスクについても説明する）

なお、採り得る選択肢のうちのどれを採用するかを、社長から意見を求められる前に士業等のほうからコントロールすることはできないし、すべきではないと考えます。

なぜなら、社長の人生・会社経営について最終的に意思決定できるのは社長本人だけであり、士業等が代わりに決定することはできないからです。中小オーナー企業の社長は、自社の経営についてすべてを自身で決定でき、決定した内容について最終的には自身で全責任を負うしかない立場にいます。また、特に創業社長の中には、いくら正論であっても上から目線で指図・指導されるのを嫌う人も多いです。

ですから、**社長の価値観や理想の状態を聞いても、すぐに士業等の立場から良い・悪いの価値判断を下すのではなく、まずは社長の話を理解することに注力することが重要**です。

2　できないという前提から始めるのではなく、どうすればできるのかを考える

社長の理想・希望が実現の難しそうな内容であった場合も、できないという前提から始めるのではなく、まずは、どうすればできるのか・できる方法はないかと時間をかけて考えてみることが重要です。

相談を持ち帰り、法令・判例等を調べてみたり詳しい専門家に教えてもらったりすると、できないと思い込んでいただけ、ということもあります。今のままでは実現できないものの将来的にいくつかの条件を満たすことができるのであれば実現できそうだ、と方向性が見えることもあります。

長年会社経営を行い日々様々な経営判断を行ってきた社長には、こちらが社長の理想・希望実現に焦点を当てて回答しているのか、実現できない理由に焦点を当てて回答しているのかは一瞬で伝わります。

すぐに理想・希望実現の支援ができない場合であっても、できるようになる方法を探し続け、社長の役に立つ情報が手に入り次第提供することも喜ばれます。

3　社長の希望が法令に違反することである場合

このように言うと、社長の理想・希望を何でも受け入れて実現のために支援しなければならないのかと思う人もいるかもしれませんが、そうではありません。例えば、社長の年金相談では、次のような希望を聞くこともあります。

> 代表取締役として働きながらも、給与との調整で年金が支給停止されないように、厚生年金保険の被保険者資格を喪失することにしたい

話を聞いてみて、社長の実現したい理想・希望がこのような法令に違反することであった場合は、社長を頭ごなしに批判するのではなく、話を理解したうえで、現行の法令条文（や裁判例、裁決例、通達・疑義照会回答等）を噛み砕いて説明し、現在日本国内でそのような選択肢を採ることは適切ではないことを冷静に伝えれば済みます。

そのうえで、別の選択肢を検討するように伝えましょう。

4　明確な判断基準がない問題・絶対的な正解がない問題は、最終的には社長が決めるしかない

社長の年金受給、自社にとって適正な役員退職金の額、事業承継等事業の出口戦略をどうするか、どのような人生を送るかなどは、これが唯一の正解というものはありません。採り得る選択肢、各選択肢のメリット・デメリット等を示し、社長の理想・価値観に合うと思われる選択肢はどれかを伝えることまではできますが、最終的には社長の判断に委ねるしかない領域です。

士業等外部の第三者には責任の取りようがない部分があること、社長が自己責任で判断するしかない領域があることを、社長に理解してもらうことも重要です。創業社長には少ないのですが、自身で判断し

て意思決定することができず、士業等第三者に選択・決断を委ねたがる依存型の社長も中にはいます。そのような社長には引きずられないように注意が必要です。

5　目的を確認することも重要

「働きながら受給できる年金額を増やしたい」との相談を社長から受けた場合に、採り得る選択肢を示すことに加え、社長が何のために働きながら受給できる年金額を増やしたいのかを確認することによって、役員退職金相談や事業承継・相続相談につながる可能性が高まります。

役員退職金相談に対応する際も、何のために役員退職金を受けたいのかを確認することによって、事業承継・相続相談につながる可能性が高まります。

事業承継相談に対応する際も、何のために事業承継を行いたいのかを確認することによって、社長の理想とする事業・やりたいことが明らかになることもあります。

このように、社長が何のために（どういう目的で）問題解決・希望実現をしたいと考えているのか（その問題を解決し希望を実現することで、どのような理想を実現しようとしているのか）を聞き出すことによって、相談を受ける範囲が広がることがよくあります。

以上、相談対応に際しての基本的な心構えについて確認しました。抽象的な話だと感じた人もいるかもしれませんが、第２章以下で具体的な事例や対応のポイントを確認していく中で、徐々に理解が深まっていくと思います。

それでは、第２章で、社長の年金相談対応で押さえるべきポイントから具体的にみていきましょう。

第２章

社長の年金相談対応で押さえるべきポイント

社長には、報酬月額が高い人が多いため、老齢基礎年金および老齢厚生年金（経過的加算部分）のみを受け取っている人が多くいます。そのため、年金受給額を増やしたいがどうすればよいか？　という相談内容が多くなります。

しかし、年金受給額は役員給与の設定等により決まるため、社長一人の問題ではなく会社の利益や税金の額にも影響することとなります。

この章では、こうした社長の年金相談特有の対応のほか、繰下げや配偶者加給年金額、遺族厚生年金についての注意事項、また令和４年度からの改正の影響について説明します。

I

社長が報酬比例部分の年金を受ける3つの方法

報酬月額が高い社長が報酬比例部分の年金（特別支給の老齢厚生年金や老齢厚生年金（報酬比例部分））を受ける方法としては、次の3つがあります。

1　退職する（厚生年金保険の被保険者や「70歳以上被用者」[注1]でなくなる） 2　報酬月額の減額のみ行って、「総報酬月額相当額」[注2]を引き下げる 3　報酬月額の減額に加え、厚生年金保険法（以下、「厚年法」という）上の「総報酬月額相当額」に影響しないお金も受けることにより、「総報酬月額相当額」を引き下げる

(注1) 70歳以上被用者とは：厚年法27条の「70歳以上の使用される者」のこと。次の3つの要件をすべて満たす人が該当します。
(1) 厚生年金保険の適用事業所で働く70歳以上の人
(2) 70歳前に厚生年金保険に加入した期間がある人
(3) 70歳未満であれば厚生年金保険の被保険者となるような働き方をしている人（厚年法施行規則10条の4）

(注2) 総報酬月額相当額＝標準報酬月額＋その月以前の1年間の標準賞与額の総額÷12（厚年法46条）

(注3)「報酬」とは：賃金、給料、俸給、手当、賞与その他いかなる名称であるかを問わず、労働の対償として受けるすべてのものをいいます。ただし、臨時に受けるものおよび3月を超える期間ごとに受けるものは、除きます（厚年法3条1項3号）。

(注4)「賞与」とは：賃金、給料、俸給、手当、賞与その他いかなる名称であるかを問わず、労働の対償として受けるすべてのもののうち、3月を超える期間ごとに受けるものをいいます（厚年法3条1項4号）。

1　退職する（厚生年金保険の被保険者や「70歳以上被用者」でなくなる）

この方法で報酬比例部分の年金の全部を受給できますが、事業承継などの事業整理が終わった後でないと実際には採用できません。

ところが、厚生年金保険の被保険者や70歳以上被用者となるべき状態（経営に従事して役員給与を受けている状態）であるにもかかわらず、勝手な判断で社長・役員について被保険者資格喪失届・70歳以上被用者不該当届を提出している事例も見られます。こうしたケースで後から年金事務所に是正を命じられると、納付不足の社会保険料（会社負担分および本人負担分）を納めたり、受給し過ぎてしまっていた老齢厚生年金を返還したりする必要が生じます。

社長・役員が厚生年金保険の被保険者や70歳以上被用者となるべき状態かどうかは、「その業務が実態において法人の経営に対する参画を内容とする経常的な労務の提供であり、かつ、その報酬が当該業務の対価として当該法人より経常的に支払いを受けるものであるかを基準として判断」されます。具体的には、以下の判断材料などを参考に、事案ごとに実態を踏まえて総合的に判断されます(注5)。

①　当該法人の事業所に定期的に出勤しているかどうか
②　当該法人における職以外に多くの職を兼ねていないかどうか
③　当該法人の役員会等に出席しているかどうか
④　当該法人の役員への連絡調整または職員に対する指揮監督に従事しているかどうか
⑤　当該法人において求めに応じて意見を述べる立場にとどまっていないかどうか

⑥　当該法人等より支払いを受ける報酬が社会通念上労務の内容に相応したものであって実費弁償程度の水準にとどまっていないかどうか

(注5) 平成22年3月10日日本年金機構疑義照会（回答)。

2　報酬月額の減額のみ行って、「総報酬月額相当額」を引き下げる

この方法でも報酬比例部分の年金の全部または一部を受給できるようになります。しかしながら、報酬月額を下げますので、本人の手取り年収（給与＋年金）は減ることとなります。

さらに、会社の「販売費および一般管理費」(給与および会社負担分の社会保険料）も減るため、会社の営業利益は増えます。税引前当期純利益も増えると、会社の法人税等負担が増えます。

なお、報酬・賞与を0円と決定してまったく受けなくなったときは、退職していなくても厚生年金保険の被保険者や70歳以上被用者でなくなるため(注6)、上記**1**と同様の状態となり、報酬比例部分の年金の全部を受給できるようになります。

(注6) 会社は「健康保険・厚生年金保険被保険者資格喪失届　厚生年金保険70歳以上被用者不該当届」を提出する必要があります。

3　報酬月額の減額に加え、「総報酬月額相当額」に影響しないお金も受けることにより、「総報酬月額相当額」を引き下げる

この方法でも報酬比例部分の年金の全部または一部を受給できるようになります。上記**2**の方法では手取り年収が減るのに対し、この方法をうまく活用すると、手取り年収を減らさずに報酬比例部分の年金の全部または一部を受給できるようになり、会社の営業利益と本人の手取り年収の両方を増やすことも可能です。

社長が老齢厚生年金を受ける方法には以上の３つがあります(注７)。

(注７) 上記**２**・**３**の方法は、ともに報酬月額および総報酬月額相当額を減額する方法です。以下、これら２つの方法を合わせて「役員給与設定を変更する方法」と記載します。

４ 説明にあたってのポイント

年金相談に来る社長の多くは、退職予定時期が決まっていないか、決まっていたとしても退職予定時期までまだ数年残っている状況にあります。

ですから、今のままでは在職中は報酬比例部分の年金が支給停止となることを初めて知って驚き、「働きながら年金を全額受給したい。どうすれば全額受給できるでしょうか？」という相談が最も多いです。

対応としては、まず相手の立場や相手が解決したいと考えている悩みに理解を示し、次のように解決方法があることを伝えます。

> 長年高額の保険料を納めたのに（ねんきん定期便にはもらえる年金の見込額が書いてあったのに、年金請求書が届いたのに）、報酬が高いと年金をもらえないなどと言われるとびっくりしますよね。多くの社長さんから同様のご相談をいただいています。
>
> まずは、社長の年金がどうなっているのか現状を確認したうえで、なぜ今のままでは年金をもらえないのか、どうすれば年金をもらえるようになるのかご説明することもできますが、希望されますか？

いきなり年金受給のための具体的な方法の説明から始めるのは、適切ではありません。なぜなら、次のような事項について説明してからでないと、年金制度に詳しくない一般の社長にとっては、理解が難しいからです。

⑴　65歳まで（65歳到達月分まで）の年金と65歳から（65歳到達月の翌月分から）の年金の基本形
⑵　在職老齢年金制度のしくみ
⑶　どういう条件を満たせば、働きながら特別支給の老齢厚生年金（報酬比例部分）や老齢厚生年金（報酬比例部分）を受けられるのか

また、報酬月額の減額に加え、「総報酬月額相当額」に影響しないお金も受けることにより「総報酬月額相当額」を引き下げる具体的な方法は、後述のとおりいくつも考えられるため、どの方法がその会社・社長にとって最適な選択肢であるかどうか、わからないからです。

そこで、まずは上記の⑴〜⑶についてわかりやすく伝えた後、38ページの１〜３について概要を説明しながらヒアリングを行ったうえで、その会社・社長にとって適切と思われる方法について詳しく解説するのがよいでしょう。

(1) 65歳まで（65歳到達月分まで）の年金と65歳から（65歳到達月の翌月分から）の年金の基本形の説明

在職老齢年金制度の対象となる年金を理解してもらうために、特に65歳からの年金のうち老齢厚生年金の報酬比例部分と経過的加算部分（差額加算）を区分した**図2-1**を用いて、右の事項を説明することが重要です。

- グレーの部分のみが、在職老齢年金制度の対象となる年金であること
- 70歳以降まで在職予定の場合や退職予定時期が未定の場合は、70歳以降のイメージ図も追記する
- 現状の役員給与設定のまま働くと仮定した場合の65歳以降や70歳以降の（見込）年金額内訳がそれぞれいくらかを知らない社長が多いので、必要に応じ、年金事務所発行の「試算結果」で確認して追記する
- 基金代行額や加給年金額がある場合も追記する
- 令和4年度からの在職定時改定による老齢厚生年金の増額については、（社長の混乱を防ぐために）最後に説明する

図2-1　65歳までの年金と65歳からの年金の基本イメージ図

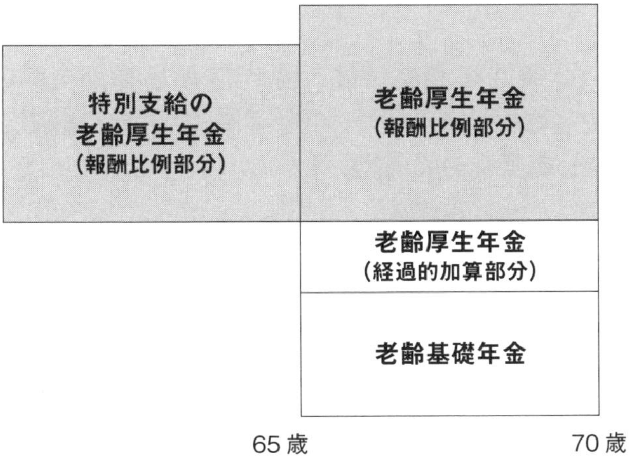

(2) 在職老齢年金制度のしくみの説明

次の①および②の合計額が基準額を超えたら、超えた額の2分の1相当額だけ年金が支給停止されることを説明します。

①　調整の対象となる年金の月額換算額（「基本月額」）
②　報酬・賞与の月額換算額（「総報酬月額相当額」）

そのうえで、次の基本事項を説明します。

- 65歳到達月分までの基準額は28万円(注8)・65歳到達月の翌月分からの基準額は47万円（ともに令和3年度の場合）であること
- 上記①は、65歳到達月分までは「特別支給の老齢厚生年金（報酬比例部分）÷12」であり、65歳到達月の翌月分からは「老齢厚生年金（報酬比例部分）÷12」であること（いずれも、基金代行額がない場合）。
- 上記②は、「標準報酬月額＋その月以前の1年間の標準賞与額の総額÷12」であること

(注8) 令和4年度からの基準額引上げについては115ページ参照

(3) どういう条件を満たせば、働きながら特別支給の老齢厚生年金（報酬比例部分）や老齢厚生年金（報酬比例部分）を受けられるのかの説明

「基本月額」を減らすことはできないため、働きながら受給できる報酬比例部分の年金額を適法に増やすためには、「総報酬月額相当額」（標準報酬月額＋その月以前の1年間の標準賞与額の総額÷12）を下げるしかないことを理解してもらいます。

そして、社長の実際の基本月額および総報酬月額相当額を用いて、現状の役員給与設定のままでは、在職老齢年金のしくみにより報酬比例部分の年金は（全額）支給停止となることを説明します。

そのうえで、役員給与設定を変更する方法について順番に説明していくこととなります。

Ⅱ

役員給与設定の変更を希望する社長への情報提供

役員給与設定を変更すると、前述のとおり、年金額だけでなく社長の手取り収入や会社の営業利益に影響が及びます。そのため、まず現状確認をしたうえで役員給与設定を変更する２つの方法のシミュレーションを行い、社長本人の年金受給額・社会保険料負担額・所得税等負担額・手取り収入のほか、会社負担額（給与＋社会保険料）がどのように変わるかの確認も行います。

1　現状確認：老齢厚生年金（報酬比例部分）は全額支給停止で老齢基礎年金および老齢厚生年金（経過的加算部分）のみを受け取っている社長とは

社長には報酬月額が高い人が多いため、65歳までの特別支給の老齢厚生年金だけでなく、65歳以降も老齢厚生年金（報酬比例部分）は全額支給停止となり、老齢基礎年金および老齢厚生年金（経過的加算部分）のみを受け取っている人が多くいます。

ここからは、設例を掲げて役員給与設定を変更するとどのような影響があるかを確認していきます（大まかなイメージをつかみやすいように、令和４年度以降の在職定時改定による10月分からの老齢厚生年金額増を考慮しない試算としています）。

設　例

- 65歳代表取締役
- 厚生年金保険および健康保険（全国健康保険協会（協会けんぽ）・東京都）に加入
- 老齢厚生年金（報酬比例部分）144万円、基金代行額なし
- 報酬月額100万円（厚生年金保険の標準報酬月額65万円、健康保険の標準報酬月額98万円）
- 賞与なし
- 役員給与、老齢基礎年金・老齢厚生年金以外に収入なし
- 20歳から65歳までの45年間（540月）切れ目なく厚生年金保険に加入
- 加給年金額の対象となる配偶者・子なし

設例の社長が繰下げ待機しないで65歳から年金を受給する場合、働きながら受けられる老齢厚生年金（報酬比例部分）は、次の計算により年金支給停止額が基本月額を上回るため、0円です。

- 基本月額＝144万円÷12＝12万円
- 総報酬月額相当額＝標準報酬月額65万円(注1)＋その月以前の1年間の標準賞与額の総額0円÷12＝65万円
- 年金支給停止額（月額換算額）＝（基本月額12万円＋総報酬月額相当額65万円－基準額47万円）÷2＝15万円＞基本月額12万円

(注1) 厚生年金保険の標準報酬月額は現在65万円が上限です。

そして、本人の年金受給額・社会保険料負担額・所得税等負担額・手取り収入や、会社負担額（給与＋社会保険料）は次のとおりです。なお、住民税は税率10%・均等割額5,000円として試算しています(以下同様)。

【本人】

① 報酬月額：1,000,000 円
② 報酬年額：12,000,000 円
③ 老齢厚生年金（報酬比例部分）：1,440,000 円
④ 老齢厚生年金（経過的加算部分）：540 円
⑤ 老齢基礎年金：780,900 円
⑥ 年金支給停止額：1,440,000 円（③が全額支給停止）
⑦ もらえる年金額：781,440 円（④＋⑤）
⑧ 健康保険料（本人負担分・年額）：578,592 円
⑨ 厚生年金保険料（本人負担分・年額）：713,700 円
⑩ 社会保険料合計（本人負担分・年額）：1,292,292 円（⑧＋⑨）
⑪ 所得税および復興特別所得税：1,294,300 円
⑫ 住民税：837,700 円
⑬ 年間手取り収入（給与＋年金）：9,357,148 円（（②＋⑦）－（⑩＋⑪＋⑫））

【会社負担分】

① 報酬月額：1,000,000 円
② 報酬年額：12,000,000 円
③ 健康保険料（会社負担分・年額）：578,592 円
④ 厚生年金保険料（会社負担分・年額）：713,700 円
⑤ 子ども・子育て拠出金（年額）：28,080 円
⑥ 社会保険料（会社負担分・年額）：1,320,372 円（③＋④＋⑤）
⑦ 年間会社負担額（給与＋社会保険料）：13,320,372 円（②＋⑥）

2　役員給与設定変更シミュレーションその１：報酬月額の減額のみ行って、「総報酬月額相当額」を引き下げる方法

(1)　報酬月額減額後の年金受給額等

上記**1**の社長が報酬月額を35万円未満に引き下げると、引下げ後の報酬月額が３カ月連続して支給された後に、会社が報酬月額変更届を提出することで、引下げ後の報酬月額を初めて支給した月から起算して４カ月目より標準報酬月額・総報酬月額相当額が34万円に下がり、老齢厚生年金（報酬比例部分）144万円も全額受給できるようになります。

例えば、報酬月額を34万円に引き下げると、次の計算により老齢厚生年金（報酬比例部分）は全額支給となります。

・基本月額＝144万円÷12＝12万円
・総報酬月額相当額＝標準報酬月額34万円＋その月以前の１年間の標準賞与額の総額０円÷12＝34万円
・年金支給停止額（月額換算額）＝（基本月額12万円＋総報酬月額相当額34万円－基準額47万円）÷２＜０円

そして、本人の年金受給額・社会保険料負担額・所得税等負担額・手取り収入や、会社負担額（給与＋社会保険料）は次のとおりです。

【本人】
①　報酬月額：340,000円
②　報酬年額：4,080,000円
③　老齢厚生年金（報酬比例部分）：1,440,000円
④　老齢厚生年金（経過的加算部分）：540円
⑤　老齢基礎年金：780,900円
⑥　年金支給停止額：０円

⑦　もらえる年金額：2,221,440 円（③＋④＋⑤）
⑧　健康保険料（本人負担分・年額）：200,736 円
⑨　厚生年金保険料（本人負担分・年額）：373,320 円
⑩　社会保険料合計（本人負担分・年額）：574,056 円（⑧＋⑨）
⑪　所得税および復興特別所得税：185,400 円
⑫　住民税：289,100 円(注 2)
⑬　年間手取り収入（給与＋年金）：5,252,884 円（（②＋⑦）－（⑩＋⑪＋⑫））

【会社負担分】
①　報酬月額：340,000 円
②　報酬年額：4,080,000 円
③　健康保険料（会社負担分・年額）：200,736 円
④　厚生年金保険料（会社負担分・年額）：373,320 円
⑤　子ども・子育て拠出金（年額）14,688 円
⑥　社会保険料（会社負担分・年額）588,744 円（③＋④＋⑤）
⑦　年間会社負担額（給与＋社会保険料）4,668,744 円（②＋⑥）

ただ、働きながらもらえる年金額を 144 万円増やすためだけに、役員給与年額を 792 万円減らそうと考える人はいません。ちょうど後継者に代表取締役を譲って自身は取締役会長等になることを計画しているようなケースや、会社の経営状況が悪化しているケース、会社の売却を検討している等何らかの理由で決算書上の営業利益を増やしておきたいと考えているケースなどでないと、このように大幅に報酬月額を引き下げるケースはないでしょう。

ですから、多くの社長が 65 歳以降も引き続き高額の役員給与を受け続け、老齢厚生年金（報酬比例部分）の受給はあきらめています。

（注 2）調整控除は加味していません。
　調整控除とは：所得税と個人住民税の人的控除額（基礎控除、扶養控除など）の差額から税負担が増えないように調整するため、個人住民税の所得割額から一定額を控除するもの。

(2) まずは、報酬月額の減額のみ行う方法について説明する

総報酬月額相当額を下げる方法としては、このように、報酬月額を下げることのみで対応することが最もストレートな選択肢です。

したがって、年金受給のために報酬月額を下げる可能性は低そうな社長からの相談であっても、まずは必ずこの選択肢についての説明から始めることが重要です。

外部環境変化等に起因する経営不振により、報酬月額を下げて年金受給額を増やすことを検討する会社が今後も増えるかもしれません(注3)。

また、今すぐに社長の報酬月額を下げることはできなくても、後継者が代表取締役に就任して自身は取締役会長等となるタイミングで、将来的には下げられるかもしれません。

さらに、令和2年改正法により令和4年度からは65歳までの在職老齢年金制度の基準額が28万円ではなく、65歳からの基準額（令和3年度現在47万円）と同額に引き上げとなるため、今後は65歳前であっても報酬月額を引き下げて特別支給の老齢厚生年金を受けようと考える社長が増える可能性があります。

（注3）令和3年12月までの間に新型コロナウイルス感染症の影響による休業に伴い報酬が急減した人については、会社が届け出ることにより、標準報酬月額を通常の随時改定（4カ月目に改定）によらず、特例により翌月から改定を可能とする措置が講じられました。

3 役員給与設定変更シミュレーションその2：報酬月額の減額に加え、「総報酬月額相当額」に影響しないお金も受けることにより、「総報酬月額相当額」を引き下げる方法

65歳からは（65歳まででであっても令和4年度からは）報酬月額を下げることで年金を全額もらえるようになることを知っても、ちょうど後継者への事業承継を検討しているような場合以外は、なかなかすぐには報酬月額を下げられないことも多いです。

そこで、今後の方向性が決まるまでの間は、会社の業績に変動がなければ、報酬月額を現状と同額（**1**の設例では100万円）程度に維持し続ける社長も多いです。

しかし、例えば「報酬月額34万円×12カ月＋総報酬月額相当額に影響しないお金」を受けることもできます。総報酬月額相当額に影響しないお金とは、厚年法上の報酬・賞与に該当しないお金などのことです。

以下、具体例をみていきましょう。可能であれば、報酬月額以外に、下記の複数の種類のお金を同時に受けても構いません。

(1) 総報酬月額相当額に影響しないお金の具体例

① 社長が会社に貸していたお金の返済金

過去に法人税額を抑えるために報酬月額を高めに設定していた会社に特に多く見られますが、事業資金が足りなくなる都度社長が会社にお金を貸し付けていた結果、会社に社長から借りたお金の残高がかなり残っている事例も多いです。その場合、社長からの借入金（社長から見れば貸付金）残高が残ったまま社長が死亡すると相続財産に含まれるため、相続対策という観点からも残高を減らしていく必要があるケースが多くあります。

社長からの借入金残高を減らす方法としては、社長が債権を放棄するなどの選択肢もありますが、これまで借りてきたお金の返済金として会社から社長に返していくことも考えられます。

会社との金銭消費貸借契約に基づいて会社に貸し付けたお金を返してもらった場合、返済金は労働の対償として支払われるものではありませんので、厚年法上の報酬・賞与に該当しません。したがって、総報酬月額相当額に影響しません。

この方法が採用可能なケースは多いです。ただし、社長が貸し付けたお金の残高がゼロになると、その後は（再度会社にお金を貸し付けない限り）使えません。

② 不動産を会社に貸して受ける賃料等

社長が所有している家やマンションを会社に貸して適正な賃料を受け取る場合、賃貸借契約に基づいて受け取る賃料は労働の対償として支払われるものではありませんので、厚年法上の報酬・賞与に該当しません。したがって、総報酬月額相当額に影響しません。

不動産ではなく、車や備品等事業で使う動産を社長が会社に貸して、会社から受け取る適正なレンタル料も同様です。

③ 配当金

株主（出資者）として会社から受ける配当金も、労働の対償として支払われるものではありませんので、厚年法上の報酬・賞与に該当しません。したがって、総報酬月額相当額に影響しません。なお、法人税等を支払って残った利益を株主に配当して源泉徴収する場合、株主が負担する所得税等（所得税および復興特別所得税）は、配当金×20.42%です。

法人税等の税率をざっくり約30%として計算してみると、会社から配当金として受ける場合の、会社の利益に対して会社とオーナー社長が負担する税金は、トータルで約44%となります（法人税等約30%＋残りの利益約70%×20.42%。なお中小法人の場合、各事業年度の法人の所得金額のうち年800万円以下の部分については、法人税の軽減税率が適用されます）。

一方、会社が役員給与を支払う場合は、会社負担・本人負担の社会保険料合計約30%（年齢・役員給与設定・加入制度により異なります）および個人の所得税等（所得税は最高45%の超過累進税率、復興特別所得税は基準所得税額×2.1%です。住民税（所得割）の標準料率は10%です）負担が発生します。

そのほか、配当金については以下のような留意点もあります。

・配当金を支払うことによって自社株の評価額が上がり、事業承継の際の自社株贈与にかかる贈与税・自社株譲渡価格や相続税に影響す

ることがある
・社長以外にも配当金を受ける権利がある株主がいる場合には、その株主にも配当金を支払う必要がある
・医療法54条で、医療法人は剰余金の配当をしてはならないと定められている

④ 一部または全部の事業を個人事業とする

現在法人で行っている事業のうち一部を切り離して、個人事業として行うことも考えられます。

個人事業の事業主自身は厚生年金保険・健康保険に加入できないため、個人事業主としていくら収入・所得が多くても、総報酬月額相当額には影響しません。なお、代表取締役のみの一人法人や代表取締役・配偶者・親族のみの法人の場合は、法人を解散して事業の全部を個人事業とする「個人成り」も考えられます。これにより事業所として厚生年金保険・健康保険加入をやめられますので、働きながら報酬比例部分の年金を全額もらえるようになります。

⑤ 他の法人からパート従業員等として受ける報酬・賞与

典型例は、現在法人で行っているすべての事業のうち一部を切り離して分社化（別法人化）し、後継者を別法人の代表取締役として経営を任せるようなケースです。現在行っている事業、分社化する事業、今後の各事業の進展見込み、各人の得意分野などによっては、活用しやすい場合も多いでしょう。

例えば、現在の主たる事業について今後の伸びがあまり期待できず、後継者が主たる事業以外の業務（例えば、総務・経理業務や各種コンサルティング業務、IT関連業務、集客代行業務など）を、今後、様々な企業向けに事業として行っていくことで収益が上がる見込みがあり、立上げ期のサポートを求められている場合などなら、使いやすいでしょう。

こうしたケースで、社長自身は別法人の経営にはタッチしないものの、パート・アルバイト従業員として業務を少し手伝い、報酬・賞与をいくらか受けるとします。

この場合、別法人における自身の１週間の所定労働時間または１月の所定労働日数が別法人の通常の労働者の４分の３未満であれば、別法人から受ける報酬・賞与は総報酬月額相当額に影響しません（500人以下の事業所で、被保険者とする労使合意のない場合）(注４)。

別法人で受ける報酬・賞与が総報酬月額相当額に影響しなくなるような働き方であれば、別法人において役員（代表取締役を除く）であっても構いません。ただし、法人役員として受ける報酬・賞与が総報酬月額相当額に影響しなくなるための要件（つまり、法人役員が厚生年金保険の被保険者や70歳以上被用者にならない要件）は、パート・アルバイト従業員の場合よりも厳しいため、注意が必要です（39ページ参照）。

（注４）令和４年10月からは100人超の事業所（令和６年10月からは50人超の事業所）において、次の①～④のすべての要件を満たす従業員として受ける報酬・賞与も総報酬月額相当額に影響することとなります。

① 週所定労働時間20時間以上
② 月額賃金8.8万円以上
③ ２カ月を超える雇用の見込みがある
④ 学生でない

⑥ 他の個人事業所から受ける報酬・賞与

厚生年金保険・健康保険の適用事業所となっていない次のような個人事業所で従業員として働く場合も、その事業所から受ける報酬・賞与は総報酬月額相当額に影響しません。

・従業員数５人未満の個人事業所
・第一次産業、旅館・飲食店、理美容業など厚生年金保険・健康保険の任意適用業種の個人事業所

⑦　請負代金や業務委託料

事業所（法人でも個人事業所でも構いません。厚生年金保険の適用事業所であってもなくても構いません）から特定の業務を請負契約や業務委託契約に基づき担当し、請負代金・業務委託料をもらう場合も、総報酬月額相当額への影響はありません。

⑧　標準賞与額の上限を超えた賞与

３月を超える期間ごとに受ける（つまり、年間を通じ３回以下支給の）事前確定届出給与等で厚年法上の標準賞与額の上限（現在１月当たり150万円）を超える部分は、総報酬月額相当額に影響しません。

⑨　在任中の役員給与を引き下げた分、役員退職金に充てる

総報酬月額相当額に影響しないお金を今すぐ会社からもらうのではなく、将来の退職時に役員退職金としてもらう方法です。いま会社からもらうお金が減っても後からまとめてもらえればよい、という場合に使えます。

役員退職金は、給与所得と比べて、所得税等が少なくなります（詳しくは185ページ参照）。また、役員退職金は厚年法上の報酬・賞与に該当しないため、総報酬月額相当額に影響しません。

事実の隠蔽または仮装経理による支給（法人税法34条３項）や「不相当に高額な部分の金額として政令で定める金額」（法人税法34条２項）がない限り、役員退職金（法人が役員に支給した退職給与）は「費用」として全額損金算入が認められます（法人税法22条３項２号）。

単に報酬月額を下げるだけでなく、①〜⑨の総報酬月額相当額に影響しないお金も併用することで、ケースによっては、年収を下げずに報酬比例部分の年金の全部または一部を受給することも可能となります。

(2) 報酬月額の減額に加え、総報酬月額相当額に影響しないお金も受けた場合の年金受給額等

例えば、**1**の設例の社長が総報酬月額相当額に影響しないお金として上記**3**(1)⑧のみを受ける場合の事例としては、次のようなパターンが考えられます。

役員給与設定変更例

(変更前)

・報酬月額(定期同額給与)(注5) 100万円(厚生年金保険の標準報酬月額65万円、健康保険の標準報酬月額98万円)

・賞与なし

・役員給与、老齢基礎年金・老齢厚生年金以外に収入なし

(変更後)

・報酬月額(定期同額給与)340,000円×12カ月+賞与(事前確定届出給与)(注6) 年1回7,920,000円支給

(注5) 法人税法34条1項1号に該当する役員給与
(注6) 法人税法34条1項2号に該当する役員給与

この場合、働きながら老齢厚生年金(報酬比例部分)144万円のうち75万円(約52%)を受給できるようになります。

・基本月額=144万円÷12=12万円
・総報酬月額相当額=標準報酬月額34万円+その月以前の1年間の(厚生年金保険の)標準賞与額の総額150万円÷12=46.5万円
・年金支給停止額(月額換算額)=(基本月額12万円+総報酬月額相当額46.5万円−基準額47万円)÷2=5.75万円
・受給できる老齢厚生年金(報酬比例部分)(月額換算額)=基本月額12万円−年金支給停止額5.75万円=6.25万円

左の場合の、本人の年金受給額・社会保険料負担額・所得税等負担額・手取り収入や会社負担額（給与＋社会保険料）は、次のとおりです。

【本人】

① 報酬月額340,000円
② 賞与（年1回支給）7,920,000円
③ 報酬年額12,000,000円（①×12＋②）
④ 老齢厚生年金（報酬比例部分）1,440,000円
⑤ 老齢厚生年金（経過的加算部分）540円
⑥ 老齢基礎年金780,900円
⑦ 年金支給停止額690,000円（④×約48%が支給停止）
⑧ もらえる年金額1,531,440円（（④－⑦）＋⑤＋⑥）
⑨ 健康保険料（本人負担分・年額）482,652円
⑩ 厚生年金保険料（本人負担分・年額）510,570円
⑪ 社会保険料合計（本人負担分・年額）993,222円（⑨＋⑩）
⑫ 所得税および復興特別所得税1,466,800円
⑬ 住民税910,800円
⑭ 年間手取り収入（給与＋年金）10,160,618円（（③＋⑧）－（⑪＋⑫＋⑬））

【会社負担分】

① 報酬月額340,000円
② 賞与（年1回支給）7,920,000円
③ 報酬年額12,000,000円（①×12＋②）
④ 健康保険料（会社負担分・年額）482,652円
⑤ 厚生年金保険料（会社負担分・年額）510,570円
⑥ 子ども・子育て拠出金（年額）20,008円
⑦ 社会保険料（会社負担分・年額）1,013,230円（④＋⑤＋⑥）
⑧ 年間会社負担額（給与＋社会保険料）13,013,230円（③＋⑦）

以上のように、報酬月額の減額に加え総報酬月額相当額に影響しないお金も受けることで総報酬月額相当額が下がり、働きながら適法に報酬比例部分の年金の一部を受給できるようになる場合があります。役員給与設定によっては、在職中の年収を下げずに報酬比例部分の年金を全額受給できる可能性もあります。

このような方法で働きながら報酬比例部分の年金を受給する選択肢もあると伝えることは、年金受給のためだけに次のような中小企業によくみられる対応を採ることは不要であると気づいてもらえる効果もあります。

・社長の報酬月額を減額して、減額した分だけ配偶者やその他の親族の報酬月額を増額する
・社長の報酬月額を減額して、減額した分だけ勤務実態のない配偶者やその他の親族に給与を支給する

(3) 報酬月額の減額に加え、総報酬月額相当額に影響しないお金も受ける方法に関する情報提供を行う際の注意点

① 会社の様々な事情によって、実行不可能な方法もある

３（1）①～⑨の選択肢を提示すると、その会社の様々な事情（法人の種類、経営上・業務遂行上の理由、税負担、会社の資金繰り、現在の役員給与設定、社長の預貯金額等）によって、実行不可能な方法もあるはずです。

例えば、⑧の方法で事前確定届出給与を活用する場合は、事前に税務署に届出た支給額と実際の支給額が異なると、支給額の全額が損金不算入となるリスクがあります。

中小企業においては、事前確定届出給与支給額等を税務署に届け出る期限（原則、株主総会等の決議をした日から１月を経過する日）までに事業年度末時点の法人の利益状況を見通すことが難しいケースが多いため、⑧の方法を実際に採用できる会社は限られます。特に、高

額の事前確定届出給与を職務執行期間の最初の方に支給することは、資金繰りに余裕がある会社でないと採用が難しいでしょう。

その会社で現実的に採用できる選択肢についてもっと聞かせてほしい、と言われた場合のみさらに詳しく説明すればよいでしょう（採用した場合のデメリットについて説明することも重要です）。

②　実態に合った方法のみを活用する

3（1）①～⑨の方法の採用にあたっては、単に形式が整っているだけではだめで、きちんと実態が整備されている必要があります。ですから、会社の実態に応じた使いやすい自然な方法のみを活用することがポイントです。

例えば、実態が整っていないにもかかわらず、形式的に会社帳簿上の勘定科目間の精算で帳尻合わせをすれば問題ない、というような間違った情報提供・アドバイスを受けた社長から、次のような相談をされることがあります。

1　（実態は社長・役員や従業員として働いているにもかかわらず）形式的に請負契約や業務委託契約を締結して請負契約料・業務委託料として受け取っていることにしたら年金はもらえますか？
2　（会社に対して家やマンションを貸している実態がないにもかかわらず）報酬・賞与ではなく賃料として会社からお金をもらっていることとしたら年金はもらえますか？

など

しかし、届出をした報酬・賞与額が実態と異なっていたことによって本来もらってはいけない年金を不正受給してしまっていたことが年金事務所の調査によって指摘されると、結局もらった年金を返還すべきこととなりますので、意味がありません。本来納付すべきであった社会保険料の納付漏れが生じた場合は、遡って納付する必要もあります。それ以前に、報酬・賞与額を偽って届出ることは厚年法（27条）違反・健康保険法（48条）違反となりますので、絶対に行わないよう指導しておく必要があります。

③　健康保険組合加入企業に情報提供を行う際の注意点

全国健康保険協会（協会けんぽ）ではなく健康保険組合に加入している会社もあります。

健康保険料の決定に用いられる報酬月額の算定について、「算定することが困難であるとき」や「算定した額が著しく不当であると認めるとき」に、健康保険組合の算定する額を報酬月額とする場合は、健康保険組合は規約で算定方法を定めなければいけないことが、健康保険法44条（報酬月額の算定の特例）２項で定められています。

健康保険組合加入企業の社長から役員給与設定変更について相談を受けた場合は、念のため健康保険組合の規約を確認することも必要です。

④　事前確定届出給与支給時に控除する源泉所得税に関する注意点

定期同額給与・事前確定届出給与併用方式（56ページ・変更後のような役員給与設定）を採用している会社や、その会社から給与計算を受託している社労士事務所・税理士事務所等から、事前確定届出給与支給時に控除する源泉所得税の計算方法について質問を受けることが多いです。この点については、国税庁のホームページ（タックスアンサー（よくある税の質問））で確認できます。

社長・役員に対して役員給与として定期同額給与および事前確定届出給与を支給している場合、源泉所得税の控除額計算に際しては、事前確定届出給与は賞与として取り扱うこととされています。

なお、右の（参考）の**３（1）**に該当する場合で、事前確定届出給与を報酬月額引下げ月と同月に支給する場合は、報酬月額引下げ月の翌月以降に支給する場合と比べて、事前確定届出給与支給時に控除する源泉所得税の額がかなり多くなりますので、特に注意が必要です。

事前確定届出給与支給時に控除する源泉所得税額については、必要に応じあらかじめ顧問税理士に確認しておいてもらうとよいでしょう（なお、事前確定届出給与支給時に控除する源泉所得税額が多くなったとしても、最終的に本人が負担すべき所得税額は年単位の課税所得額に応じて決まります）。

（参考）国税庁タックスアンサー（よくある税の質問）/ 源泉所得税 No.2523 賞与に対する源泉徴収（網かけは著者による）

賞与から源泉徴収する所得税及び復興特別所得税は、「賞与に対する源泉徴収税額の算出率の表」の「給与所得者の扶養控除等申告書」を提出している場合は「甲欄」、提出していない場合は「乙欄」を使用して、次のように計算します。

1　賞与の意義

賞与とは、定期の給与とは別に支払われる給与等で、賞与、ボーナス、夏期手当、年末手当、期末手当等の名目で支給されるものその他これらに類するものをいいます。なお、給与等が賞与の性質を有するかどうか明らかでない場合、次のようなものは賞与に該当するものとされます。

（1）純益を基準として支給されるもの

（2）あらかじめ支給額又は支給基準の定めのないもの

（3）あらかじめ支給期の定めのないもの。ただし、雇用契約そのものが臨時である場合のものを除きます。

（4）**法人税法第 34 条第 1 項第 2 号《事前確定届出給与》に規定する給与**（他に定期の給与を受けていない者に対して継続して毎年所定の時期に定額を支給する旨の定めに基づき支給されるものを除きます。）

（5）法人税法第 34 条第 1 項第 3 号に規定する業績連動給与

2　通常の場合は次のように計算します。

（1）前月の給与から社会保険料等を差し引きます。

（2）上記（1）の金額と扶養親族等の数を「賞与に対する源泉徴収税額の算出率の表」に当てはめて税率（賞与の金額に乗ずべき率）を求めます。

(3) (賞与から社会保険料等を差し引いた金額) ×上記 (2) の税率
この金額が、賞与から源泉徴収する税額になります。

3　次の場合には、月額表を使って次のように計算します。

(1) **前月の給与の金額（社会保険料等を差し引いた金額）の10倍を超える賞与（社会保険料等を差し引いた金額）を支払う場合**

イ　(賞与から社会保険料等を差し引いた金額) ÷6

ロ　イ＋ (前月の給与から社会保険料等を差し引いた金額)

ハ　ロの金額を「月額表」に当てはめて税額を求める。

ニ　ハ－(前月の給与に対する源泉徴収税額)

ホ　ニ×6

この金額が賞与から源泉徴収する税額になります。

(注) 賞与の計算期間が半年を超える場合には、賞与から社会保険料等を差し引いた金額を12で除して、同じ方法で計算します。そして、求めた金額を12倍したものが源泉徴収する税額になります。

(2) 前月に給与の支払がない場合

イ　(賞与から社会保険料等を差し引いた金額) ÷6

ロ　イの金額を「月額表」に当てはめて税額を求める。

ハ　ロ×6

この金額が賞与から源泉徴収する税額になります。

(注) 賞与の計算期間が半年を超える場合には、賞与から社会保険料等を差し引いた金額を12で除して、同じ方法で計算します。そして、求めた金額を12倍したものが源泉徴収する税額になります。

(所法186、復興財確法28、29、同法告示別表第1、第3、所基通183-1の2、186-4)

(出典) 国税庁タックスアンサー（よくある税の質問）/
源泉所得税 No.2523　賞与に対する源泉徴収

4　現状と役員給与設定の変更を行った場合の比較結果

以上、(1) 65歳以上の社長が現在の役員給与設定（報酬月額100万円）のまま働き続ける場合、(2) 報酬月額を34万円に減額する場合、(3) 報酬月額を34万円に減額して、賞与（事前確定届出給与）

を年１回 792 万円支給する場合の役員給与年額、年金受給額合計、年間手取り収入、年間会社負担額（給与＋社会保険料）等をまとめると、**図 2-2** のとおりです。

図 2-2　働きながら報酬比例部分の年金を受ける方法（比較）

	(1)	(2)	(3)
役員給与設定	報酬月額 100 万円×12 カ月	報酬月額 34 万円×12 カ月	報酬月額 34 万円×12 カ月＋賞与年１回 792 万円
役員給与年額	12,000,000 円	4,080,000 円	12,000,000 円
老齢基礎年金	780,900 円	780,900 円	780,900 円
老齢厚生年金（報酬比例部分）	0 円（全額支給停止）	1,440,000 円（全額支給）	750,000 円（約 52％支給）
老齢厚生年金（経過的加算部分）	540 円	540 円	540 円
年金受給額合計	781,440 円	2,221,440 円	1,531,440 円
社会保険料合計（本人負担分）	1,292,292 円	574,056 円	993,222 円
所得税（復興特別所得税含む）	1,294,300 円	185,400 円	1,466,800 円
住民税	837,700 円	289,100 円	910,800 円
年間手取り収入（給与＋年金）	9,357,148 円	5,252,884 円	10,160,618 円
年間会社負担額（給与＋社会保険料）	13,320,372 円	4,668,744 円	13,013,230 円

5　役員給与設定の変更に関する情報提供を行う際の注意点

(1)　具体的な役員給与設定に関する希望をヒアリングしたうえで、希望に基づいたシミュレーション結果を提示する

社長の退任時期がまだ決まっていない場合や今後も長く在任予定の場合は、会社の資金繰りや本人の資産状況等を勘案し、**図2-2（3）**のような役員給与設定への変更が有効活用できることがあります。

もし、現状の年間手取り額（この設例では**図2-2（1）**の9,357,148円）と同額を確保できればよいのであれば、報酬月額以外に支払う年1回の賞与（事前確定届出給与）額をもう少し引き下げることで、会社の営業利益をさらに増やすこともできます。

報酬比例部分の年金をいつからいくら受給できるようになるかは、報酬月額をいつからいくらにするか、賞与支給回数を年1回・2回・3回のいずれとするか、賞与をいつ支給するかや、基本月額によって変わります。

したがって、実際に情報提供する際には、具体的な役員給与設定に関する希望をヒアリングしたうえで、希望に基づいたシミュレーション結果を提示することが重要です。その際、現在の役員給与設定のまま働く場合と比べてどの程度将来の年金額が少なくなると見込まれるのかのシミュレーション結果も、必ず提示しておくことが重要です。

具体的には、65歳以上の場合なら以下の年金額改定後の老齢厚生年金額が少なくなることも説明する必要があります。

・退職時改定（退職月の翌月分以降の年金額）
・70歳時改定（70歳到達月の翌月分以降の年金額）
・令和4年度以降・60歳台後半の在職定時改定（毎年10月分以降の年金額）

65歳未満の場合なら、上記以外に、65歳からの老齢厚生年金額（65歳到達月の翌月分以降の年金額）がどのように変わるかも説明が必要です。

(2) 実際に変更する前に、社長から顧問税理士に相談してもらう

変更後の役員給与設定により、会社財務・会社の資金繰り、年金受給額・社会保険料・税金、本人の手取り収入等に影響が生じるため、実際に変更する前に、社長から顧問税理士に相談してもらうことも重要です。

役員給与設定希望案（通常複数の希望案が示されることが多いです）に基づいたシミュレーション結果を精査し、顧問税理士にも相談したうえで、実際の役員給与設定をどう決議するかは会社の経営判断ですので、社労士・FP等がコントロールすることはできません。

社長が経営判断としてどのような役員給与設定を選択するかを判断するための材料として役立つように、年金・社会保険やファイナンシャルプランニングの専門家として法令の正確な知識や客観的な事実・データを示すことはできますが、最終的な判断は経営者に委ねることとなります。

ちなみに、報酬月額や賞与が、定期同額給与や事前確定届出給与など法人税法34条1項各号の要件を満たしているものであり、隠蔽・仮装（同条３項）がなければ、「不相当に高額な部分の金額として政令で定める金額」（同条２項）を除き、全額損金算入が認められます。

Ⅲ

報酬比例部分の年金が全額支給停止のまま働く社長への情報提供

1　報酬比例部分が全額支給停止のまま働き続ける社長に確認したいこと

社長が報酬比例部分の年金を受ける３つの方法のいずれも採用できないケースもあります。例えば、後継者がいなかったり、いたとしてもまだ育っていなかったり、あるいは何らかの理由で報酬比例部分の全部または一部を受給できるような役員給与設定に変更することができない、という場合です。

そのようなとき、多くの社長は、状況が変わるまでの間、それ以上年金のことを深く考えることがないのが通常です。社労士・FP 等も、社長から聞かれるまでは、それ以上年金について話したり情報提供をしたりしないことが多いでしょう。

しかし、今後も報酬比例部分の年金が全額支給停止となるような役員給与設定のまま働き続けることを決めた社長に対して、次のような質問をしてみることもできます。

> 現在の役員給与年額のまま働き続ける場合であっても、役員給与設定を変更することで、将来勇退されてから一生もらえる年金額を増やすこともできます。どのように変更すると増えるのかご説明することもできますが、希望されますか？

希望する社長に対してのみ、役員給与年額を変えずに役員給与設定を変更して働き続けると、現在の役員給与設定のまま働き続ける場合と比べて、将来勇退した後に受けられる年金受給額がどの程度増えるかを伝えればよいでしょう。

2　役員給与設定を変更すると勇退後に受けられる年金受給額はどの程度変わるか

それでは、ここからは設例の社長が役員給与年額を変えずに役員給与設定を変更して働き続けた場合に、将来の年金受給額がどう変わるのかを見てみましょう。

設　例

・65 歳代表取締役
・全国健康保険協会（協会けんぽ）・東京都　加入
・老齢厚生年金（報酬比例部分）144 万円・基金代行額なし
・報酬月額 136 万円× 12 カ月＝ 1,632 万円
・賞与なし
・厚生年金保険の標準報酬月額：65 万円（上限）
・健康保険の標準報酬月額：139 万円（上限）
・70 歳で退職予定。それまで現在の役員給与設定のまま働くと仮定
・老齢基礎年金・老齢厚生年金を繰り下げない

(1) 現在の役員給与設定のまま働き続ける場合

・基本月額＝老齢厚生年金（報酬比例部分）÷ 12 ＝ 12 万円
・総報酬月額相当額＝（厚生年金保険の）標準報酬月額 65 万円＋その月以前１年間の（厚生年金保険の）標準賞与額の総額０円÷ 12

＝65 万円

・年金支給停止額（月額換算額）＝（基本月額 12 万円＋総報酬月額相当額 65 万円－基準額 47 万円）÷2＝15 万円＞基本月額 12 万円

したがって、老齢厚生年金（報酬比例部分）は全額支給停止となります（大まかなイメージをつかみやすいよう、令和 4 年度以降の在職定時改定による 10 月分からの老齢厚生年金額増を考慮しない試算としています）。

65 歳で老齢基礎年金および老齢厚生年金を請求すると、退職する 70 歳までは老齢基礎年金および老齢厚生年金（経過的加算部分）のみを受給することとなります。

一方、65 歳から 70 歳までの 5 年間厚生年金保険に加入することによる、70 歳から（70 歳到達月の翌月分から）の老齢厚生年金（報酬比例部分）の年金増加額の見込みは、年間約 20 万円です。

70 歳からの年金増加額＝65 歳から 70 歳までの平均標準報酬額×5.481/1000 × 60 カ月（65 歳から 70 歳までの厚生年金保険加入月数）

＝（65 万円 × 0.936(注1) × 60 カ月 /60 カ月） × 5.481/1000 × 60 カ月

＝200,078 円

（注 1）令和 3 年度の再評価率を用いて試算しています。再評価率は年度によって変動することがあります。

なお、厚生年金保険の標準報酬月額の上限は現在 65 万円（報酬月額 635,000 円以上）のため、現在受けている報酬月額 136 万円のうち 635,000 円を超える額は、将来の年金額にまったく反映しません。

また、65 歳から 70 歳になるまでの 5 年間の社会保険料の額は、次のとおりです。

・年間社会保険料本人負担分(注2)：1,534,356 円
・年間社会保険料会社負担分(注3)：1,562,436 円
・年間社会保険料合計：3,096,792 円
・65 歳から 5 年間の社会保険料合計：15,483,960 円

(注 2) 厚生年金保険料および健康保険料。年金から控除される介護保険料は含まない。
(注 3) 厚生年金保険料、子ども・子育て拠出金および健康保険料。

(2) 役員給与設定を変更して働き続ける場合

① 65 歳から変更した場合

では、設例の社長が役員給与年額 1,632 万円は維持したまま、例えば、65 歳から次のような役員給与設定に変更すると、どうなるでしょうか。

> **役員給与設定変更案**
> 報酬月額（定期同額給与）65 万円× 12 カ月＋賞与（事前確定届出給与）年 1 回 852 万円
> ・厚生年金保険の標準報酬月額：65 万円（上限）
> ・健康保険の標準報酬月額：65 万円

・基本月額＝老齢厚生年金（報酬比例部分）÷ 12 ＝ 12 万円
・総報酬月額相当額＝（厚生年金保険の）標準報酬月額 65 万円＋その月以前 1 年間の（厚生年金保険の）標準賞与額の総額（この事例では 1 月当たりの上限額 150 万円）÷ 12
＝ 77.5 万円
・年金支給停止額（月額換算額）＝（基本月額 12 万円＋総報酬月額相当額 77.5 万円－基準額 47 万円）÷ 2
＝ 21.25 万円＞基本月額 12 万円

したがって、老齢厚生年金（報酬比例部分）は全額支給停止となります。つまり、役員給与設定を変更して65歳から70歳まで働いたとしても、在職中は老齢厚生年金（報酬比例部分）が全額支給停止のままです。

しかし、70歳で退職してから受給できる報酬比例部分の年金は、変更しないまま働き続けて70歳で退職する場合と比べて、年間約3.8万円増えます。

・70歳からの年金増加額＝65歳から70歳までの平均標準報酬額×5.481/1000×60カ月（65歳から70歳までの厚生年金保険加入月数）
＝｛（65万円×0.936×60カ月＋150万円×0.936×5カ月）/60カ月｝×5.481/1000×60カ月
＝238,555円

70歳から90歳までの20年間、この増えた年金額を受給したとすると、役員給与設定を変更しなかった場合と比べて、老齢厚生年金（報酬比例部分）の受給総額は、約77万円増えます。

・（238,555円－200,078円）×20年＝769,540円

② 60歳から変更した場合

60歳から役員給与設定を変更したうえで70歳までの10年間働き、70歳から90歳までの20年間受給したとすると、役員給与設定を変更しなかった場合と比べて、老齢厚生年金（報酬比例部分）の受給総額は、倍額の約154万円増えます。

③ 50歳から変更した場合

50歳から役員給与設定を変更したうえで70歳までの20年間働き、

70歳から90歳までの20年間受給したとすると、役員給与設定を変更しなかった場合と比べて、老齢厚生年金（報酬比例部分）の受給総額は、さらに倍額の約308万円増えます。

もし、配偶者も役員として高額報酬を受けており、夫婦２人ともこのような役員給与設定変更をしたとすると、夫婦合計の年金増加額はさらに大きくなります。

3　役員給与設定変更によるデメリットもある

在任中の役員給与年額を引き下げるつもりがなく、在任中の報酬比例部分の年金受給を希望しない場合であっても、役員給与設定を変更することによって将来の年金受給額を増やすこともできると伝えると、興味を持つ社長もいます。

デメリットとしては、健康保険の標準報酬月額が139万円から65万円に下がるため、病気やケガにより仕事ができない場合で、かつ、役員給与を支給しないこととする決議をしたことにより傷病手当金が支給される場合の支給額(注4)が下がることなどが挙げられます。

なお、65歳から70歳までこのような役員給与設定変更をしたとしても、70歳までの５年間の社会保険料合計は増えません。**2（1）**(67ページ）と比べて約15万円下がることとなります（令和３年度から社会保険料率に変動がないものと仮定した場合)。

・年間社会保険料本人負担分：1,516,626円
・年間社会保険料会社負担分：1,550,106円
・年間社会保険料合計：3,066,732円
・65歳から５年間の社会保険料合計：15,333,660円

(注4) 傷病手当金の１日当たりの支給額＝支給開始月以前の直近の継続した12カ月の各月の（健康保険の）標準報酬月額を平均した額× 1/30 × 2/3

4　65歳以降の厚生年金保険加入と経過的加算部分

ちなみに、65歳から70歳までの5年間働き続けた場合に老齢厚生年金（経過的加算部分）がいくら増えるかは、その5年間の役員給与設定とは関係がありません。

65歳到達月の前月までの厚生年金保険加入期間の月数が420カ月以下の人が65歳到達月から5年間厚生年金保険に加入することによって、老齢厚生年金（経過的加算部分）が70歳到達月の翌月分からいくら増えるかは、65歳到達月以後の各月の役員給与設定にかかわらず、以下の計算式で見込額を試算することができます。

・老齢厚生年金（経過的加算部分）の増加額（年額）
　＝1,628円（令和3年度の場合）×60カ月（注5）
　＝97,680円

（注5）65歳到達月の前月までの厚生年金保険加入期間の月数が420月超480月未満の人の場合は、480月となるまでの月数。65歳到達月の前月までの厚生年金保険加入期間の月数が480月以上の場合は0カ月。

令和4年度からの在職定時改定により、老齢厚生年金が60歳台後半において毎年10月分から増額されたとしても、社長の場合高額報酬を受けている人が多いため、老齢厚生年金（報酬比例部分）は全額支給停止のままとなる人が多いです。しかし、厚生年金保険加入期間の月数が480カ月となるまでは、老齢厚生年金（経過的加算部分）は在職定時改定により受給できる年金額が増えます。

5　一時金の額を下げると将来の年金受給額はどう変わるか

厚生年金保険の標準報酬月額の上限と将来の年金額との関係を意識している社長は少ないため、上記**1**～**4**のような基本的な情報提供であっても、関心を持ってもらえることがあります。その場合、さらに次の点も伝えると、これまであまり深く考えることなく定期同額給与のみの役員給与設定としていた社長が、今後の役員給与設定変更を検討するきっかけとなる場合もあります。

厚生年金保険の標準賞与額の上限は現在1月当たり150万円のため、1月当たりの賞与（事前確定届出給与等）支給額のうち150万円を超える額は、将来の年金額にまったく反映しません

すぐには活用されなかったとしても、状況や社長の考えが変わって、数年後に（場合によっては5年以上も経ってから）もう一度話を聞かせてほしい、相談に乗ってほしいと依頼されることがあります。

それでは、ここからは**2**（67ページ）設例の社長が役員給与設定を変更し**(2)**①（69ページ）の変更案よりも賞与（事前確定届出給与）額を下げて働き続けた場合に、将来の年金受給額がどう変わるのかを見てみましょう。

(1) 報酬月額を引き下げ、事前確定届出給与150万円を年1回支給する場合

役員給与設定変更案

（変更前）

・報酬月額（定期同額給与）136万円×12カ月＝1,632万円

・厚生年金保険の標準報酬月額：65万円（上限）

・健康保険の標準報酬月額：139万円（上限）

（変更後）

・報酬月額を引き下げ、賞与（事前確定届出給与）150万円を年1回支給

・報酬月額（定期同額給与）65万円×12カ月＋賞与（事前確定

届出給与）年 1 回 150 万円
・厚生年金保険の標準報酬月額：65 万円（上限）
・健康保険の標準報酬月額：65 万円

例えば、上記のように変更したとすると、役員給与年額は 930 万円（65 万円× 12 カ月＋ 150 万円）となり、1,632 万円から 702 万円下がります。しかし、将来の年金増加額は、70 歳から 90 歳になるまでの 20 年間受給したとすると、現在の役員給与設定（136 万円× 12 カ月）のままの場合（75 ページ**図 2-3 ㋐**）と比べて約 77 万円増え、「65 万円× 12 カ月＋ 852 万円」の場合と同じになります（**図 2-3 ㋑・㋒**）。

一方、65 歳から 70 歳までの 5 年間の合計社会保険料は、現在の役員給与設定（136 万円× 12 カ月）のままの場合と比べると約 223 万円減り、「65 万円× 12 カ月＋ 852 万円」とする場合と比べると約 208 万円減ります（**図 2-3 ㋒**）。

・年間社会保険料本人負担分：1,308,510 円
・年間社会保険料会社負担分：1,341,990 円
・年間社会保険料合計：2,650,500 円
・65 歳からの 5 年間の社会保険料合計：13,252,500 円

なお、この事例で事前確定届出給与 150 万円の支給月を年 2 回または 3 回に増やすと、将来の年金受給額はさらに増えますが、役員給与年額や社会保険料負担額も増えます。

(2) 報酬月額を引き下げ、事前確定届出給与 150 万円を年 2 回支給する場合

事前確定届出給与を年 2 回（1 月当たり 150 万円× 2 回）支給すると、事前確定届出給与を年 1 回（1 月当たり 150 万円）支給する場合（**図 2-3 ㋒**）よりも、役員給与年額は 150 万円増えて 1,080 万円とな

図 2-3　65 歳社長の役員給与設定変更による年金受給額合計

役員給与設定	㋐136 万円×12 カ月	㋑65 万円×12 カ月＋852 万円	㋒65 万円×12 カ月＋150 万円	㋓65 万円×12 カ月＋150 万円×2 カ月	㋔65 万円×12 カ月＋150 万円×3 カ月
役員給与年額	1,632 万円	1,632 万円	930 万円	1,080 万円	1,230 万円
在職中の報酬比例部分の年金受給額合計	0 円	0 円	0 円	0 円	0 円
70 歳からの報酬比例部分の年金受給額（年額）	1,640,078 円	1,678,555 円	1,678,555 円	1,717,032 円	1,755,508 円
70 歳から 20 年間の報酬比例部分の年金受給額合計	32,801,560 円	33,571,100 円	33,571,100 円	34,340,640 円	35,110,160 円
年間社会保険料本人負担分	1,534,456 円	1,516,626 円	1,308,510 円	1,519,560 円	1,730,610 円
年間社会保険料会社負担分	1,562,436 円	1,550,106 円	1,341,990 円	1,558,440 円	1,774,890 円
年間社会保険料合計	3,096,792 円	3,066,732 円	2,650,500 円	3,078,000 円	3,505,500 円
65 歳から 5 年間の社会保険料合計	15,483,960 円	15,333,660 円	13,252,500 円	15,390,000 円	17,527,500 円

ります。また、70 歳からの年金増加額は 277,032 円となります。

・70 歳からの年金増加額＝ 65 歳から 70 歳までの平均標準報酬額 × 5.481/1000 × 60 カ月（65 歳から 70 歳までの厚生年金保険加入月数）

＝｛（65 万円× 0.936 × 60 カ月＋ 150 万円× 0.936 × 10 カ月）/60 カ月｝× 5.481/1000 × 60 カ月

＝ 277,032 円

70 歳から 90 歳まで 20 年間受給したとすると、事前確定届出給与を年 1 回（1 月当たり 150 万円）支給の場合（**図 2-3** ㋒）と比べて、老齢厚生年金（報酬比例部分）の受給総額は約 77 万円増えることとなります（**図 2-3** ㋓）。

・(277,032 円－ 238,555 円) × 20 年＝ 769,540 円

一方、65 歳から 70 歳までの合計社会保険料は、事前確定届出給与を年 1 回（1 月当たり 150 万円）支給の場合（**図 2-3 ㋒**）と比べて、約 214 万円増えます。

・年間社会保険料本人負担分：1,519,560 円
・年間社会保険料会社負担分：1,558,440 円
・年間社会保険料合計：3,078,000 円
・65 歳から 5 年間の社会保険料合計：15,390,000 円

(3) 報酬月額を引き下げ、事前確定届出給与 150 万円を年 3 回支給する場合

事前確定届出給与を年 3 回（1 月当たり 150 万円× 3 回）支給すると、事前確定届出給与を年 1 回（1 月当たり 150 万円）支給する場合（**図 2-3 ㋒**）よりも役員給与年額は 300 万円増えて 1,230 万円となります。また、70 歳からの年金増加額は、315,508 円となります。

・70 歳からの年金増加額＝ 65 歳から 70 歳までの平均標準報酬額 × 5.481/1000 × 60 カ月（65 歳から 70 歳までの厚生年金保険加入月数）
＝｛(65 万円× 0.936 × 60 か月＋ 150 万円× 0.936 × 15 か月) /60 カ月｝× 5.481/1000 × 60 カ月
＝ 315,508 円

この増えた年金額で 70 歳から 90 歳までの 20 年間受給したとすると、事前確定届出給与を年 2 回（1 月当たり 150 万円× 2 回）支給した場合（**図 2-3 ㋓**）と比べて、老齢厚生年金（報酬比例部分）の受給総額は、さらに約 77 万円増えることとなります（**図 2-3 ㋔**）。

・(315,508 円－ 277,032 円)× 20 年＝ 769,520 円

一方、65 歳から 70 歳までの合計社会保険料は、事前確定届出給与を年２回（１月当たり 150 万円×２回）支給する場合（**図 2-3 ㊁**）と比べて、さらに約 214 万円増えます。

・年間社会保険料本人負担分：1,730,610 円
・年間社会保険料会社負担分：1,774,890 円
・年間社会保険料合計：3,505,500 円
・65 歳から５年間の社会保険料合計：17,527,500 円

6　役員給与設定を決定する際は、年金・社会保険の勘案も忘れずに

中小オーナー企業社長の役員給与設定の決定は、専ら税務の観点からのみ検討されることが多いです。会社の利益、法人税等・所得税等のしくみや税率を踏まえたうえで、役員給与設定が検討されています。年金受給世代の社長の場合には、さらに事業承継・相続に与える影響も勘案して役員給与設定を検討することも重要でしょう。

法人税等は事業年度単位の法人の所得金額に応じて税額が決まり、所得税等は暦年単位（１月～ 12 月）の本人の所得金額に応じて税額が決まるしくみとなっています。

したがって、役員給与設定において、事業年度単位や暦年単位の役員給与支給総額が意識されることはあっても、職務執行期間の役員給与のうち定期同額給与月額をいくらとするか、事前確定届出給与をいつ・いくら支給するかが意識されることは少ないようです。役員給与として、毎月の定期同額給与のみを支給している会社も多いところです。

一方、社会保険料や報酬比例部分の年金の支給額は、事業年度単位や暦年単位での所得金額によって額が決まるわけではありません。役

員給与等の具体的な設定、つまり、定期同額給与（やその他の手当等厚年法・健康保険法上報酬に該当するもの）を毎月いくら受けたか、事前確定届出給与（やその他の賞与等厚年法・健康保険法上賞与に該当するもの）をどの月にいくら受けたか、によって決まります。

ですから、中小オーナー企業社長の経営判断としては、税法（法人税法・所得税法）の規定だけでなく、年金・社会保険（厚年法・健康保険法）の規定も踏まえたうえで自社にとって最適な役員給与設定を決定することが有効です。

なお、税法も厚年法・健康保険法も頻繁に改正が行われますので、常に最新の規定を踏まえて決定することが重要です。

Ⅳ

社長の人生や会社経営を支援する一環としての年金相談に必要なこと

1　社長が年金受給を検討する場合の望ましい順番

これまでみてきたように、相談者が現在抱えている年金と給与の調整に関する悩みを解決するために必要な情報を提供することは、もちろん大事です。ただ、社長の人生や会社経営を支援する一環としての年金相談対応という観点からは、単に解決方法を提示するだけでは十分とはいえません。

本来は、具体的な年金受給のための方策について考えてもらうよりも先に、今後の事業計画・人生計画を検討してもらうことのほうが、社長にとって重要なことだからです。

社長が自身の年金受給を検討する場合、望ましい順番は次のとおりです。

図 2-4　社長の年金受給を検討する順番

ステップⅠ　現状の確認

現在の役員給与設定のまま働き続けたら、年金はどうなるのかを確認する

↓

ステップⅡ　今後の事業計画・人生計画の検討

いつ・誰（どこ）に事業を承継させるのか、いつまで・どのような形で働くのか、などを決める

↓

ステップⅢ　計画に沿った役員給与設定・年金の受け取り方を考える

- 希望の役員給与設定や、希望の年金の受け取り方（どの年金を・いつから・どのようにして・いくらにして受け取るのか）を考える
- 会社財務や手取り収入等への影響もシミュレーションし、問題がないか確認する

しかし実際には、年金請求書が届くまで年金受給や事業承継を自分事として考えることのない社長がほとんどです。

2　年金支給開始年齢の引上げにより、社長が年金について相談しようと考えるタイミングが遅くなっている

年金制度について誤解をしている人を除くと、社長で年金の繰上げ受給をしようとする人は少ないため、年金支給開始年齢の引上げにより、社長が自発的に年金について相談しようと考えるタイミングが以前よりも遅くなっています。

ですから、**年金について相談があった時点で社長が役員退職金・リタイアメントプランや事業承継・相続について検討をしていない場合は、それらについても考えるきっかけを提供することがますます重要となっています。**

社長の年金相談に対応する際には、年金に関する社長の悩み相談や質問に答えつつも、できる限り、次の順序で必要事項をヒアリングしていくことが望ましいです（具体的なヒアリング内容は84ページで詳述）。

> **1　いつまで働くつもりか？**
> **2　在職中から年金を受給したいかどうか？**
> **3　どの年金を・いつから・どのようにして・いくらにして受け取るのか？**

年金受給といつ退職するか（および事業をどうするか）は、本来は遅くとも60歳頃までにはセットで考え始めることが望ましいのですが、**1**や**2**を決めることのないまま、不十分な年金知識に基づき**3**だけを決めている社長も実際には多いのです。

例えば、65歳以上の社長からの相談では、次のようなものも多いです。しかし、**1**や**2**についての見込みが決まっていないと、**3**についてどうするのがその社長の希望・理想に沿ったもらい方なのかを判断することはできません。

> 66歳の代表取締役社長です。年金はまだ請求していません。私の場合、どのようなもらい方をするのがよいのでしょうか？

また、高額報酬で在職中の人の年金繰下げは理解が極めて難しいところ、繰下げ制度の基本事項についての知識不足から、65歳時に繰下げ待機を決めている社長の多くが大きな誤解をしているか混乱してしまっています。

誤解・混乱している社長からいきなり繰下げに関する相談を受けた際も、繰下げ制度の説明に入る前に、必ず**1・2**の順番でヒアリングしていくことが重要です。

このように、社長の年金相談においては、年金に関する社長の悩み相談や質問に答えるとともに、今後の事業計画・人生計画を検討してもらうきっかけを提供することが求められます。

そこで、80ページの**ステップⅠ**～**ステップⅢ**の順番で社長が年金受給を検討できるよう、社労士やFPには、相談対応にあたっては、次のような手順を意識することをお勧めします。

3　59歳の誕生月に「ねんきん定期便」が届いた時に動き始める

本来なら、59歳の誕生月にA4判の封筒で送られてくる「ねんきん定期便」が届いた頃に、遅くとも60歳頃までには**ステップⅠ**や**ステップⅡ**を始めておくことが望ましいです。

まず、顧問先・関与先社長や社長の配偶者で取締役等として働いている人で59歳になった人がいるときは、**ステップⅠ**として、「ねんきん定期便」の記載内容を説明しておくことが必要です。

次に、**ステップⅡ**として後出のヒアリングシートなどを活用して、今後の事業計画・人生計画を検討してもらうきっかけを提供しておくことが重要です。

(1) ステップⅠ　現状の確認～「ねんきん定期便」の記載内容の説明

ステップⅠとして、「ねんきん定期便」の記載内容を説明しながら、「ねんきん定期便」記載の年金額について、最低限次の事項を伝えておくことが必要です。

・記載されている年金見込額は、60 歳まで今の役員給与設定で働いて退職したと仮定した場合の額であり、60 歳以降も働き続ける場合の年金受給見込額とは異なること(注1)
・ねんきん定期便ではわからないが、65 歳以降 70 歳までの間も働き続けると、年金見込額は増えること

(注1) 令和3年度から、50 歳以上年金受給前の人に届く「ねんきん定期便」において、一般厚生年金期間の報酬比例部分の年金見込額は、厚生年金基金の代行部分を含んだ額が記載されるようになりました。

この段階で、「このまま 70 歳まで働くとするとどの年金がどの程度増えるかを、年金事務所で社長の代わりに調べてくることもできます。希望されますか？」と聞くと、「いいえ。65 歳で息子に代表取締役を譲って退職するつもりですので、不要です」などの答えが返ってきて、事業承継についての意向を早期につかめることもあります。

また、このタイミングではまだ年金・退職・事業承継のことを社長がそれほど真剣に考え始めなかったとしても、引き続き厚生年金保険に加入していれば、60 歳以降も毎年誕生月に「ねんきん定期便」が届きます。毎年の「ねんきん定期便」が届いた時や、年金支給開始年齢となる約3カ月前に特別支給の老齢厚生年金の請求書が届いた時、または、65 歳前後になってから、「以前に年金について説明いただきましたが、もう一度詳しく説明していただけないでしょうか？」と頼まれることも多いです。

59 歳時に届いた「ねんきん定期便」記載事項について、社長や社長の配偶者に説明しておくことで、自身の年金・退職・事業承継について社長が自分事として考えたときに、相談先として最初に思い浮かべてもらえるようにしておくことが大事です。

なお、65 歳までの特別支給の老齢厚生年金の支給開始年齢は、生年月日および性別に応じて定められています（**図 2-5**）。

図 2-5　特別支給の老齢厚生年金の支給開始年齢

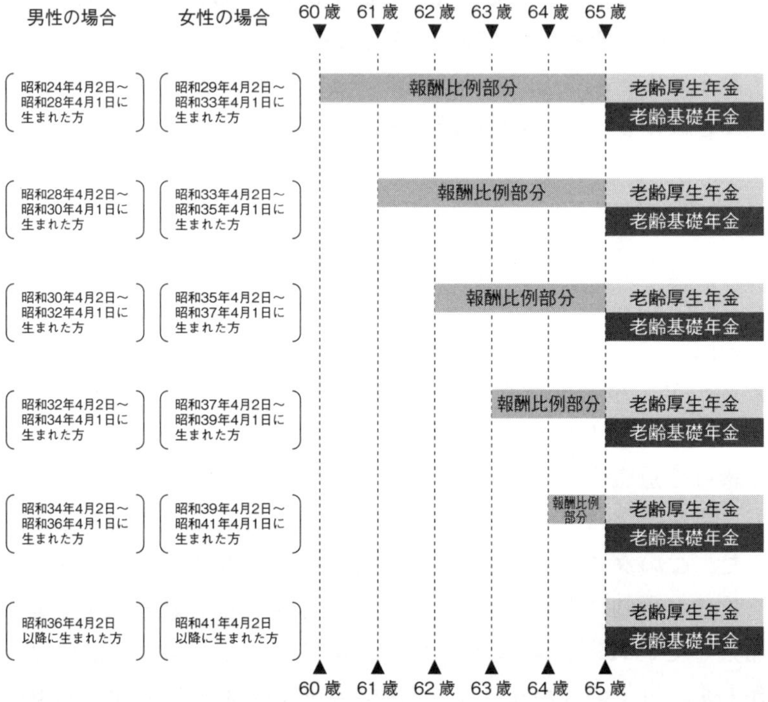

出典：老齢年金ガイド　令和３年度版　日本年金機構

- 特別支給の老齢厚生年金は、老齢基礎年金の受給資格期間（保険料納付済期間や合算対象期間などの合計が 10 年以上あること）を満たしており、そのうち厚生年金保険加入期間（公務員共済組合加入期間や私学教職員共済加入期間を含みます）が 1 年以上ある場合に受給できます。
- 女性の公務員共済組合加入期間分や私学教職員共済加入期間分の特別支給の老齢厚生年金の支給開始年齢は、男性の支給開始年齢と同様です。

(2) ステップⅡ　今後の事業計画・人生計画の検討～ヒアリングシートで見える化する

①　いつまで働くつもりか？

生涯現役で働く予定なのか退職する予定なのか、退職予定の場合はいつ頃退職する予定かを確認します。

社長が報酬比例部分の年金を受けるための最もストレートな方法が、退職する（厚生年金保険の被保険者や70歳以上被用者でなくなる）ことなのですから、社長の年金相談に際しては、社長がいつ頃退職する予定か決まっているかどうかを確認することが必要です。

社長にとって適切な年金受給方法をアドバイスするために最初に確認が必要である旨を伝えたうえで、「いつ頃まで働くご予定か、決めていらっしゃいますか？」と確認すると、その時点で決まっている事項があれば、教えてくれます。決まっていないのであれば、その旨を教えてくれます。ただ、この点については、質問するまでもなく、「70歳になったら息子にバトンタッチして退職するつもりです。それまでの間、働きながら年金を全額受けたいのですが、やはり年収を下げるしかないのでしょうか？」のように、社長のほうから教えてくれることも多いです。

聞きにくい場合は、「いつから年金を受けたいとお考えですか？」と聞けばよいのです。それも聞きにくい場合は、ヒアリングシート（88ページ**図2-6**）**に沿って聞きながら回答を書いていけば、必要な情報は聞き取れます。**ヒアリングシートの埋められるところだけを埋め、適宜、「ねんきん定期便」、給与明細書、役員退職金規程、決算書等のコピーを受領すればよいでしょう。

社長が65歳からや70歳からの年金（見込）額の内訳を把握していないケースも多いため、社長が希望する場合には、社労士等が社長（夫婦）の委任状(注2)に基づいて年金事務所で「試算結果」をもらってくることができることも伝えるとよいでしょう。

（注2）委任状の様式は任意ですが、日本年金機構ホームページからダウンロードできるものを使うと便利です。
https://www.nenkin.go.jp/service/jukyu/tetsuduki/kyotsu/sonota/20140306.html

②　在職中から年金を受給したいかどうか？

次に、退職する前から年金を受給したいのかをどうかを確認しましょう。

在職中の報酬比例部分の年金の受給額を増やしたいとの希望がある場合は、役員給与設定を変更する必要があることを伝えます。在職老齢年金制度により支給停止となった年金は後から受給できないことも、伝えます。

③　どの年金を・いつから・どのようにして・いくらにして受け取るのか？

次の事項を確認しましょう。

- 65 歳までの特別支給の老齢厚生年金（報酬比例部分）を受け取るのかどうか？
- 65 歳からの老齢基礎年金や老齢厚生年金（経過的加算部分）だけでなく老齢厚生年金（報酬比例部分）も受け取るのかどうか？
- どのような方法で報酬比例部分の年金を受け取るのか？
- 老齢基礎年金や老齢厚生年金を 66 歳以降に繰り下げることを希望するかどうか？
- 繰り下げる場合は、どちらの年金を何歳何カ月まで繰り下げ希望か？

以上は、①→②→③の順番でヒアリングすることがポイントです。退職時期が決まらないと、社長にとって最適な年金の受け方は決められないからです。年金の請求手続をする前に、大まかにでも構いませんので、①・②を決めてから③について検討することが重要です。

そのうえで、高額報酬の社長が働きながら報酬比例部分の年金を受け取りたい場合は、いつまでに役員給与設定を変更する必要があるかを伝えます。

例えば、65歳までの特別支給の老齢厚生年金は全額支給停止で構わないが、65歳からの年金は、働きながら最初から（65歳到達月の翌月分から）全額受給したいのであれば、遅くとも65歳到達月の前々月支給分の役員給与からは、年金が支給停止とならないような設定に変更しておく必要があります(注3)。

（注3）65歳到達月の前々月支給分から役員給与設定を変更して3カ月連続支給後会社が報酬月額変更届を提出すれば、65歳到達月の翌月（変更後の報酬月額支給月から起算して4カ月目）から標準報酬月額および総報酬月額相当額が下がり、65歳到達月の翌月分以降の年金が支給停止とならない状態とすることができます。ただし、役員給与設定は、原則として事業年度開始日から3カ月以内に株主総会等で決議する必要がありますので、会社の決算月によっては65歳到達月の前々月よりも前に開催される株主総会等で決議しておく必要があります。

図 2-6　社長の年金相談　ヒアリングシート（例）

1. 会社について

■会社名：

■事業年度（定款等を確認）：

（　　）月（　　）日～（　　）月（　　）日

■次回役員給与決定日（次回定時株主総会等開催予定日）：

（　　　　）年（　　　）月（　　　）日

■毎年何月何日支給分の役員給与から変更しているか

（　　　）月（　　　）日支給分から

■健康保険組合加入の場合：健康保険組合名（　　　　　　　　）

2. 相談者について

■相談者氏名：

●役職名：

●生年月日：（　　　　）年（　　　）月（　　　）日

●年金（見込）額内訳（「試算結果」を確認）：

・特別支給の老齢厚生年金（　　　）歳～（　　　　　　　）円

基金代行額（　　　　　　）円

・老齢厚生年金（65 歳～）

報酬比例部分（　　　　　　　　）円

経過加算部分（　　　　　　　　）円

基金代行額　（　　　　　　　　）円

・老齢厚生年金（70 歳～）

報酬比例部分（　　　　　　　　）円

経過加算部分（　　　　　　　　）円

基金代行額　（　　　　　　　　）円

● 65 歳時点での厚生年金保険加入月数：（　　　　）月

●報酬月額（給与明細書等を確認）：（　　　　　　　　　）円

●その月以前の１年間の賞与支給実績（給与明細書等を確認）：

（　　　）年（　　　）月（　　　　　　　）円

（　　　）年（　　　）月（　　　　　　　）円

（　　　）年（　　　）月（　　　　　　　）円

●今後の賞与支給予定（定時株主総会議事録・取締役会議事録・事前確定届出給与に関する届出書および付表の控等を確認）

（　　　）年（　　　）月（　　　　　　　）円

（　　　）年（　　　）月（　　　　　　　）円

（　　　）年（　　　）月（　　　　　　　）円

●現物給与の内容（　　　　　　　　　　　　　　　　　　）

●その他の法人からの報酬がある場合（給与明細書等を確認）：法人名・役職名・決算月・報酬月額・その月以前の１年間の賞与支給実績・今後の賞与支給予定

（　　　　　　　　　　　　　　　　　　　　　　　　）

●総報酬月額相当額：（　　　　　　　　　　　　　）千円

●その他の収入・所得：（　　　　　　　　　　　　　）

●その他の年金受給権がある場合：（　　　　　　　　）

●退職予定時期：　未定・（　　　　　）歳頃・（　　　）年（　　　）月頃・生涯現役予定

●退職金支給予定額：未定・（　　　　　　）万円程度・わからない

●在任年数（　　　）年：その他の役員在任年数（　　　）年

3. **配偶者について**

■氏名：

●役職名：

●生年月日：（　　　　）年（　　　）月（　　　）日

●年金（見込）額内訳（「試算結果」を確認）：

・特別支給の老齢厚生年金（　　　）歳～（　　　　　）円

基金代行額（　　　　　）円

・老齢厚生年金（65歳〜）
報酬比例部分（　　　　　　　　）円
経過加算部分（　　　　　　　　）円
基金代行額　（　　　　　　　　）円
・老齢厚生年金（70歳〜）
報酬比例部分（　　　　　　　　）円
経過加算部分（　　　　　　　　）円
基金代行額　（　　　　　　　　）円
●相談者が65歳到達時点での配偶者の年齢：（　　　）歳
●相談者が65歳到達時点での配偶者の厚生年金保険加入月数：
（　　　）月
●報酬月額（給与明細書等を確認）：（　　　　　　　　）円
●その月以前の1年間の賞与支給実績（給与明細書等を確認）：
（　　）年（　　）月（　　　　　　）円
（　　）年（　　）月（　　　　　　）円
（　　）年（　　）月（　　　　　　）円
●今後の賞与支給予定（定時株主総会議事録・取締役会議事録・事前確定届出給与に関する届出書および付表の控等を確認）
（　　）年（　　）月（　　　　　　）円
（　　）年（　　）月（　　　　　　）円
（　　）年（　　）月（　　　　　　）円
●現物給与の内容（　　　　　　　　　　　　　　　　）
●その他の法人からの報酬がある場合（給与明細書等を確認）：
法人名・役職名・決算月・報酬月額・その月以前の1年間の賞与支給実績・今後の賞与支給予定
（　　　　　　　　　　　　　　　　　　　　　）
●総報酬月額相当額：（　　　　　　　　　　）千円
●その他の収入・所得：（　　　　　　　　　　　）
●その他の年金受給権がある場合：（　　　　　　　）
●退職予定時期：　未定・（　　　　）歳頃・（　　　）年

（　　　）月頃・生涯現役予定

●退職金支給予定額：未定・（　　　　　　　）万円程度・わからない

●在任年数（　　　）年：その他の役員在任年数（　　　）年

4. その他

■「子」（18 歳年度末まで、または、障害等級１・２級該当で 20 歳年度末まで）がいる場合は、その子の生年月日：（　　　）

■役員退職金規程の有無：あり・なし

■役員退職金の算定基準（役員退職金規程を確認）：功績倍率方式・その他・わからない

■死亡退職金の受取人（役員退職金規程を確認）：後継者である遺族・配偶者・役員が指定済みの遺族・その他・わからない

■営業利益（損益計算書を確認）：（　　　　　　）万円

■利益剰余金（貸借対照表を確認）：（　　　　　　）万円

■役員借入金（貸借対照表を確認・社長からの貸付金残高を確認）：（　　　　　　）万円

■その他の相続人情報：

■役員退職金原資：会社契約の生命保険契約の死亡保険金額合計：（　　　　　　）万円

その他：（　　　　　　　　　　）・（　　　）万円

■個人契約生命保険の死亡保険金額：（　　　　）万円・受取人（　　　　　　）

FP 等が年金相談に応じる場合は、自身が提案できる内容に応じて、ヒアリングシートに　　部分のような事項を加えてもよいでしょう。

また、事業承継・相続コンサルティング業務も行える（行いたい）人は、さらにヒアリングが必要な事項を加えてもよいでしょう。

(3) ヒアリング時の留意点

これまで述べてきたことは、社長が今後もある程度の期間働き続けることを前提とした場合の有料相談（オンライン相談を含みます）の基本的な対応です。

しかし、中には近い将来の退職を決めているケースもありますので、なるべく早いタイミングで、いつ頃退職するかを決めているか、また会社の決算月等もヒアリングしておくことが重要です。

なぜなら、退職予定が近い場合には、役員給与設定を変更して働きながら報酬比例部分の年金を受給する方法について説明しても意味がないケースがあるからです（説明しても意味がないケースに当たらないかを早期に確認する意味でも、ヒアリングシート（88 ページ**図 2-6**）の使用は効果的です）。

例えば、3月決算の会社の社長から9月に相談を受けたとすると、事業年度開始日から3カ月を過ぎていますので、今期の役員給与設定変更時期は過ぎています。

もしこの会社が、毎年5月下旬開催の定時株主総会等でその年の6月支給分から1年間の役員給与額を決議しているのであれば、翌年5月下旬開催の定時株主総会等で翌年6月支給分から翌翌年5月支給分までの役員給与を決議することとなります。翌年6月から3カ月連続で変更後の役員給与を支給した後、会社が報酬月額変更届を提出することにより標準報酬月額・総報酬月額相当額が下がるのは、翌年9月からです（次ページ**図 2-7**）。

それまでに退職して厚生年金保険の被保険者資格を喪失する（または 70 歳以上被用者でなくなる）予定がある場合は、在職中に標準報酬月額・総報酬月額相当額が下がりません(注 4)。この場合、役員給与設定を変更して働きながら年金受給額を増やす方法について説明しても意味がありません。

決算月や定時株主総会等開催月が年金受給と関係があることや、報酬月額を下げてもすぐには年金支給停止が解除されないことを知らな

図 2-7　決算月と標準報酬月額・総報酬月額相当額の関係

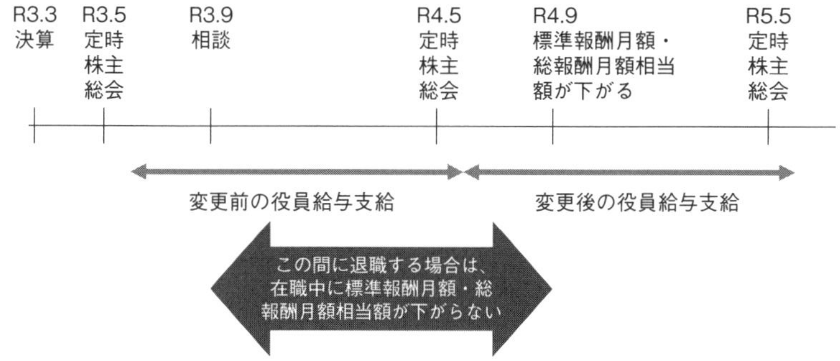

い社長が多く、退職するまでの間の年金支給停止を逃れたいと考えて相談してくるケースもありますので、注意が必要です。

（注 4）定期同額給与の業績悪化改定事由に該当する場合、決算月を変更する場合や、繰越欠損金があるなどで役員給与の一部の損金算入が認められなくてもよいので役員給与設定を変更するような場合を除きます。

4　繰下げをめぐる誤解を整理する

65 歳からの老齢基礎年金や老齢厚生年金を 66 歳以降へ繰り下げるつもりの社長からの相談は多いです。

66 歳に達する前に老齢基礎年金の請求をしていなかった人は、老齢基礎年金の繰下げ申出をすることができます（国民年金法 28 条 1 項）。同様に、老齢厚生年金の受給権を取得した日（通常は 65 歳到達日、つまり、65 歳の誕生日の前日）から起算して 1 年を経過した日前に老齢厚生年金の請求をしていなかった人は、老齢厚生年金の繰下げ申出をすることができます（厚年法 44 条の 3 第 1 項）[注 5]。

老齢基礎年金も老齢厚生年金も、原則どおり 65 歳到達月の翌月分から受ける以外に、66 歳から 70 歳までの任意の時点まで繰り下げて受給することもできます（昭和 27 年 4 月 2 日以後生まれの人は、66 歳から 75 歳までの任意の時点まで繰り下げることができます）。

繰下げをすることにより、65歳到達月の翌月分から受ける場合と比べて、「繰下げ月数(注6)（65歳到達月から繰下げ申出月の前月までの月数）×0.7%」増額された年金を受給できることとなります（繰下げ申出した月の翌月分から支給されます）。ただし、老齢厚生年金（報酬比例部分）が全額支給停止となるような役員給与を受けている人が老齢厚生年金を繰り下げても、老齢厚生年金（報酬比例部分）はまったく増額されません。

（注5）本書では、65歳到達日に老齢基礎年金および老齢厚生年金の受給権が生じる一般的なケースについてのみ説明します。
（注6）最高60月（昭和27年4月2日以後生まれの人は最高120月）

(1) 繰下げ増額効果が生じないのに、繰下げ待機していると思い込んでいるケース

老齢厚生年金（報酬比例部分）が支給停止となるような役員給与を受けている人が老齢厚生年金を繰り下げても、老齢厚生年金（報酬比例部分）のうち、繰下げしなかったとしたら支給停止となる分については増額されません。

したがって、老齢厚生年金について繰下げによる年金増額効果を最大限生じさせたい場合（繰下げ月数×0.7%増額したい場合）は、遅くとも65歳到達月の前々月支給分の役員給与からは、年金が支給停止とならないような設定に変更しておく必要があります。

このことを知らずに、将来の年金額を増やせると思って老齢厚生年金の請求を行わずに繰下げ待機していた社長が、70歳を過ぎて繰下げ申出手続をした際に、思ったほど年金額が増額されていないことを不思議に感じて相談に来て、初めて長年の勘違いに気づき、落胆する事例が多いです。

70歳を過ぎて初めて誤解に気づいた社長から、「何十年も顧問をお願いしている税理士も社労士も、これまで一言も教えてくれませんでした」との悲痛な声を聞くことも少なくありません。

(2) 繰下げ（待機）できないのに、繰下げしていると思い込んでいるケース

以下の①～③のような繰下げ（待機）ができないケースに該当するにもかかわらず、繰下げしているつもりの社長もいます。

① 65 歳未満の人

65 歳までの特別支給の老齢厚生年金を繰下げするつもりで年金請求手続を行っていない人もいますが、特別支給の老齢厚生年金に繰下げの制度はありません（繰上げの制度もありません）。

② 65 歳以上 66 歳未満の人

繰下げは、65 歳からの老齢基礎年金や老齢厚生年金をもらい始めるのを 66 歳以降に遅らせるというものです。したがって、66 歳に達していない人は繰下げ申出できません。

65 歳以上 66 歳未満の社長から、「私は年金を繰下げしています」という話を聞くことがよくありますが、これは、正確には 66 歳以降の希望する月になったら繰下げ申出するために 65 歳からの年金の請求手続を行わずに待機している状態です。

③ その他、繰下げできない人・繰下げ待機しても年金額が増えない人

そのほか、65 歳からの老齢基礎年金や老齢厚生年金の請求手続をしていなかったとしても、老齢基礎年金や老齢厚生年金を繰下げできないケースがあることにも注意が必要です。繰下げできない人が繰下げして増額された年金を将来受けるつもりで 65 歳からの年金の請求をせずに待機していても、意味がないからです。

まず、65 歳に達して老齢基礎年金や老齢厚生年金の受給権を取得したときに、併給（同時に複数の年金を受けること）できない年金（「他の年金」）の受給権者となっている人は繰下げできません。

老齢基礎年金の繰下げにおける「他の年金」とは、障害基礎年金、障害厚生年金、遺族基礎年金、遺族厚生年金等のことです。

また、老齢厚生年金の繰下げにおける「他の年金」とは障害厚生年金、遺族基礎年金、遺族厚生年金等のことです。

65歳以降、障害基礎年金と老齢厚生年金を併給することはできますので、障害基礎年金は老齢厚生年金の繰下げとの関係では、「他の年金」には含まれません。

65歳に達した日から66歳に達した日までの間において「他の年金」の受給権者となったときも繰下げはできません（以上、国民年金法28条1項ただし書・厚年法44条の3第1項ただし書）。

また、66歳に達した日後70歳（昭和27年4月2日以後生まれの人は75歳）に達する日前に「他の年金」の受給権者となった人が、その後繰下げ申出した場合は、「他の年金」を支給すべき事由が生じた日に繰下げ申出したものとみなされて繰下げ増額率が決まります(国民年金法28条2項1号・厚年法44条の3第2項1号)。

以上のとおり、「他の年金」を受けながら老齢年金を繰り下げて増額することはできないようになっています。

例えば、特別支給の老齢厚生年金や老齢厚生年金の受給権者で年収850万円未満または所得655.5万円未満の社長（本人）の配偶者が、特別支給の老齢厚生年金や老齢厚生年金の受給権者の場合などは注意が必要です。配偶者の死亡によって本人が遺族厚生年金の受給権者となった場合は、(遺族厚生年金が少額（あるいは遺族厚生年金としての支給額が、ゼロ円である）などの理由で）本人が遺族厚生年金の請求手続を行わなかったとしても、遺族厚生年金の受給権者には違いありませんので、65歳からの年金の繰下げはできなくなったり、それ以上繰下げても増額されなかったりすることとなります。

配偶者の死亡によって配偶者自身が受け取れなかった老齢年金の未支給分だけを請求し、遺族厚生年金の受給権も生じているのに遺族厚生年金の請求は行わないままのケースでも、自分の老齢年金を繰下げ待機しているつもりが実は繰下げできなかったり、思ったほど繰下げ増額されなかったりと、思惑違いが生じますので、注意が必要です。

(3) その他の誤解があるケース

その他、繰下げについては次のような誤解をしている社長も結構います。

① 繰下げは必ず70歳まで繰り下げるものと思っている

繰下げは、66歳から70歳まで（昭和27年4月2日以後生まれの人は75歳まで）の間で希望する任意の月まで繰り下げることができます。ここから繰り下げて増額した年金を受け取りたいと思う月になったときに繰下げ申出手続をすれば、繰下げ月数に応じて、繰下げ申出をした翌月分から、増額された年金が支給されます（老齢厚生年金のうち在職老齢年金制度により支給停止となるはずだった分については、増額されません）。

老齢基礎年金と老齢厚生年金を、それぞれ異なる月まで繰り下げることもできます。

② 繰下げ申出は退職してからするものと思っている

繰下げ待機するかどうかや繰下げ申出するかどうかは、厚生年金保険に加入中の人であっても加入していない人であっても、自由に選択することができます。

中小オーナー企業の社長には、70歳を過ぎたら退任し、退任後に年金の請求手続をすればよいだろうと漠然と考えている人も多く、こうした誤解もよくみられます。

③　繰下げと加給年金額・振替加算、付加年金

老齢厚生年金を繰り下げても、加給年金額は増額されません。また、老齢厚生年金を繰り下げるつもりで待機している間は、加給年金額は支給されません。

老齢基礎年金を繰り下げても、振替加算は増額されません。また、老齢基礎年金を繰り下げるつもりで待機している間は、振替加算は支給されません。

なお、付加年金の受給権もある人が老齢基礎年金を繰り下げると、付加年金も同率で増額されます。老齢基礎年金を繰り下げるつもりで待機している間は、付加年金は支給されません。

④　額面の年金額増と手取り額増

繰下げ受給したときから11年11カ月経つと、65歳から受給するよりも繰下げ受給をするほうが額面の年金受給総額が多くなります。ただし、繰下げにより年金額が増えることによって年間所得が増えると、所得税・住民税が増えます。また、介護保険料や退職後の国民健康保険料・後期高齢者医療制度の保険料が増える可能性もあります。

手取り額でみると、受給総額が逆転するのは繰下げ受給したときから11年11カ月よりも後になります。

⑤　基金代行額がある場合

企業年金連合会から基本年金・代行年金を受給できる人が老齢厚生年金を繰下げ待機する場合は、（繰下げ）支給停止申出書を企業年金連合会に提出する必要があります。また、厚生年金基金から国の報酬比例部分の年金の代行部分を受給できる場合、基金への手続きについては、加入している基金に確認する必要があります。

5　配偶者加給年金額について知っておくべきポイントを伝える

配偶者加給年金額についても、社長や社長の配偶者からの相談が多いところです。65歳から働きながら配偶者加給年金額ももらいたい社長が知っておくべきポイントを、確認しておきましょう。

(1) 配偶者加給年金額とは

厚生年金保険に20年（240月）以上加入した人が65歳になった当時、その人によって生計を維持していた65歳未満の配偶者がいる場合に、老齢厚生年金に加算して配偶者加給年金額が支給されます（厚年法44条）。

なお、65歳になった時に老齢厚生年金の計算の基礎となる厚生年金保険加入期間の月数が240月未満の場合で、その後退職時改定や70歳時改定により厚生年金保険加入期間の月数が240月以上となるに至ったときは、その時点（退職日から1月経過したとき、または、70歳到達日）で生計を維持している配偶者がいれば、配偶者加給年金額が加算されるようになります。

令和4年度以降は、上記の改定以外に、毎年1回の在職定時改定（120ページ参照）により老齢厚生年金の計算の基礎となる厚生年金保険加入期間の月数が240月以上となるに至ったときも、その時点で生計を維持している配偶者がいれば、配偶者加給年金が加算されるようになります。

(2)「生計を維持」とは

次の2つの要件をともに満たしていると、「生計を維持」していたとされます(注7)。

1　生計を同じくし、

2　原則として、（一時的なものを除いた）前年（前年の年収が確定していない場合は前々年）の年収が850万円未満、または（一時的なものを除いた）前年（前年の所得が確定していない場合は前々年）の所得が655.5万円未満

（注7）生計維持関係の認定基準の詳細については、110ページの通知を参照

(3) 配偶者加給年金額が支給停止されるケースとは

配偶者加給年金額の支給要件を満たしていても、配偶者自身が厚生年金保険加入期間20年以上の特別支給の老齢厚生年金（や繰上げ受給の老齢厚生年金）等、老齢・退職を支給事由とする年金や障害年金を受けられる間は、配偶者加給年金額は支給停止となります。配偶者の特別支給の老齢厚生年金等が全額支給停止となり、実際には受け取れない間は、配偶者加給年金額は支給停止されません(注8)。

配偶者加給年金額は扶養手当のような意味合いの加算ですので、配偶者自身がある程度のまとまった年金額を受けている場合は、配偶者加給年金額は支給停止となるという趣旨です。

（注8）令和4年度からの改正については、**V 3 (5)**（125ページ）参照。

①　高額報酬の社長が配偶者加給年金額を受けたい場合は、事前に役員給与設定を変更しておく必要がある

老齢厚生年金をもらえる本人の報酬が高いため老齢厚生年金（報酬比例部分）が全額支給停止となっている間は、その他の要件をすべて満たしていても加給年金額は支給されません。したがって、配偶者加給年金額も全額支給停止となる社長が多いです。

しかし、老齢厚生年金（報酬比例部分）の一部でも支給されるような総報酬月額相当額となるように役員給与設定を変更すれば、その他の要件を満たしている間は、配偶者加給年金額は全額支給されます

(加給年金額は全額支給か全額不支給かのいずれかしかありません。加給年金額の一部のみが支給されることはありません。)

役員給与設定変更時期は、原則として事業年度開始日から3カ月以内に限られます。また、変更後の役員給与支給開始月から数えて4カ月目からしか総報酬月額相当額が下がりません。したがって、65歳到達月の翌月分から加給年金額を受けたい場合は、遅くとも65歳到達月の前々月までには老齢厚生年金（報酬比例部分）の一部でも支給されるような役員給与設定に変更しておく必要があります。

ところが、このことに事前に気づく社長は少ないです。

② 配偶者加給年金額が支給されるためには、事前に配偶者の報酬設定にも注意が必要

老齢厚生年金をもらえる本人（厚生年金保険加入期間20年以上）が65歳到達月の翌月分から老齢厚生年金（報酬比例部分）の全部または一部を受給して配偶者加給年金額も受け取りたい場合は、老齢厚生年金をもらえる本人が65歳になった時点で配偶者の生計を維持している必要があります。

中小企業においては、配偶者（厚生年金保険加入期間20年未満）も取締役等として年間850万円以上の報酬を受けているケースも見受けられます。配偶者の収入・所得が高いため、今のままでは生計維持要件を満たさず配偶者加給年金額が加算されないことが予想されるのであれば、配偶者の年収・所得額にも事前の注意が必要となります。

配偶者の報酬を下げようとしても、役員給与設定変更時期は、原則として事業年度開始日から3カ月以内に限られます。配偶者が高額報酬を受けている場合で加給年金額の受給を目指す場合は、計画的に配偶者の報酬設定も事前に変更しておく必要があります。

(4) 配偶者加給年金額はいくらもらえるのか？　いつまでもらえるのか？

① いくら支給されるか

老齢厚生年金に加算される配偶者加給年金額は、年額390,500円です（令和3年度。老齢厚生年金をもらう人の生年月日が昭和18年4月2日以後の場合。特別加算額を含んだ金額）。

② いつまで支給されるか

配偶者加給年金額は、配偶者が65歳になる月分までで、かつ、要件を満たしている間、支給されます。

配偶者が65歳になる月の翌月分からは、配偶者自身の老齢基礎年金に少額のみ加算される振替加算に変わります（配偶者が昭和41年4月1日以前生まれの場合に限ります）。

(5) 事例でみる配偶者加給年金額に関する注意点

中小企業においては、代表取締役に加え配偶者も取締役等として厚生年金保険に20年以上加入し、年金支給開始年齢以降も厚生年金保険に入っているケースも多く見受けられます。

その場合、在職老齢年金制度による年金支給停止と配偶者加給年金額との関係について正しい知識を持っておかないと、受給した配偶者加給年金額を後から返さなければならないことがあります。

設　例

- **代表取締役Aさん**
  昭和26年9月10日生まれ（令和3年9月9日に70歳到達）・男性

老齢厚生年金（報酬比例部分）144 万円（年金額の計算の基礎となる厚生年金保険加入期間 480 カ月）

・**取締役Bさん（Aさんの配偶者）**

昭和 31 年 11 月 15 日生まれ（令和 3 年 11 月 14 日に 65 歳到達）・女性

特別支給の老齢厚生年金 36 万円（年金額の計算の基礎となる厚生年金保険加入期間 240 カ月）

Aさんは、65歳からの年金を全額受給したいと考えて、65歳到達月の翌月までに標準報酬月額・総報酬月額相当額が30万円に下がっているように、65歳到達月の前々月支給分までに報酬月額を60万円から30万円に引き下げていました（賞与支給はありません）。65歳から現在まで報酬月額はずっと30万円のままです。

そのうえで、65歳になった直後（平成28年9月中旬）に老齢基礎年金・老齢厚生年金を請求し、平成28年10月分から現在までずっと全額受給してきました。

Bさんは、障害基礎年金、障害厚生年金などの受給権はありません。

Bさんは、特別支給の老齢厚生年金の支給開始年齢である60歳になる前に標準報酬月額・総報酬月額相当額が20万円に下がっているように、事前に報酬月額を30万円から20万円に引き下げていました（賞与支給はありません。役員給与以外の収入もありません）。60歳から現在まで報酬月額はずっと20万円のままです。

そのうえで、60歳になった直後（平成28年11月下旬）に特別支給の老齢厚生年金を請求しようと考えていました。

ところが、Bさん自身も厚生年金保険加入20年以上の特別支給の老齢厚生年金をもらえる間は、Aさんの老齢厚生年金に配偶者加給年金額が加算されないと聞きました。

そこで、Bさんは65歳までの特別支給の老齢厚生年金は請求しないで、65歳になったら老齢基礎年金・老齢厚生年金を請求しようと考えました。

①　夫婦のこれまでの年金支給停止額

年金をもらう権利が生じた人が請求をすると、権利が生じた月の翌月分から年金が支給されます。したがって、Aさんの老齢基礎年金・老齢厚生年金は、権利が生じた月（65歳になった月である平成28年9月）の翌月分、平成28年10月分から支給されました。

平成28年度から令和3年度までの間、65歳からの在職老齢年金計算式における基準額は47万円または46万円だったため、総報酬月額相当額が30万円のAさんは、平成28年10月分からずっと、老齢基礎年金に加え老齢厚生年金も全額受給してきました。

・年金支給停止額（月額換算額）＝
　{基本月額12万円（144万円÷12）＋総報酬月額相当額30万円－基準額（年度により47万円または46万円）}　÷2＜0円
　したがって、老齢厚生年金（報酬比例部分）は全額支給

一方、Bさんの特別支給の老齢厚生年金は、請求すれば、権利が生じた月（60歳になった月である平成28年11月）の翌月分、平成28年12月分から支給されるはずでした。

平成28年度から令和3年度までの間、65歳までの在職老齢年金計算式における基準額はずっと28万円だったため、総報酬月額相当額が20万円のBさんは、平成28年12月分からずっと特別支給の老齢厚生年金を全額受給できる状態でした。

・年金支給停止額（月額換算額）＝
　基本月額3万円（36万円÷12）＋総報酬月額相当額20万円－基準額28万円÷2＜0円
　したがって、特別支給の老齢厚生年金は全額支給

② Aさんの平成28年10月分～11月分の年金

平成28年11月分以前は、Bさんはまだ特別支給の老齢厚生年金をもらえませんでした。

厚生年金保険加入期間20年以上の老齢厚生年金を受給できるAさんが65歳になったときに、65歳未満の配偶者Bさんの生計を維持しており、かつ、Bさん自身が厚生年金保険加入期間20年以上の特別支給の老齢厚生年金等をもらえる状態ではありませんでした。

したがって、Aさんの老齢厚生年金には配偶者加給年金額が加算されました。

③ 夫婦の平成28年12月分以降の年金

Bさんの特別支給の老齢厚生年金は、請求すれば、平成28年12月分から支給されるはずでした。つまり、平成28年12月分から、Bさんが厚生年金保険加入期間20年以上の特別支給の老齢厚生年金をもらえる状態となっていました。

したがって、Aさんの老齢厚生年金に加算されていた配偶者加給年金額は、平成28年12月分から支給停止されるべきでした。

しかし、Bさんが年金請求手続を行わなかったため、Aさんの老齢厚生年金に配偶者加給年金額が加算され続けてしまいました。

④ 夫婦の今後の年金

Bさんが令和3年11月に65歳になった直後に自身の老齢年金を請求すると、どうなるでしょうか。Bさんは、60歳になったときに特別支給の老齢厚生年金をもらう権利が生じています。そして、65歳になるまでの間、ずっと在職支給停止がかからないような役員給与設定でした。

ですから、まずは、直近5年分（時効の範囲内分）(注9) の年金が一括支給されることとなります。

次に、本来加算されるべきではなかった平成28年12月分以降の5年分の配偶者加給年金額が過払いとなっている状態ですので、Aさんは過払い分をすべて返す必要があります。このような場合、今後Aさんが偶数月に受給する老齢年金の全額または一部を過払い分の返納に充てるか、過払い分を現金で返還することとなります。

設例では、Aさんの老齢厚生年金に加算された配偶者加給年金額よりもBさんの特別支給の老齢厚生年金の額のほうが少なかったのですが、Bさんが厚生年金保険加入期間20年以上の特別支給の老齢厚生年金を（請求すれば）もらえるはずであった期間分の配偶者加給年金額は、全額返還すべきこととなります。

結局、Bさんが特別支給の老齢厚生年金の請求手続を放置した意味はなかったといえます。

(注9) 年金は、毎年2月、4月、6月、8月、10月および12月の6期に、それぞれその前月分までが支払われます。各支払期月の年金についての時効の起算日は、その支払期月の翌月1日です（厚年法92条1項）。平成28年12月分・平成29年1月分、つまり、平成29年2月が支払期月の年金についての時効の起算日は、平成29年3月1日となり、5年後の時効満了日は令和4年2月28日です。したがって、上記事例では、令和4年2月28日までに請求すれば、Bさんの年金についてもらい漏れは生じません。

⑤ 配偶者の特別支給の老齢厚生年金が全額支給停止なら加給年金額は加算された

もしBさんについて、60歳になる前に標準報酬月額・総報酬月額相当額が32万円に上がっているように事前に報酬月額を30万円から31万円に引き上げていたら、どうなっていたでしょうか？　この場合、その後も報酬月額31万円なら、Bさんは平成28年12月分からずっと、特別支給の老齢厚生年金が全額支給停止となりました。

・年金支給停止額（月額換算額）＝
{基本月額3万円（36万円÷12）＋総報酬月額相当額32万円－基準額28万円｝÷2＝3.5万円＞基本月額3万円

したがって、特別支給の老齢厚生年金は全額支給停止

この場合でも、Bさんは特別支給の老齢厚生年金の請求をしておくのがよかったことに違いはありません（特別支給の老齢厚生年金の請求をしていれば、65歳からの老齢基礎年金・老齢厚生年金の請求手続が、簡易なはがき形式の請求書を返送するだけで済みます）。

しかし、仮に65歳になった直後に初めて年金請求手続を行ったとしても、Bさんの特別支給の老齢厚生年金については遡って支給される月はないわけですから、過払いとなっている配偶者加給年金額もありません。

⑥　配偶者が特別支給の老齢厚生年金の受給を辞退した場合の配偶者加給年金額

この設例で、Bさん（配偶者）が自身の特別支給の老齢厚生年金を放置するのではなく、「申出による年金金額支給停止」制度（厚年法38条の2第1項）を利用することによって辞退した場合、Aさん（代表取締役）の老齢厚生年金には、配偶者加給年金額が加算されるのでしょうか？　答えはノーです。

Bさん（配偶者）が自身の特別支給の老齢厚生年金を辞退したとしても、Aさん（代表取締役）の老齢厚生年金には配偶者加給年金額は加算されません。

なぜなら、この「申出による年金全額支給停止」制度を利用することによって全額支給停止されている年金は、「政令で定める法令の規定の適用については、その支給を停止されていないものとみなす」こととなっているからです（厚年法38条の2第4項、厚年法施行令3条の3第10号・3条の7ただし書）。

6　遺族厚生年金と生計維持関係

(1)　生計維持関係の事前確認がより重要となる

配偶者加給年金額は、最長でも配偶者が65歳に到達する月分までしか加算されませんから、配偶者が社長のちょうど5歳（60カ月）年下であっても、支給総額は最大約195万円（約39万円×5年分）に過ぎません。

それに対し、社長が亡くなった場合に支給される遺族厚生年金は、原則として社長の老齢厚生年金（報酬比例部分）の4分の3相当額です。

配偶者（40歳以上の妻）が65歳となるまで（の間で遺族基礎年金が支給されない期間）は、中高齢寡婦加算として年額約59万円（令和3年度額は585,700円）も加算されます。

例えば、社長の老齢厚生年金（報酬比例部分）が年額160万円であって、社長死亡時に配偶者（妻）がちょうど60歳の場合、配偶者が90歳で亡くなるまでの30年間遺族厚生年金を受給したとすると、遺族厚生年金の総額は約3,895万円にもなります(注10)。

（注10）実際には、配偶者が65歳になってからは配偶者自身の老齢厚生年金が優先して支給され、差額のみが遺族厚生年金として支給されますので、遺族厚生年金としての支給額は上記よりも少なくなります。配偶者が65歳になるまでは、配偶者自身の特別支給の老齢厚生年金か遺族厚生年金か、いずれかを選択して受給することとなりますが、上記試算は、遺族厚生年金を選択するものとして試算しています。

・遺族厚生年金＝（社長の老齢厚生年金（報酬比例部分）160万円×3/4）×30年＋中高齢寡婦加算約59万円×5年（配偶者が60歳から65歳になるまで）＝約3,895万円

社長の老齢厚生年金額や社長が亡くなる年齢、社長死亡時の配偶者の年齢、配偶者が何歳まで遺族厚生年金を受給するかは、ケースバイケースです。しかし、社長が配偶者加給年金額を受給する場合の受給

総額よりも、社長が亡くなり配偶者が遺族厚生年金を受給する際の受給総額のほうが多くなるケースは、よくあります。

したがって、社長が何歳であっても、今もし社長が亡くなったとしたら配偶者が遺族厚生年金を受給できる遺族に該当するかどうか、つまり、社長の死亡の当時、社長に生計を維持されていたといえるかどうかを確認しておくことは、重要です。

遺族厚生年金の支給要件のうちの一つである死亡当時の生計維持関係については、厚年法59条、厚年法施行令3条の10および下記通知(「生計維持関係等の認定基準及び認定の取扱いについて」)の基準に基づき判定されることとなっています。

この通知における生計維持関係の認定基準は、遺族厚生年金を受給できる遺族かどうかを判定する際にも、加給年金額の加算の基礎となるかどうかを判定する際にも、使用されています。

なお、この通知では、原則として通知で定める認定基準により生計維持関係を認定するものの、この認定基準により「生計維持関係の認定を行うことが実態と著しく懸け離れたものとなり、かつ、社会通念上妥当性を欠くこととなる場合には、この限りでない。」とも示されています。

(参考)

・厚年法59条

(遺族)

第59条　遺族厚生年金を受けることができる遺族は、被保険者又は被保険者であった者の配偶者、子、父母、孫又は祖父母(以下単に「配偶者」、「子」、「父母」、「孫」又は「祖父母」という。)であって、被保険者又は被保険者であつた者の死亡の当時(失踪の宣告を受けた被保険者であった者にあっては、行方不明となった当時。以下この条において同じ。)その者によって生計を維持したものとする。ただし、妻以外の者にあっては、次に掲げる要件に該当した場合に限るものとする。

一　夫、父母又は祖父母については、55歳以上であること。

二　子又は孫については、18歳に達する日以後の最初の3月31日までの間にあるか、又は20歳未満で障害等級の１級若しくは２級に該当する障害の状態にあり、かつ、現に婚姻をしていないこと。
2　前項の規定にかかわらず、父母は、配偶者又は子が、孫は、配偶者、子又は父母が、祖父母は、配偶者、子、父母又は孫が遺族厚生年金の受給権を取得したときは、それぞれ遺族厚生年金を受けることができる遺族としない。
3　被保険者又は被保険者であった者の死亡の当時胎児であった子が出生したときは、第１項の規定の適用については、将来に向って、その子は、被保険者又は被保険者であった者の死亡の当時その者によって生計を維持していた子とみなす。
4　第１項の規定の適用上、被保険者又は被保険者であった者によって生計を維持していたことの認定に関し必要な事項は、政令で定める。

・厚年法施行令３条の10

（遺族厚生年金の生計維持の認定）

第３条の10　法第59条第１項に規定する被保険者又は被保険者であった者の死亡の当時その者によって生計を維持していた配偶者、子、父母、孫又は祖父母は、当該被保険者又は被保険者であった者の死亡の当時その者と生計を同じくしていた者であって厚生労働大臣の定める金額以上の収入を将来にわたって有すると認められる者以外のものその他これに準ずる者として厚生労働大臣の定める者とする。

・生計維持関係等の認定基準及び認定の取扱いについて（平成23年３月23日年発0323第１号日本年金機構理事長あて厚生労働省年金局長通知）

https://www.mhlw.go.jp/web/t_doc?dataId=00tb7210&dataType=1&pageNo=1

⑵　社長の死亡の当時生計を維持されていなかった配偶者は、遺族厚生年金を受給できない

社長（夫）が亡くなった後、それまで取締役等として高額の役員給与を受けていた配偶者（妻）が社長に就任するような事例も、中小オーナー企業ではよくみられます。

このような場合、社長の死亡の当時に社長と配偶者が生計を同じくしていたとしても、配偶者の前年（確定していない場合は前々年）

の（一時的なものを除いた）収入が年額850万円以上かつ前年（確定していない場合は前々年）の（一時的なものを除いた）所得が年額655.5万円以上であれば、配偶者は遺族厚生年金を受給できないのが原則です。

しかし、社長の死亡の当時、配偶者が55歳以上60歳未満程度であって前年（または前々年）の収入および所得が上記基準額を超えていた場合、次のような質問を受けることがあります。

> 私は現在58歳ですので、あと2年経てば60歳になります。60歳になって役員給与を引き下げたら、遺族厚生年金をもらえるようになるのではないでしょうか？

理由は、上記通知の「4　収入に関する認定要件・(1)　認定の要件①エ」として、次のような場合であっても死亡の当時の生計維持認定対象者に係る収入に関する認定の要件を満たしているとする旨の記載があるためです。

> エ　前記のア、イ又はウに該当しないが、定年退職等の事情により近い将来（おおむね5年以内）収入が年額850万円未満又は所得が年額655.5万円未満となると認められること。

この「認定の要件①エ」は、一般的な話ですが、例えば次のようなケースであれば該当し得ます。

> ・遺族厚生年金を請求する遺族が、亡くなった人の死亡の当時（死亡日）にどこかの会社の従業員として勤務しており、おおむね5年以内に（60歳等の）定年退職年齢を迎えることが、労働基準監督署に届けられていた就業規則で確認できることにより、おおむね5年以内に収入・所得が基準額未満となることが死亡の当時に客観的に予測可能であったことが認められる。

つまり、生計維持要件を満たしていたかどうかは、あくまでも死亡の当時（＝死亡日）に満たしていたかによって判断されるわけです。

前社長の生前からの会社の経営状況や配偶者の収入・所得の内訳・役職・勤務状況の実態等詳細はケースによって様々でしょう。

しかし、社長の死後、後継社長に就任した配偶者について、株主総会議事録・取締役会議事録等に収入（または所得）が今後下がる旨の記載があったとしても、単に「60歳を迎える（迎えた）」という理由だけをもって「おおむね5年以内に収入（または所得）が基準額未満となることが死亡の当時に客観的に予測可能であった」と認められるのは、難しいでしょう。なぜなら、次の2つがわからないからです。

・その会社の社長が60歳になると、なぜ役員給与が下がるのか？
・60歳になると役員給与が下がることが死亡の当時客観的に予測可能であったことが、公的機関に届けられたどの書類を見れば確認できるのか？

中小オーナー企業の社長は、自身の役員給与を自由に決定できる立場にありますから、単に前社長の死後に現社長の役員給与額を下げた結果、前社長の死亡日からおおむね5年以内に現社長の収入または所得が基準額未満となったことだけをもって、要件に該当すると認められるわけではありません。

遺族厚生年金を請求したものの死亡の当時の生計維持関係が認められなかった遺族が審査請求・再審査請求を行った事例の裁決例（棄却事例および容認事例）を学ぶことで、社長・役員が死亡した場合で、例外的に概ね5年以内に収入（または所得）が基準額未満となることが死亡の当時に客観的に予測可能であったと認められた事例は具体的にどういうケースであったのかを確認することはできます。ただ、通常の老齢年金相談では、遺族厚生年金に関する過去の裁決例における容認事例まで踏み込んで説明する必要はありません。

それよりも、社長に万一のことがあった場合に配偶者が遺族厚生年金を確実に受給できるよう、可能であれば次回株主総会等で配偶者の年収を850万円未満にするか所得を655.5万円未満にするかしておくことが重要だ、と事前に伝えてあげることのほうが大事です。社長に万一のことがあった場合の死亡退職金原資をどうするかを考えている社長はいますが、遺族厚生年金と配偶者の年収・所得に関係があることを知らない社長が多いからです。

社長夫婦の年金相談に応じていると、何らかの理由で役員給与年額を下げられない場合や、年金以外に高額の収入・所得がある場合でないにもかかわらず、顧問社労士や顧問税理士がいる会社でも取締役等として働いている配偶者の年収が850万円以上かつ所得が655.5万円以上となっていることも結構あります。

V

令和４年度からの年金改正で社長の年金相談において注意すべきこと

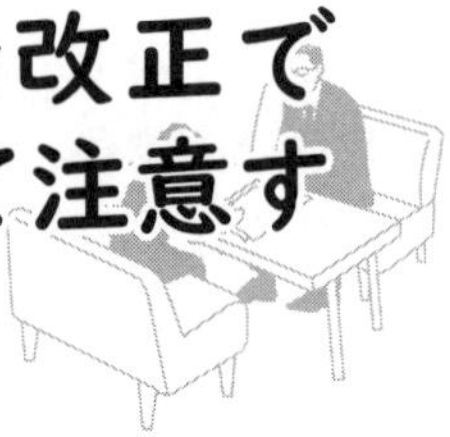

令和２年改正年金法のうち社長の年金相談に大きく関係するいくつかの改正が令和４年度から施行され、社長の年金はより複雑になります。しかし、施行を目前に控えた今でも、改正による自身の年金受給への影響に、多くの社長はまだ気づいていないと思われます。

そのため、令和４年度分の年金が初めて支給される令和４年６月以降、また在職定時改定により増額された年金（令和４年10月分・11月分の年金）が初めて支給される令和４年12月以降に相談が多くなることが予想されます。会社員（従業員）向けの年金情報を見聞きして誤解・失敗して後悔する社長が今後さらに増える可能性もありますので、改正による影響や対応方法について、早めに伝えておく必要があります。

主な改正点と注意すべき点は、以下のとおりです。

1　65歳までの在職老齢年金の基準額引上げ
　➡　請求せず特別支給の老齢厚生年金の一部が時効消滅してしまうリスクあり
2　繰上げ減額率の緩和
3　60歳台後半の老齢厚生年金の在職定時改定
4　最高75歳までの繰下げが可能に

1　65歳までの在職老齢年金の基準額引上げ

令和４年４月から、65歳まで（65歳到達月分まで）の在職老齢年金制度は65歳から（65歳到達月の翌月分から）の在職老齢年金制度と同様のしくみとなります（令和４年４月１日施行の厚年法附則11条)。これにより、令和４年４月から、65歳までの在職老齢年金制度の基準額は28万円ではなく、65歳からの基準額（令和３年度額は47万円）と同額に引き上げられます。

これは、次の観点から引き上げられることとなったものです。

・基準額28万円が就労に与える影響が一定程度確認されている（基準額が低く設定されていることが60歳台前半の会社員の就労を阻害している面がある）
・令和12年度まで支給開始年齢の引上げが続く女性の就労を支援する
・制度をわかりやすくする

(1) 役員給与設定の変更の要否に関する事前アナウンスが必要

この改正により、令和４年度以降、役員給与設定を変更して働きながら特別支給の老齢厚生年金を受給したいと考える65歳未満の社長からの相談が増えることが予想されます。

しかし、例えば、10月決算企業が12月の定時株主総会等で翌年１月から12月までの役員給与を決定している場合、社長が総報酬月額相当額を引き下げて令和４年４月分から在職中の年金受給を希望するのであれば、令和３年12月開催の定時株主総会等で役員給与設定変更を決議しておく必要があります。このことを、事前に伝えておく必要があります。

一方、令和４年度からは、次の設例のように、役員給与設定を変更しなくても特別支給の老齢厚生年金を一部受給できるようになる社長も出てきます。

設　例

- 特別支給の老齢厚生年金額 120 万円→基本月額 10 万円
- 報酬月額 50 万円・賞与なし→総報酬月額相当額 50 万円

（令和３年３月分まで）

- 年金支給停止額（月額換算額）＝
  （基本月額 10 万円＋総報酬月額相当額 50 万円－基準額 28 万円）÷２＝16 万円＞基本月額 10 万円
  したがって、特別支給の老齢厚生年金は全額支給停止

（令和４年４月分から）

- 年金支給停止額（月額換算額）＝
  （基本月額 10 万円＋総報酬月額相当額 50 万円－基準額 47 万円[注1]）÷２＝6.5 万円＜基本月額 10 万円
  したがって、特別支給の老齢厚生年金は一部支給
- 年金支給額（月額換算額）＝
  基本月額 10 万円－年金支給停止額（月額換算額）6.5 万円＝ 3.5 万円

（注 1）令和３年度現在の額を用いて試算しています。令和４年度以降の基準額は、年度により改定される可能性があります。

(2)　請求せず放置すると特別支給の老齢厚生年金が時効消滅してしまうリスクあり

令和３年度までであれば、設例のような社長が特別支給の老齢厚生年金を繰り下げていると誤解して請求せず、また、65 歳からの老齢基礎年金・老齢厚生年金も繰り下げるつもりで 70 歳まで請求手続を行わなかったとしても、特別支給の老齢厚生年金は全額支給停止であったため時効は進行せず、特に損も生じませんでした。

しかし、令和４年度からは、設例の社長がもし同じような誤解をして70歳を過ぎても年金請求手続を行わなかった場合、**受給できるはずであった特別支給の老齢厚生年金が時効（５年）により受給できなくなってしまうこととなります。**

特別支給の老齢厚生年金に繰下げはないことを社長に教えてあげることの重要性が、今後はさらに増すといえます。

(3) 注意が必要な人

昭和33年４月２日から昭和34年４月１日までの間に生まれた男性は、令和３年度に特別支給の老齢厚生年金の支給開始年齢である63歳となります。この人たちは、支給開始年齢到達月の翌月分から令和４年３月分までの在職老齢年金の基準額は28万円ですが、令和４年４月分からは基準額が引き上げられます。

昭和34年４月２日から昭和35年４月１日までの間に生まれた女性（令和３年度に62歳となる女性）の特別支給の老齢厚生年金の支給開始年齢は61歳であり、令和４年３月分までの在職老齢年金制度の基準額は28万円ですが、令和４年４月分からは基準額が引き上げられます。

これらの生年月日の社長・役員には、特別支給の老齢厚生年金の支給開始年齢となる前後に金融機関等の年金相談に行き、「今の報酬のままでは65歳までは年金は全額支給停止です」と言われて受給を諦めていた、という人もみられます。

その場合、令和４年度からの基準額引き上げについて伝えるだけで、役員給与設定変更を検討し始めるケースもあります。

2　繰上げ減額率の緩和

65歳からの老齢基礎年金および老齢厚生年金は、60歳以後65歳前の任意の時点から繰上げ請求することもできます（いずれか片方の年金だけを繰り上げることはできません。ただし、特別支給の老齢厚生年金をもらえる人は、支給開始年齢到達月以後は老齢厚生年金の繰上げはできず、老齢基礎年金のみ繰上げできます)。

繰上げ請求をすると、年金額に「繰上げ月数（繰上げ請求月から65歳到達月の前月までの月数）×繰上げ減額率」を乗じた額が減額され、繰上げ請求した月の翌月分から減額された年金が支給されます。

この減額率が、平均余命の延伸に伴い、「選択された受給開始時期にかかわらず、数理的に年金財政上中立となるよう」、令和４年度からは１月当たり0.4%に緩和されます（令和３年度は１月当たり0.5%。改正後の減額率は、令和４年４月１日以降に60歳になる人、つまり、昭和37年４月２日以後生まれの人が対象)。

例えば、60歳０カ月で繰上げ請求した場合（60カ月繰上げ）に原則どおり65歳から受ける場合と比べてどのくらい減額されるかを比較すると、改正前の制度と比べて６%緩和されることとなります。

（改正前の制度：昭和37年４月１日以前生まれの人が対象）
・減額率30%（繰上げ月数60カ月×0.5%）
・繰上げ受給をしたときから16年８カ月以上生きると、繰上げしないで65歳から受給するほうが累計の年金受給額が多くなる

（改正後の制度：昭和37年４月２日以後生まれの人が対象）
・減額率24%（繰上げ月数60カ月×0.4%）
・繰上げ受給をしたときから20年10カ月以上生きると、繰上げしないで65歳から受給するほうが累計の年金受給額が多くなる

インターネット等では、令和４年度からの、上記**1**の基準額引上げとこの繰上げ減額率の緩和を踏まえて、会社員（従業員）向けのお得情報として、60歳定年後の再雇用時などに老齢基礎年金および老齢

厚生年金を繰上げ受給する方法が紹介されていることがあります。

しかし、繰り上げて受給する年金のうち、老齢厚生年金は在職老齢年金制度の対象となります。一方、繰り上げて受給する年金のうち、老齢基礎年金は在職老齢年金制度の対象外です。

(1) ニーズが低いはずの繰上げ受給を相談されたら慎重に話を聞く

社長には高額報酬を受けている人が多いため、繰上げ受給を検討する必要がある人は少ないはずです。

令和４年度からの在職老齢年金の基準額引上げにより、年金支給開始年齢から特別支給の老齢厚生年金を受給できるよう役員給与設定を変更したいと考える社長は増加が予想されますが、(年金額が一生減額されても）65歳からの老齢基礎年金や老齢厚生年金を繰上げ受給するために役員給与設定を変更したいと考える社長は少ないでしょう。それにもかかわらず繰上げ受給をしたいと相談してくる60歳前後の社長の場合、繰り上げた老齢厚生年金が在職老齢年金制度の対象となることや、次のような繰上げのデメリットを理解していないことが通常です。

- 年金額が一生減額される（65歳以降の老齢基礎年金・老齢厚生年金の受給額も減る）
- いったん繰り上げると、後で取り消すことができない
- 厚生年金保険加入をやめても、国民年金に任意加入できなくなる
- 事後重症等による障害基礎年金を請求できなくなる
- 令和４年５月からは、60歳以上65歳未満の厚生年金保険被保険者（や国民年金の任意加入被保険者）が個人型確定拠出年金（iDeCo）に加入できるようになるが、繰上げ請求した人は加入できない

など

繰上げ制度の内容を誤解している人もいますし、「繰下げ」のことを間違えて「繰上げ」と言う社長もいます。社長から繰上げの相談があったときは、本当に繰上げが本人の希望に沿うものかどうかを、しっかり確認する必要があります。

（参考）

改正施行前から注意が必要な事例：昭和36年4月2日以後生まれの男性（特別支給の老齢厚生年金がもらえない人です）が令和3年度に繰上げ請求した場合、65歳からの在職老齢年金制度が適用となるため、令和3年度から在職老齢年金制度の基準額は28万円ではなく47万円であり、在職老齢年金制度の対象となる年金は、繰上げ受給の老齢厚生年金（報酬比例部分）です。

(2) 今後の事業計画・人生計画の検討を促す説明をプラスする

一般に、社長から繰上げについて相談があったときは、繰上げによる上記のデメリットを伝えるだけで説明を終えてしまいがちです。

しかし、**誤解している社長に正しい知識を伝えて喜ばれた後、社長の年金の基本形と在職老齢年金制度、社長が年金を受ける３つの方法**(38ページ)**の説明も加えることで、役員退職金相談や事業承継相談につながるケースも少なくありません。**

なぜなら、年金の受給の仕方を考える前に今後の事業計画・人生計画を検討することの重要性を伝えることで、早期に事業承継に関する気づきを与えることができるからです。

3　60歳台後半の老齢厚生年金の在職定時改定

令和4年度から、60歳台後半で在職中（厚生年金保険加入中）の人の老齢厚生年金額が毎年定時に改定されることとなります（**図2-8**）。

図 2-8　在職定時改定

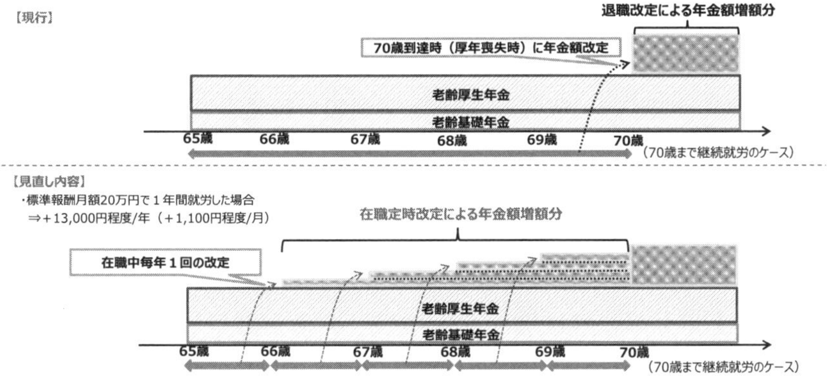

出典：厚生労働省ホームページ「年金制度の機能強化のための国民年金法等の一部を改正する法律の概要」

改正前は、65 歳以降も厚生年金保険に加入しても、65 歳以降の加入記録が老齢厚生年金の額に反映されるのは次のいずれかに限られていましたので、退職を待たずに早期に年金額に反映されるようになることで、年金を受給しながら働く在職受給権者の経済基盤が充実することが期待されています。

- **退職時**：65 歳から 70 歳になるまでの間に退職して 1 月が経過したとき（退職月の前月まで（退職日が月の末日の場合は退職月まで）の厚生年金保険加入記録に基づき、退職月の翌月分から年金額改定）
- **70 歳時**：70 歳になったとき（70 歳到達月の前月までの厚生年金保険加入記録に基づき、70 歳到達月の翌月分から年金額改定）

(1) 在職定時改定のしくみ

その年の９月１日（基準日）において厚生年金保険被保険者である場合に、基準日の属する月前（つまり、その年の８月まで）の厚生年金保険加入記録に基づいて老齢厚生年金額が改定されます。

年金額が改定されるのは、基準日の属する月の翌月（その年の10月）分からです。

在職定時改定による年金額増額により、60歳台後半の在職老齢年金制度による年金支給停止額計算に用いられる基本月額、つまり、「老齢厚生年金（報酬比例部分）÷12」の額が毎年10月分から増えます。どのくらい増えるかは、次の計算式でおおよそ予想できます（基金代行額・賞与がなく、標準報酬月額の変動もないケース。本来水準の場合）。

・老齢厚生年金（報酬比例部分）の概算増加額＝
標準報酬月額×再評価率（令和３年度は0.936）×5.481/1000
×新たに老齢厚生年金額に反映される厚生年金保険加入期間の月数

65歳到達月の前月までの厚生年金保険加入期間の月数が480月未満の人が65歳到達月以降も厚生年金保険に加入すると、480月に達するまでは老齢厚生年金（経過的加算部分）も増えます。

老齢厚生年金（経過的加算部分）の概算増加額は、次の計算式で求めることができます。

・老齢厚生年金（経過的加算部分）(注2)の概算増加額＝
約1,600円×新たに老齢厚生年金額に反映される厚生年金保険加入期間の月数

(注2) 老齢厚生年金（経過的加算部分）の計算式は次のとおり（令和３年度）。
老齢厚生年金（経過的加算部分）＝1,628円×厚生年金保険加入期間の月数－老齢基礎年金の満額780,900円×20歳以上60歳未満の厚生年金保険加入期間の月数/480月

在職定時改定の導入により、60歳台後半の会社員（従業員）等が、厚生年金保険加入による年金増額効果を早期に実感できるようになります。しかし、社長の多くは、役員給与設定を変更して総報酬月額相当額を引き下げない限り、老齢厚生年金（報酬比例部分）は引き続き全額支給停止のままの人が多いです。

働きながら60歳台後半の老齢厚生年金（報酬比例部分）を受給したいと考える社長から相談があった場合は、事前に役員給与設定を変更しておく必要があることに加え、在職定時改定によって毎年10月分から在職老齢年金計算における基本月額が増えることも伝えておく必要があります。

(2) 初回在職定時改定により年金額に反映される期間は人により異なるので注意

最初に迎える在職定時改定において老齢厚生年金額に反映される厚生年金保険加入期間の月数は、65歳到達月（1日生まれ以外の人は誕生月。1日生まれの人は誕生日の属する月の前月）が何月かにより異なります。

特に令和4年度の在職定時改定では、令和4年9月1日において厚生年金保険被保険者となっている60歳台後半の人が対象となるため、初めて老齢厚生年金額に反映される期間の月数（65歳到達月から令和4年8月までの月数）が多くなり、老齢厚生年金額の増え方が大きくなる人もいます。また、その期間の各月の標準報酬月額・標準賞与額が高かった人ほど、老齢厚生年金（報酬比例部分）の額の増え方が大きくなります。

70歳到達時の年金額改定において初めて老齢厚生年金額に反映される厚生年金保険加入期間の月数も、直近の在職定時改定の基準月（9月）以降70歳到達月の前月までの期間となりますので、やはり65歳（70歳）到達月が何月かにより異なります。

(3) 年金全額受給を目指す場合の役員給与設定～現実的な対応のしかた

60歳台後半の年金額の全額受給を目指す場合、毎年総報酬月額相当額を少しずつ上げていくのではなく、次のようにして役員給与設定を決めるほうが、実務上は管理しやすいでしょう。

①基本的な決め方：
65歳前に、現在の役員給与設定のまま70歳まで働き続けたと仮定した場合の70歳到達月の翌月分以降の老齢厚生年金（報酬比例部分）の見込額を年金事務所発行の「試算結果」で確認し、その額を用いて、会社の決算月や本人の生年月日を勘案して適切なタイミングで65歳到達月の翌月を含む職務執行期間の役員給与設定を決める
②留意点：
職務執行期間の途中で年度が変わり、在職老齢年金制度の基準額が下がっても年金支給停止額が生じないよう、余裕を持って総報酬月額相当額が低めとなるような役員給与設定とする（基準額は、年度により1万円単位で変動する可能性があります）

(4) 在職定時改定により65歳から70歳までの間で配偶者加給年金額が加算（支給停止）されることも

65歳で老齢厚生年金の受給権が生じた時には厚生年金保険加入期間20年未満（240月未満）であったものの、65歳以降も厚生年金保険に加入することにより、70歳になるまでの間に20年以上（240月以上）となる人もいます。

令和4年度以降、在職定時改定により社長（または社長の配偶者）の老齢厚生年金額の計算の基礎となる厚生年金保険加入期間の月数が240月以上となるに至った場合も、その時点の生計維持関係に応じ

て配偶者加給年金額が加算（または支給停止）されることとなります（令和４年４月１日施行の厚年法44条１項・46条６項）。

そのため、配偶者加給年金額が加算されるようにしたい、配偶者加給年金額が支給停止とならないようにしたい、との希望があるかどうかを早めにヒアリングしたうえで、必要に応じて役員給与設定や配偶者の退職時期と配偶者加給年金額との関係について事前にアドバイスしておくことが必要です。

(5) 配偶者の特別支給の老齢厚生年金が全額支給停止でも加給年金額が支給停止されることに

なお、配偶者加給年金額には、配偶者の特別支給の老齢厚生年金（厚生年金保険加入期間20年以上のもの）等が一部でも支給されている場合には加給年金額が支給されない一方で、配偶者の総報酬月額相当額が高いため在職老齢年金制度により配偶者の特別支給の老齢厚生年金等が全額支給停止となっている場合には加給年金額が支給される、という不合理が生じていました。

そこで、**令和４年度から、配偶者が特別支給の老齢厚生年金（厚生年金保険加入期間20年以上のもの）等老齢または退職を支給事由とする年金の受給権を有している場合には、その全額が支給停止されている場合であっても、加給年金額が支給停止される**改正が施行されます（令和４年４月１日施行の厚年法施行令３条の７）。ただし、経過措置が設けられており(注3)、令和４年３月31日において加給年金額が加算されている老齢厚生年金（または障害厚生年金）の受給権者であって、この改正によって加給年金額が支給停止となる人については、この改正による加給年金額の支給停止は行われません。

なお、令和４年３月31日において加給年金額が加算されている老齢厚生年金（または障害厚生年金）の受給権者であって、令和４年度からの65歳までの在職老齢年金の基準額引上げによって（配偶者の年金の支給停止が解除された結果として）加給年金額が支給停止となる人についても、加給年金額は継続して加算されます。

(注3)「年金制度の機能強化のための国民年金法等の一部を改正する法律の施行に伴う関係政令の整備及び経過措置に関する政令」(令和3年政令第229号)附則5条

なお、この経過措置は、次のいずれかに該当するまでの間の経過措置です。

・当該受給権者に対する老齢厚生年金または障害厚生年金がその全額につき支給を停止されるに至ったとき。
・当該受給権者の配偶者に対する老齢または退職を支給事由とする年金が令和4年3月31日において雇用保険の基本手当との調整の規定によりその全額につき支給を停止されている場合であって、令和4年4月1日以後に基本手当との調整による支給停止が解除されたとき。
・当該受給権者の配偶者に対する老齢または退職を支給事由とする年金が他の年金の支給を受けることにより支給を停止されるに至ったとき。

4　最高75歳までの繰下げが可能に

令和4年度から、老齢基礎年金・老齢厚生年金を最高75歳まで繰り下げることができるようになります(**図2-9**)。繰下げ申出をすると、年金額に「繰下げ月数× 0.7%」を乗じた額が増額されますが、この増額率は改正後も変わりません。

改正後の繰下げ制度の対象者は、令和4年4月1日以後に70歳になる人(昭和27年4月2日以後生まれの人)です。

図 2-9　繰下げ受給の上限年齢の引上げ

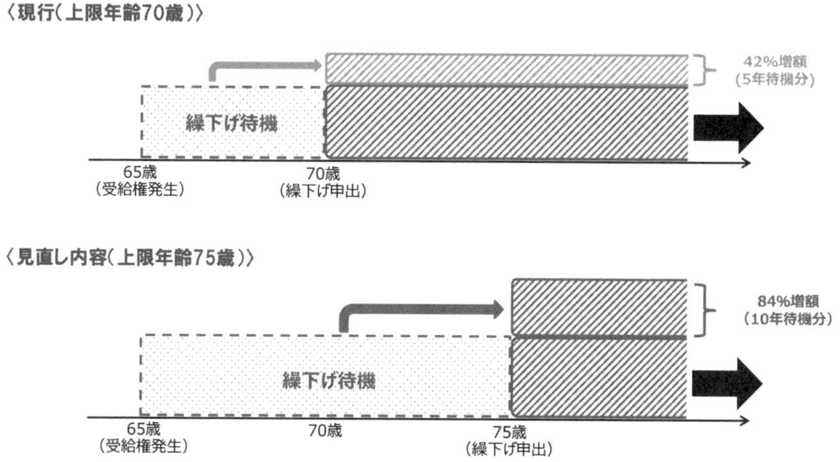

出典：厚生労働省ホームページ　『年金制度の機能強化のための国民年金法等の一部を改正する法律 参考資料集』

(1) 具体的な数字で繰下げによる年金額増のイメージを伝える

何歳まで受給できるか（何歳で亡くなるか）は事前にはわかりません。

例えば、改正後の繰下げ制度が適用される人が70歳以降まで繰り下げて受給後90歳で亡くなった場合の、繰下げによる大まかな年金額増イメージ例は次のとおりです。

設　例

- **昭和27年4月2日以後生まれの社長**
- **65歳時の老齢年金額（65歳到達月の前月までの厚生年金保険加入記録に基づく年金額）222万円（老齢厚生年金額約144万円・老齢基礎年金額約78万円）**

- **在任中は老齢厚生年金（報酬比例部分）が支給停止とならないような役員給与設定で働くと仮定**
- **90歳で亡くなると仮定**

この場合、老齢基礎年金・老齢厚生年金とも70歳まで繰り下げると、「65歳時の老齢年金額」がどのくらい増えるか、90歳までの年金受給額合計（額面金額）を比較すると、概算で次のとおりです。

1．繰下げしない場合

65歳から90歳までの25年間の年金受給額合計＝年額222万円×25年＝5,550万円

2．70歳まで繰り下げて1.42倍（60カ月×0.7%増）に増額した場合

70歳から90歳までの20年間の年金受給額合計＝年額222万円×1.42×20年＝6,304.8万円

また、この人が71歳、72歳、73歳、74歳、75歳まで繰り下げると、「65歳時の老齢年金額」がどのくらい増えるか、90歳までの年金受給額合計（額面金額）を比較すると、概算で次のとおりです。

3．71歳まで繰り下げて1.504倍（72カ月×0.7%増）に増額した場合

19年間の年金受給額合計＝年額222万円×1.504倍×19年＝6,343.9万円

4．72歳まで繰り下げて1.588倍（84カ月×0.7%増）に増額した場合

18年間の年金受給額合計＝年額222万円×1.588倍×18年＝6,345.6万円

5．73歳まで繰り下げて1.672倍（96カ月×0.7%増）に増額した場合

17年間の年金受給額合計＝年額222万円×1.672倍×17年＝6,310.1万円

6．74歳まで繰り下げて1.756倍（108カ月×0.7%増）に増額した場合

16年間の年金受給額合計＝年額222万円×1.756倍×16年＝6,237.3万円

7．75歳まで繰り下げて1.84倍（120カ月×0.7%増）に増額した場合

15年間の年金受給額合計＝年額222万円×1.84倍×15年＝6,127.2万円

老齢年金は生涯もらえる終身年金です。社長がどのような事業承継・事業整理を行うかによらず、老後の生活の柱となるものです。その年金額に影響する繰下げの上限年齢が変わるのですから、繰り下げるかどうか、どの年金を何歳（何カ月）まで繰り下げるか等の検討材料としてだけでなく、老後資金確保等のために必要な役員退職金額をイメージできるようになるためにも、65歳男性・女性の平均余命データ（296ページ**図4-16**）とともに、上記のようにある程度具体的な数字を示して情報を提供するのがよいでしょう。

(2) 65歳以降の厚生年金保険加入による年金額増について

繰下げは、65歳到達月の前月までの厚生年金保険加入記録によって計算された65歳時点の年金額が増額される制度です。

65歳到達月以降の厚生年金保険加入によって老齢厚生年金が増えた分については、老齢厚生年金を繰り下げても増額されません。

なお、在職中の老齢厚生年金の支給停止額計算における「基本月額」には、65歳到達月以降の厚生年金保険加入記録が反映して（在職定時改定や70歳時改定により）増えた老齢厚生年金額のうち「報酬比例部分の年金額÷12」も含まれますが、繰り下げたことにより

増額された分は含まれません。

(3) 誤解には早期対応が必要

繰下げに関する改正について次のような誤解をする人が予想されますので、社長の年金相談における繰下げに関する説明は、今後ますます注意が必要となります。

① 対象者についての誤解

令和3年度に70歳になる人は、75歳までの繰下げ制度の対象者となりませんが、テレビ・新聞等の報道を見て75歳までの繰下げ制度が自分にも適用されると誤解し、以下のような質問をしてくる可能性があります。その場合は、次のように回答するとよいでしょう。これは、老齢厚生年金を繰り下げても報酬・賞与との調整で支給停止となるはずであった分は増額されないことを本人が理解しており、「他の年金」の受給権がないことを前提とした回答です。

(質問)
令和4年2月に70歳になります。
年金は70歳まで繰り下げて受け取るつもりでいましたが、改正により、令和4年度から最高75歳まで繰り下げられるようになると聞きました。
後継者もいませんので、75歳頃までは代表取締役として働くつもりです。
令和4年2月に70歳となっても繰下げ申出手続をしなければ、75歳まで繰り下げられるのでしょうか?

（回答）
最高 75 歳までの繰下げ制度が利用できるのは、令和４年４月１日以降に 70 歳になる人です。つまり、昭和 27 年４月２日以後生まれの人のみが対象です。
昭和 27 年４月１日以前生まれの人には新しい繰下げ制度は適用されませんので、最高 70 歳までしか繰り下げられません。
70 歳になったら繰下げ申出手続を行いましょう。

②　年金額への影響についての誤解

老齢厚生年金（報酬比例部分）が全額支給停止となるような高額報酬を受けている人が老齢厚生年金を繰り下げても、報酬比例部分はまったく増えず、経過的加算部分が増額されるだけです（厚年法施行令３条の５の２参照）。

70 歳になって初めてこのことに気づき残念な思いをする社長が従来からとても多いのですが、今後は 75 歳になって初めて誤解に気づく人が出てくる可能性があります（改正により、厚年法施行令３条の５の２第１項の「60」・第２項の「５年」が令和４年４月１日から「120」・「10 年」となります）。

在職老齢年金制度と繰下げの関係について早くから注意喚起しておくことの重要性が、今まで以上に増すといえます。

老齢厚生年金の繰下げによる増額効果を最大限生じさせたい場合（繰下げ月数× 0.7％増額したい場合）も、65 歳到達月の翌月から繰下げ申出月までにおいて、在職老齢年金制度を適用した場合に老齢厚生年金（報酬比例部分）が支給停止となる月がないようにする必要があるため、やはり、124 ページ①②のようにして役員給与設定を決めるのが管理しやすいでしょう。

③　繰下げできない人による誤解

95ページ（2）③のとおり、65歳に達して老齢基礎年金・老齢厚生年金の受給権を取得したときに「他の年金」の受給権者であったときや、65歳に達した日から66歳に達した日までの間に「他の年金」の受給権者となったときは、繰下げできません。

また、66歳に達した日後70歳（昭和27年4月2日以後生まれの人は75歳）に達する日前に「他の年金」の受給権者となった人が繰下げの申出をした場合は、「他の年金」の支給事由が生じた日において繰下げ申出があったものとみなされます。

例えば、老齢基礎年金・老齢厚生年金の受給権者で年収850万円未満または所得655.5万円未満の社長が、配偶者の死亡によって遺族厚生年金の受給権者にもなったものの請求していないケースなどでは、老齢基礎年金や老齢厚生年金を繰下げできるとの誤解が生じないよう、注意が必要です。

昭和27年4月2日以後生まれの人では、最高75歳までの繰下げが選択可能となることにより、繰下げ待機している人が遺族厚生年金の受給権者となる可能性も高まるでしょうから、「他の年金」の受給権発生と繰下げとの関係についても、早期に注意喚起しておくべき重要性が増します。

(4)　繰下げ上限年齢到達後に繰下げ申出をしても増額率は変わらない

令和3年度現在、繰下げ待機している人は、次のいずれかの選択肢から受け取り方を選べます。

①　66歳以降70歳までの希望する月まで繰り下げて増額された年金を受け取る

②　繰下げしないで65歳に遡って増額されない年金を受け取る

もし上限の70歳に達した日後に繰下げ申出をしたときは、70歳に達した日に繰下げ申出をしたものとみなされ、70歳まで繰り下げた場合と同じ増額率で増額された年金を受け取ることとなります（国民年金法28条2項2号・厚年法44条の3第2項2号）。

令和4年度からは（昭和27年4月2日以後生まれの人は）最高75歳までの繰下げができるようになりますので、上限の「70歳」が「75歳」となります（**図2-10**）。そして、75歳に達した日後に繰下げ申出をしたときは、75歳に達した日に繰下げ申出をしたものとみなされることとなります。

例えば、77歳で繰下げ申出したときは、75歳で繰下げ申出があったものとみなされますので、昭和27年4月2日以後生まれの人が75歳到達月の翌月以降まで繰下げ申出手続を遅らせたとしても、年金額の増額率は84%（0.7%×120カ月）です。

図2-10　上限年齢到達後に請求する場合の上限年齢での繰下げ制度

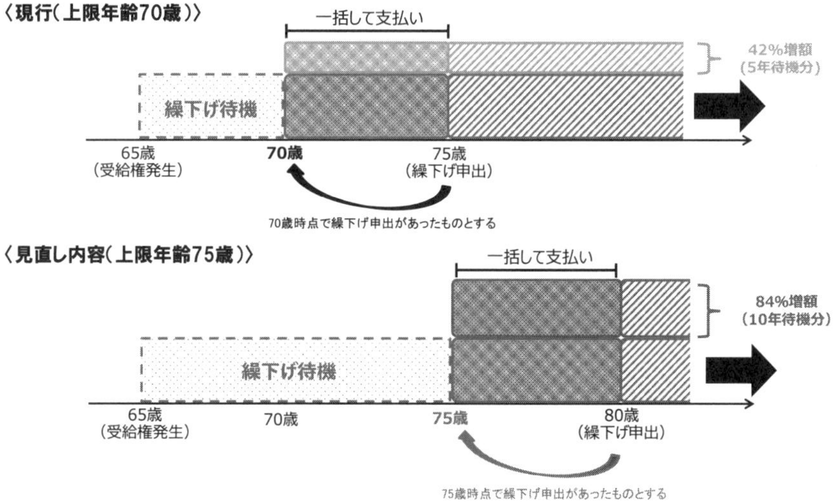

出典：厚生労働省ホームページ　「年金制度の機能強化のための国民年金法等の一部を改正する法律 参考資料集」

(5) 70歳到達後に遡って請求した場合は5年前繰下げ申出みなし

令和3年度現在、繰下げ待機している人が70歳到達後に上記 **(4)** ②の「繰下げしないで65歳に遡って増額されない年金を受け取る」ための請求をすれば、時効（5年）の範囲内で65歳からの増額されない年金を一括受給できます（ただし、老齢厚生年金のうち在職老齢年金制度により支給停止となっていた部分は受給できません）。

例えば、72歳で遡って年金請求を行った場合、時効消滅していない67歳から72歳までの5年分の増額されない年金を、一括受給できます（**図2-11**）。時効消滅期間（65歳から67歳までの2年間）分の年金は、受給できません。

令和5年4月1日以降は、昭和27年4月2日以後生まれの人が70歳に達した日後に年金を請求し、その請求の際に繰下げ申出をしないときは、請求をした日の5年前の日に繰下げ申出があったとみなして繰下げ増額された年金を受け取ることとなります（**図2-12**）。ただし、80歳に達した日以後や、請求をした日の5年前の日以前に「他の年金」の受給権者であったときは、このみなし規定は適用されません（令和5年4月1日施行の国民年金法28条5項・厚年法44条の3第5項）。

図2-11　70歳到達後に請求する場合（令和3年度現在）

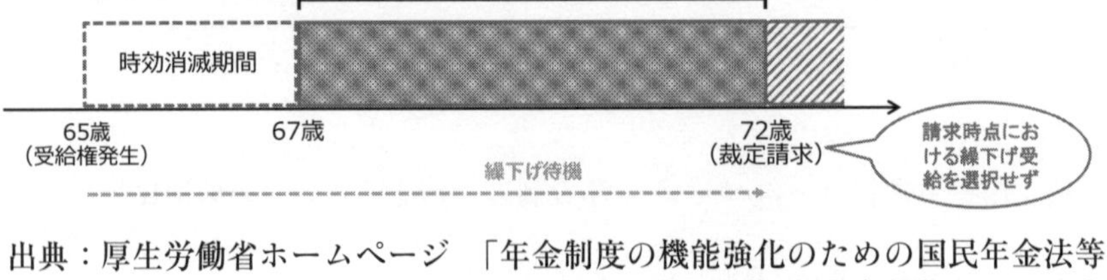

出典：厚生労働省ホームページ 「年金制度の機能強化のための国民年金法等の一部を改正する法律 参考資料集」一部改変

図 2-12　70 歳到達後に請求する場合の 5 年前時点での繰下げ制度（令和 5 年度以降）

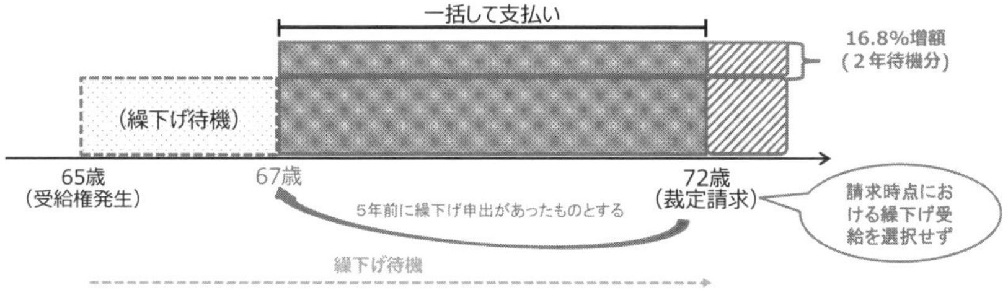

出典：厚生労働省ホームページ「年金制度の機能強化のための国民年金法等の一部を改正する法律 参考資料集」

例えば、72 歳で年金請求を行い、その際に繰下げ申出をしないときは、5 年前の 67 歳時に繰下げ申出をしたとみなされます。そして、65 歳から 67 歳までが繰下げ待機期間とみなされ、67 歳まで 2 年間繰り下げて 16.8％（24 カ月 × 0.7％）増額された年金を 72 歳で 5 年分（67 歳から 72 歳までの 5 年分）遡って一括受給し、その後も 16.8％増額された年金を受け取ることとなります（ただし、老齢厚生年金のうち本来の請求をしていたならば在職老齢年金制度により支給停止となるはずだった分については、増額されません）。

なお、70 歳到達後に繰下げ待機中の人が亡くなった場合に、死亡の当時生計を同じくしていた一定の遺族（配偶者がいれば配偶者）が受給できる未支給年金については、（5 年前時点での繰下げ制度は適用されず）繰下げ増額されない年金額を時効（5 年）の範囲内で受給することとなります。

5　企業年金では企業型確定拠出年金の改正に注意

(1)　加入・受給開始年齢に関する選択肢が拡大

中小企業の社長からは、公的年金だけでなく役員・従業員の老後資金準備のためとして企業年金に関する相談もあります。令和4年度からの改正には、企業年金に関する大きな改正もいくつか含まれており、特に企業型確定拠出年金について、今後相談が増える可能性があります。

例えば、現在、企業型確定拠出年金に加入できる厚生年金保険被保険者は、原則として60歳未満の人ですが(注4)、令和4年5月からは、厚生年金保険被保険者であれば規約により最高70歳になるまで加入できるようになります。

また、令和4年度から老齢基礎年金・老齢厚生年金の受給開始年齢が60歳から75歳の間で自由に選択できるようになることに合わせて、企業型確定拠出年金の受給開始年齢も令和4年度からは60歳から75歳の間で自由に選択できるようになります（令和3年度までは60歳から70歳の間で選択）。

（注4）規約に定めがある場合は、60歳前と同一の事業所で継続して働く人に限り、65歳未満の規約に定める年齢まで加入可能です。

(2)　選択制企業型確定拠出年金の活用を検討する社長が増える可能性も

選択制企業型確定拠出年金とは、会社が制度を導入して掛金を拠出し、利用するかどうかや掛金額は役員・従業員各人が決めて運用し、60歳以降に受け取るというものです。中小企業の事業承継が遅れている中、令和4年度からの改正施行により、今後は60歳台の中小オーナー企業社長の中にも選択制企業型確定拠出年金の導入・加入を検討する人が増えるかもしれません。

企業型確定拠出年金には、次のような節税メリットもあります。

① 会社は拠出した掛金の全額を損金算入でき、本人も所得税・住民税は非課税

② 運用中の利息・運用益は非課税（特別法人税が令和５年３月31日まで凍結されています）

③ 老齢給付金の受取時も退職所得扱い（一時金受取りの場合）(注5)

例えば、事業主掛金月額5.5万円（最高額）で60歳から70歳になるまでの10年間加入したとすると、総額660万円（月額5.5円×12カ月×10年）を非課税で運用できることとなります（特別法人税の凍結が令和５年４月以降も続いた場合）。

制度の導入に際しては、準備期間が通常数カ月～約半年程度かかることや、初期費用・継続費用がかかることにも注意喚起が必要です。

（注5）年金受取りとすると、公的年金等として雑所得となります。

(3) 支給要件に関する注意点

確定拠出年金（老齢給付金）は原則60歳に到達した場合に受給できますが、60歳時点で確定拠出年金の通算加入者等期間(注6)が10年未満の場合は、支給開始年齢が以下のとおり段階的に先延ばしとなります（確定拠出年金法33条１項）。

８年以上10年未満　→　61歳
６年以上８年未満　→　62歳
４年以上６年未満　→　63歳
２年以上４年未満　→　64歳
１月以上２年未満　→　65歳

令和４年５月以降は、企業型年金加入者であった人で60歳以上75歳未満の人は、通算加入者等期間(注6)を有しない場合であっても、企業型年金加入者となった日その他の厚生労働省令で定める日から起算して５年を経過した日から、老齢給付金の支給を請求できるようになります。

（注6）確定拠出年金の老齢給付金の支給要件となる期間で、60歳に達した日の前日が属する月以前の期間のうち、以下の期間を合算したもの（確定拠出年金

法33条2項)。
・企業型確定拠出年金の加入者期間
・企業型確定拠出年金の運用指図者期間
・個人型確定拠出年金の加入者期間
・個人型確定拠出年金の運用指図者期間
他の企業年金制度等から企業型年金に移換した資産がある場合は、その移換資産の根拠となる期間も合算されます。

Ⅵ

老齢基礎年金・老齢厚生年金繰下げの手続き

65歳からの年金の繰下げを行う人はこれまでのところ概ね１％程度と少ないものの、その多くは経営者層だと思われます。

また、繰下げは、制度の内容も複雑ですが、手続きも複雑です。

そこで、ここでは、65歳までの特別支給の老齢厚生年金の受給権がある人が65歳からの年金の繰下げを希望する場合に行う手続きの概要に絞って説明します。

この場合の繰下げ手続は、65歳までの特別支給の老齢厚生年金の請求手続を行ったかどうかで異なります。

1　65歳までの特別支給の老齢厚生年金の請求手続を行った場合

(1) 年金請求書（はがき）が送られてくる

65歳到達月の上旬頃までに、65歳からの年金請求書（はがき）が届きます。はがきの下部には「繰下げ希望欄」があり、「繰下げ受給(66歳以降に受給) を希望される方は、右枠内のいずれかを○で囲んでください」との記載があります。右枠内には、「老齢基礎年金のみ繰下げ希望」と「老齢厚生年金のみ繰下げ希望」と書かれています。

これらのいずれかを希望する場合は、希望するほうに○をつけて、65歳到達月の末日までに年金請求書（はがき）を返送することとなっ

図 2-13　65 歳からの年金請求書（はがき）加給年金額対象者あり

195-4

年金請求書（国民年金・厚生年金保険老齢給付）

※ 裏面の注意事項をご覧のうえ、記入してください。

65

請求者の欄

※ 基礎年金番号（10桁）で届出する場合は左詰めで記入してください。

個人番号（または年金証書の基礎年金番号）・年金コード		生年月日	大正 3 昭和 5	年	月	日
住所	〒　電話番号（　　）－（　　）－（　　）					
氏名	（フリガナ）	他の年金の管掌機関（制度名）と年金証書記号番号等	管掌機関	記号番号等		

下記の加給年金額の対象者は、私が生計を維持していることを申し立てます。

54

加給年金額対象者の欄

配偶者	氏名	（フリガナ）		他の年金の管掌機関（制度名）と年金証書記号番号等	管掌機関	記号番号等
	生年月日	昭和・平成・令和　年　月　日				
子	氏名	（フリガナ）		氏名	（フリガナ）	
	生年月日	平成・令和　年　月　日	障害の状態　あり・なし	生年月日	平成・令和　年　月　日	障害の状態　あり・なし

繰下げ希望欄		
繰下げ受給（66歳以降に受給）を希望される方は、右枠内のいずれかを○で囲んでください。	老齢基礎年金のみ繰下げ希望	老齢厚生年金のみ繰下げ希望

実施機関等受付年月日

ご注意

◎この請求書は、今まで特別支給の老齢厚生年金を受けていた方（他の年金を受給していることによる停止などで、実際に支払いを受けていない方も含みます。）が65歳から老齢基礎年金・老齢厚生年金を受けるために必要なものです。

◎老齢基礎年金・老齢厚生年金両方の繰下げ（66歳以降に増額した額を受けること）を希望される場合には、この請求書を提出する必要はありません。

◎共済組合等に加入したことのある方は、共済組合等からも老齢厚生年金を受けることができます。ただし、共済組合等からも老齢厚生年金を受けることができる方が、老齢厚生年金の繰下げを希望される場合は、全ての老齢厚生年金を同時に繰下げる必要があります。（一方の老齢厚生年金のみ繰下げの請求をすることは出来ません。）

◎子の人数が3人以上の場合は、請求される方と加給年金額対象者となる方の氏名（フリガナ）、生年月日を別紙に記入していただきこの請求書に添付してください。

◎黒インクのボールペンで記入してください。鉛筆や、摩擦に伴う温度変化等により消色するインクを用いたペン又はボールペンは、使用しないでください。

ています。

老齢基礎年金・老齢厚生年金とも繰下げ希望の場合は、年金請求書（はがき）を返送しないこととなっています。

また、「繰下げ希望欄」のいずれにも○をつけずに年金請求書（はがき）を返送すると、老齢基礎年金・老齢厚生年金ともに原則どおり65 歳到達月の翌月分から支給されます。

例えば、老齢基礎年金のみ66歳以降に繰下げ希望で、老齢厚生年金は原則どおり65歳到達月の翌月分から受給したい場合は、年金請求書（はがき）の「老齢基礎年金のみ繰下げ希望」に○をつけて返送します。

すると、老齢厚生年金のみが支給され、老齢基礎年金は繰下げ待機状態となり支給されません(注1)。

（注1）老齢厚生年金のうちの報酬比例部分は、報酬・賞与との調整で全部または一部が支給停止となる社長が多いです。在職のまま65歳到達月の翌月分から年金支給停止額を減らしたい場合は、事前に役員給与設定を変更しておく必要があります。

(2)「支給繰下げ請求書」（様式第235号）を提出する

そのうえで、繰下げ希望の年金については、66歳以降70歳まで（昭和27年4月2日以後生まれの人の場合は75歳まで）の間でここから繰り下げて増額した年金を受け取りたいと思う月になったら、「支給繰下げ請求書」（様式第235号）を提出します。すると、翌月分から増額された年金が支給されます。

2　65歳までの特別支給の老齢厚生年金の請求手続を行わず、65歳以降に初めて老齢年金の請求をする場合

(1) 年金請求書と「老齢年金の繰下げ意思についての確認」を提出する

令和3年度現在、65歳までの特別支給の老齢厚生年金は、報酬・賞与との調整で全額支給停止となる社長がほとんどです。そうであっても年金請求手続は行っておくのがよいのですが、行わないまま65歳になる人も多いです。

例えば、65歳までの特別支給の老齢厚生年金の請求手続を行わなかった人が、65歳1カ月で初めて老齢年金の請求手続を行う場合で、

図 2-14　老齢年金支給繰下げ請求にかかる注意点

老齢年金支給繰下げ請求にかかる注意点

増額率 ＝ 0.7% × 65 歳になった月から繰下げ申出月の前月までの月数
（例）66 歳 1 ヶ月・・・9.1%　67 歳 6 ヶ月・・・21.0%　70 歳・・・42.0%

【繰下げ可能年齢の上限】
・生年月日が昭和 27 年４月１日以前の方：70 歳まで
・生年月日が昭和 27 年４月２日以降の方：75 歳まで　※75 歳まで繰り下げた場合の増額率：84.0%

1　老齢基礎年金と老齢厚生年金で受給開始時期を変えることもできます

2　繰下げによる年金は、原則、繰下げ請求された月の翌月分からお支払いします

3　在職中の方は、在職支給停止額を差し引いた後の年金が増額の対象となります

65 歳以降で厚生年金保険の被保険者である場合は、在職支給停止額*を差し引いた額が、繰下げによる増額の対象となります。

＊　老齢厚生年金の額と給与・賞与の額に応じて、年金の一部又は全部が支給停止となる場合があります。この支給停止となる年金額を在職支給停止額といいます。

4　66 歳前に障害年金や遺族年金を受け取る権利を有した場合は、すみやかに受給開始の手続きを行ってください

66歳前に障害年金や遺族年金を受け取る権利を有した場合は、繰下げ請求はできません。すみやかに受給開始の手続きを行ってください。　（ただし、障害基礎年金または旧国民年金法による障害年金のみ受け取る権利がある方は、老齢厚生年金に限り繰下げ請求ができます。）

5　66歳以降に障害年金や遺族年金を受け取る権利を有した場合は、すみやかに受給開始の手続きを行ってください

66歳に到達した日以降に障害年金や遺族年金を受け取る権利を有した場合は、その時点で増額率が固定されます（他の年金を受け取る権利を有した日以降は、繰り下げて年金の増額ができません）。すみやかに受給開始の手続きを行ってください。なお、この場合、繰下げ請求により増額された年金を受給するか、過去時点の年金額で過去分の年金を一括して受給するか、いずれかを選択できます。　（ただし、障害基礎年金または旧国民年金法による障害年金のみ受け取る権利がある方は、老齢厚生年金に限り、障害基礎年金等を受け取る権利を有した日以降も繰下げ請求ができます。）

6　繰下げ可能年齢の上限に到達したら、すみやかに受給開始の手続きを行ってください

繰下げ可能年齢の上限に到達した月を過ぎて繰下げ請求を行っても、さらに年金額が増額されることはありません。繰下げ可能年齢の上限に到達した後、繰下げ請求を行った場合は、上限年齢時の年金額で過去分の年金が一括で支給されますが、請求した時点から５年以上前の年金は、時効により受け取れなくなります。このため、繰下げ可能年齢の上限に到達したら、すみやかに受給開始の手続きを行ってください。

7　共済組合等の加入があり、複数の老齢厚生年金の権利を有する場合には、すべての老齢厚生年金を同時に繰り下げる必要があります

共済組合等から支給される老齢厚生年金（退職共済年金）を65歳から受給している場合は、日本年金機構から支給される老齢厚生年金の繰下げ請求はできません。また、繰下げ請求を行う場合は、共済組合等と日本年金機構のどちらか先に繰下げ申出を行った時点で両方の老齢厚生年金を繰下げすることとなります。

8　老齢厚生年金の繰下げを希望する場合、基金等の年金もあわせて繰下げとなります

≪基金加入者の方へ≫

厚生年金基金または企業年金連合会(※)(基金等)から年金を受けている方が、老齢厚生年金の支給の繰下げ請求を希望される場合は、基金等の年金もあわせて繰下げとなりますので、年金の支払い元である基金等にご確認をお願いします。

※　≪企業年金連合会への問合せ　0570(02)2666　※PHS・IP電話からは03(5777)2666≫

9　加給年金や振替加算は、繰り下げると支給されず、繰り下げても増額されません

老齢厚生年金を繰り下げる場合、受取開始までの期間は加給年金は支給されません。また、老齢厚生年金を繰り下げしても加給年金額は増額されません。

老齢基礎年金を繰り下げる場合、受取開始までの期間は振替加算は支給されません。また、老齢基礎年金を繰り下げしても、振替加算額は増額されません。

10　繰下げによって、年金生活者支援給付金、保険料、税金等に影響がある場合があります

老齢基礎年金を繰り下げる場合、受取開始までの期間は、低年金者に支給される年金生活者支援給付金は支給されません。このほか、繰下げによる年金額の増額によって、医療保険・介護保険等の自己負担や保険料、税金が増える場合があります。

11　繰下げ請求は、遺族が代わって行うことはできません

繰下げ待機中に亡くなられた場合で、遺族の方からの未支給年金の請求が可能な場合は、65歳時点の年金額で決定したうえで、過去分の年金額が一括して未支給年金として支払われます。

12　繰下げ請求により増額された年金を受給することのほか、過去時点の年金額で過去分の年金を一括して受給することもできます

繰下げ請求により増額された年金を受給することのほか、以下の①・②のとおり、過去時点の年金額で過去分の年金を一括して受給することもできます。なお、過去分の年金を一括して受給することにより、過去にさかのぼって医療保険・介護保険等の自己負担や保険料、税金、受給した年金生活者支援給付金や傷病手当金に影響がある場合があります。

①生年月日が昭和 27 年４月１日以前の方

65 歳時点の年金額で過去分の年金を一括して受給することができます。ただし、請求した時点から５年以上前の年金は、時効により受け取れなくなります。

②生年月日が昭和 27 年４月２日以降の方

70 歳到達までは 65 歳時点の年金額で、70 歳到達後は請求の５年前時点の増額された年金額で、過去分の年金を一括して受給することができます。ただし、請求した時点から５年以上前の年金は、時効により受け取れなくなります。　（なお、令和５年３月までに請求した場合は、70 歳到達後も、請求の５年前時点の増額された年金額での支給は行われず、65 歳時点の年金額での支給が行われます。）

13　65歳到達後に権利が発生した場合は、権利発生の１年後から、繰下げ請求ができます

65歳に到達した日以降に年金の受け取りに必要な加入期間を満たして年金を受ける権利が発生した方は、権利が発生した日から１年経過後から、繰下げ請求が行えます。また、こうした方の増額率は権利発生日を起点に計算することとなり、繰下げ可能期間の上限は、権利発生日が平成29年３月31日以前の場合は権利発生日から５年間、権利発生日が平成29年４月１日以降の場合は権利発生日から10年間となります。

2021.4

図 2-15　老齢年金の繰下げ意思についての確認

年金事務所
事務センター

老齢年金の繰下げ意思についての確認

《ご確認にあたって》この確認は、６５歳以降の老齢基礎年金・老齢厚生年金を請求される方に、年金の決定に先立ち、繰下げ制度についてお知らせするとともに、６５歳以降の年金の受取り方法と繰下げ意思の有無を確認させていただくためのものです。

○ 65 歳以降の老齢厚生年金・老齢基礎年金それぞれの受取り方法について、お客様が希望されるものに○をつけていただき、下欄に記名をお願いします。

※繰下げ申出書（様式第 103-1 号）により老齢基礎年金・老齢厚生年金の両方を繰下げて請求される方はこの確認書を提出いただく必要はありません。
※老齢厚生年金・老齢基礎年金の受給権が 65 歳に達した日以後に発生した方については、繰下げの申出ができるのは受給権発生の１年後からとなります。

	記入欄	希望する受取り方法	希望する受取り方法の注意点
老齢厚生年金について		① 繰下げせず、65歳からの受取りを希望する。	➢ 65 歳の誕生月より後の月以降に受給権が発生する場合はその月の翌月分からの受取りとなります。
		② 現時点で繰下げて請求し、増額した年金の受取りを希望する。（老齢基礎年金は別の受取り方法を希望される場合）	➢ 繰下げ請求を行った日の翌月分からの受取りとなります。 ➢ 「老齢基礎年金・老齢厚生年金支給繰下げ申出書」を提出してください。 ➢ 厚生年金基金または企業年金連合会からの年金を受けている方は、裏面の No. 8《基金加入者の方へ》をご確認ください。
		③ 将来繰下げて請求手続きを行い、増額した年金の受取りを予定している。（繰下げ待機）	➢ 繰下げを希望される際に改めて請求の手続きが必要です。繰下げ請求を行った日の翌月分からの受取りとなります。 ➢ 請求手続きの際に 65 歳からの受取りを選択することもできます。（消滅時効（５年）により一部受け取れない年金が発生する場合がありますのでご注意ください。） ➢ 厚生年金基金または企業年金連合会からの年金を受けている方は、裏面の No. 8《基金加入者の方へ》をご確認ください。
老齢基礎年金について		④ 繰下げせず、65歳からの受取りを希望する。	➢ 65 歳の誕生月より後の月以降に受給権が発生する場合はその月の翌月分からの受取りとなります。
		⑤ 現時点で繰下げて請求し、増額した年金の受取りを希望する。（老齢厚生年金は別の受取り方法を希望される場合）	➢ 繰下げ請求を行った日の翌月分からの受取りとなります。 ➢ 「老齢基礎年金・老齢厚生年金支給繰下げ申出書」を提出してください。
		⑥ 将来繰下げて請求手続きを行い、増額した年金の受取りを予定している。（繰下げ待機）	➢ 繰下げを希望される際に改めて請求の手続きが必要です。繰下げ請求を行った日の翌月分からの受取りとなります。 ➢ 請求手続きの際に 65 歳からの受取りを選択することもできます。（消滅時効（５年）により一部受け取れない年金が発生する場合がありますのでご注意ください。）

わたしは「老齢年金支給繰下げ請求にかかる注意点」（裏面）の内容について確認しました。65 歳からの老齢年金の受取り方法については上記のとおり希望しています。

年金事務所長　様

令和　　年　　月　　日

請求者氏名＿＿＿＿＿＿＿＿＿＿

〈65 歳以降の年金の受給方法選択パターン〉

A

老齢厚生年金
老齢基礎年金　どちらも繰下げせず、65歳にさかのぼって年金を受取る場合

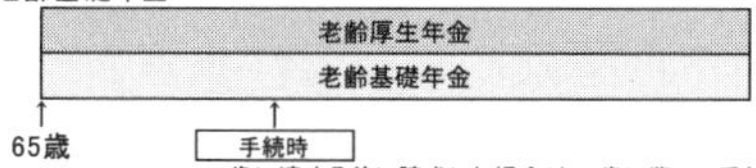

選択番号 ⇒①・④に ○

66歳に達する前に請求した場合は65歳に遡って受給することになります。

B

老齢厚生年金
老齢基礎年金　どちらも同時期に繰下げて請求する場合

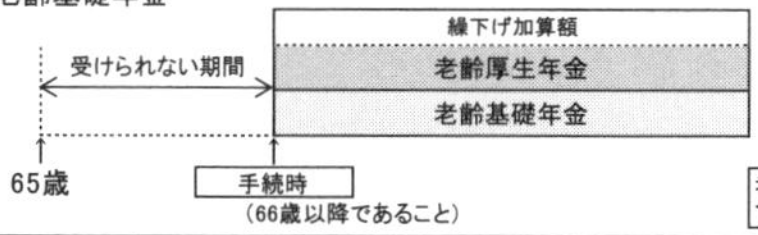

老齢厚生年金・老齢基礎年金の両方を繰下げすると記入された「繰下げ申出書」の提出があればこの「確認書」を提出いただく必要はありません。

老齢厚生年金・老齢基礎年金の請求手続時に「繰下げ申出書」の提出が必要です。

C

老齢厚生年金
老齢基礎年金　どちらも70歳までに繰下げ請求を予定している場合（繰下げ待機）

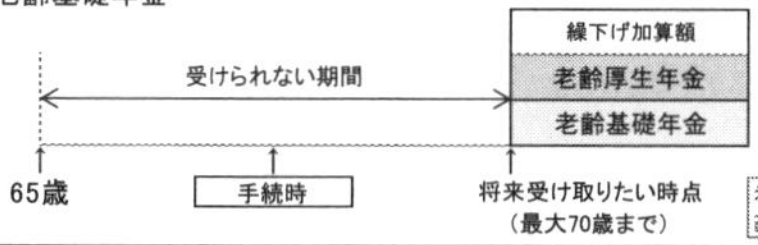

選択番号 ⇒③・⑥に ○

老齢厚生年金・老齢基礎年金を受取る時点で改めて「繰下げ請求書」の提出が必要です。

D

老齢厚生年金　は繰下げて請求
老齢基礎年金　は65歳にさかのぼって年金を受取る場合

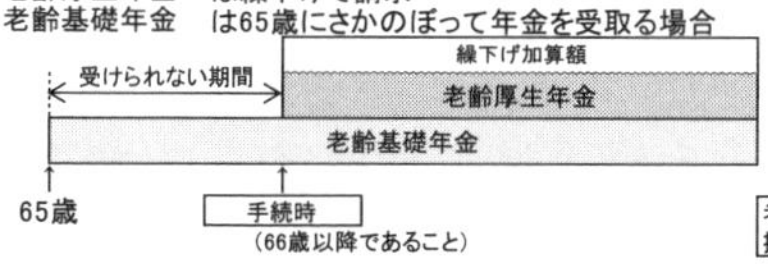

選択番号 ⇒ ②・④に ○

老齢厚生年金の請求手続時に「繰下げ申出書」の提出が必要です。

○ 老齢厚生年金は65歳にさかのぼって受取り、老齢基礎年金は繰下げ請求する場合は①・⑤に○

E

老齢厚生年金　は70歳までに繰下げ請求を予定（繰下げ待機）
老齢基礎年金　は65歳にさかのぼって年金を受取る場合

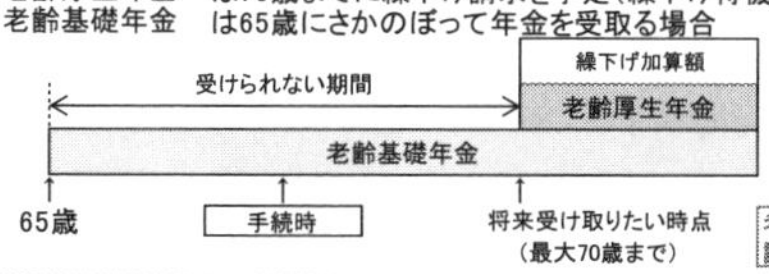

選択番号 ⇒ ③・④に ○

老齢厚生年金を受取る時点で改めて「繰下げ請求書」の提出が必要です。

○ 老齢厚生年金は65歳にさかのぼって受取り、老齢基礎年金は繰下げ待機する場合は①・⑥に○

F

老齢厚生年金　は70歳までに繰下げ請求を予定（繰下げ待機）
老齢基礎年金　は繰下げて請求する場合

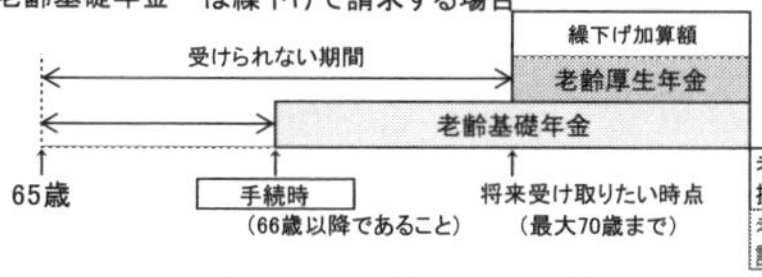

選択番号 ⇒ ③・⑤に ○

老齢基礎年金の請求手続時に「繰下げ申出書」の提出が必要です。

老齢厚生年金を受取る時点で改めて「繰下げ請求書」の提出が必要です。

○ 老齢厚生年金は繰下げ請求、老齢基礎年金は繰下げ待機する場合は②・⑥に○

老齢基礎年金のみ66歳以降に繰下げ希望で、老齢厚生年金は原則どおり65歳到達月の翌月分から受給したい場合は、どのような手続きをすることとなるのでしょうか。

この場合、まず、65歳1カ月の時点において年金請求書（事前に送付された年金請求書または様式第101号）で老齢年金の請求を行う必要があります。

同時に、「老齢年金支給繰下げ請求にかかる注意点」（142ページ**図2-14**）を確認のうえ、「老齢年金の繰下げ意思についての確認」（144ページ**図2-15**）を提出することとなっています。

なお、令和3年度から、「老齢年金支給繰下げ請求にかかる注意点」の記載が、**図2-14**のとおり令和4年度以降の改正を反映したものに変更されています。

老齢基礎年金のみ66歳以降に繰下げ希望で、老齢厚生年金は原則どおり65歳到達月の翌月分から受給したい場合は、「老齢年金の繰下げ意思についての確認」の「老齢厚生年金について」欄は、「①　繰下げせず、65歳からの受取りを希望する」に○をつけ、「老齢基礎年金について」欄は、「⑥　将来繰下げて請求手続を行い、増額した年金の受取りを予定している（繰下げ待機）」に○をつけます。そして、確認日の日付、請求者氏名を記入して提出します。

すると、老齢厚生年金のみが支給され、老齢基礎年金は繰下げ待機状態となり支給されません(注2)。

(注2) 老齢厚生年金の報酬比例部分は、報酬・賞与との調整で全部または一部が支給停止となる社長が多いです。在職のまま65歳到達月の翌月分から年金支給停止額を減らしたい場合、事前に役員給与設定を変更しておく必要があります。

(2)「支給繰下げ請求書」（様式第235号）を提出する

そのうえで、繰下げ希望の年金について、66歳以降70歳まで（昭和27年4月2日以後生まれの人の場合は75歳まで）の間でここから繰り下げて増額した年金を受け取りたいと思う月になったら、「支給繰下げ請求書」（様式第235号）を日本年金機構に提出します(注3)。

すると、翌月分から増額された年金が支給されます。

（注3）年金未請求で66歳以降に初めて請求を行う人は、年金請求書（事前に送付された年金請求書または様式第101号）、「支給繰下げ申出書」（様式第103-1号）、「老齢年金の繰下げ意思についての確認」を提出します（請求時点で特別支給の老齢厚生年金の支給開始年齢到達日から5年を経過していれば、「年金裁定請求の遅延に関する申立書」も提出することとなっています）。

3　繰下げ待機をやめて65歳に遡って受給したい場合

(1)　70歳までに請求すると増額されない年金が一括して支給される

老齢基礎年金や老齢厚生年金を66歳以降に繰り下げるつもりで、繰り下げるつもりの年金の請求手続を行わずに66歳以降まで待機していたものの、何らかの理由で、繰下げせずに原則どおり65歳から受給したくなることもあり得ます。

例えば、65歳時の年金額が200万円（老齢基礎年金約78万円＋老齢厚生年金約122万円）の社長が、老齢厚生年金を全額受給できるような役員給与設定に事前に変更しておいたうえで、70歳まで老齢基礎年金および老齢厚生年金を繰り下げて、70歳から284万円（200万円×1.42倍）に増額された年金（および65歳以降の厚生年金保険加入により増額された年金）を生涯にわたって受給するつもりで待機していたとします。

ところが、例えば69歳時点で老齢基礎年金および老齢厚生年金、またはそのいずれか一方の年金を65歳に遡って受給したくなったときは、65歳に遡って請求することもできます。

もし老齢基礎年金も老齢厚生年金も65歳に遡って請求すると、65歳時点の年金については、65歳から請求時点までの繰下げ増額されない年金（この事例では200万円×4年分）を一括で受け取り、69歳からは増額されない年金200万円を生涯にわたって受給することとなります。

(2)「老齢基礎・厚生年金裁定請求書 65 歳支給」(様式第 236 号) を提出する

特別支給の老齢厚生年金の請求をした人が、老齢基礎年金および老齢厚生年金、またはそのいずれか一方の年金を、66 歳以後に 65 歳からの支給を請求するときは、「裁定請求書　65 歳支給」(様式第 236 号) を提出します。

特別支給の老齢厚生年金を請求しなかった人の場合は、年金請求書 (事前に送付された年金請求書または様式第 101 号) と「老齢年金の繰下げ意思についての確認」を提出します (請求時点で特別支給の老齢厚生年金の支給開始年齢到達日から５年を経過していれば、「年金裁定請求の遅延に関する申立書」も提出することとなっています)。

4　65 歳到達月末までに年金の請求のしかたを決められない場合の対応

前述のとおり、65 歳までの特別支給の老齢厚生年金の請求を行った人には、年金請求書 (はがき) が郵送されてきます。このとき同封されている「「年金請求書」の記入のしかた」(150 ページ**図 2-16**) には、65 歳からの老齢基礎年金・老齢厚生年金の受給のしかたを、次の①～④の中から選ぶように記載されています (**図 2-16 ❶**)。

①　老齢基礎年金と老齢厚生年金の両方を繰下げ

②　老齢厚生年金のみ繰下げ

③　老齢基礎年金のみ繰下げ

④　65 歳から老齢基礎年金・老齢厚生年金を受け取ることを希望

令和３年度現在は、ほとんどの社長が特別支給の老齢厚生年金は 65 歳までずっと全額支給停止されているので、65 歳になるまで年金のことを真剣に考えたことのない人が多いです。そのため、65 歳からの年金の請求のしかたを選ぶよう求められても、どうすればよいのかわからない人が多く、困った社長から相談が寄せられることがよくあります。

この段階の社長は、年金の請求のしかたをどうするかと老齢厚生年金（報酬比例部分）を受給するための方法（退職するか役員給与設定を変更するか）とは直接は関係がない、ということを理解できていない人がほとんどです。

「「年金請求書」の記入のしかた」には、「受け取る年金額を増額させますか？」との記載があります（図**2-16**❷）。そして、「増額させる場合」は「繰下げを希望する」に該当し、「基礎年金と厚生年金の両方を増額させる場合」（①）または「基礎年金と厚生年金のどちらかを増額させる場合」（②または③）を選ぶように、との指示が書かれています。「増額させない」場合は「繰下げを希望しない」に該当し、④を選ぶように、との指示が書かれています。

実際に繰下げ受給をしている人の割合はこれまでのところ概ね１％程度に過ぎないにもかかわらず、「65歳から両方の年金を受給（④)」からではなく「両方の年金を繰下げ（①）→片方の年金を繰下げ（②または③）…」の順番に説明されているのです。このことも、年金に詳しくない一般の人が混乱する要因となっていると思われます。

相談してくる社長に対しては次のような内容をアドバイスして、まずは落ち着いてもらうだけでも（下記**2**の選択肢もあることに気づいている社長はほとんどいないため）喜ばれることが多いです。

1　65歳からの年金の請求のしかたをどうするか（老齢基礎年金・老齢厚生年金を繰り下げるかどうか）と老齢厚生年金（報酬比例部分）を受給するための方法（退職するか役員給与設定を変更するか）の選択とは関係がないこと

2　老齢基礎年金・老齢厚生年金の請求のしかたが決まっていない場合、決められるようになるまでは当面請求書を返送しないで、落ち着いてじっくりと検討するという選択肢も考えられること（この場合、当面①老齢基礎年金・老齢厚生年金の両方を繰下げ希望の人と同様の行動をとることとなります）

図 2-16 「年金請求書」の記入のしかた（令和 3 年度）

H205

「年金請求書」の記入のしかた　（あ～かの順でご記入ください）

あ　ご住所、お名前をご記入ください。

- ✓ この「年金請求書」ハガキでは、住所・氏名の変更は行えません。
- ✓ お近くの年金事務所等にお問い合わせください。

い　生計維持関係している配偶者・子についての氏名を必ず記入してください。加給年金を加算するために必要です。

- ✓ 子の人数が3人以上の場合は、3人目以降の子の氏名（フリガナ）、生年月日を便せんなどにご記入いただき、あわせてご提出ください。
- ✓ 年金の決定時に生計維持関係があった配偶者や子の異動（離婚、死亡など）の手続きは別途届出が必要ですので、お近くの年金事務所等で行ってください。なお、異動に該当する場合は、この請求書の対象者の欄を斜線で抹消してください。

う　提出日をご記入ください。

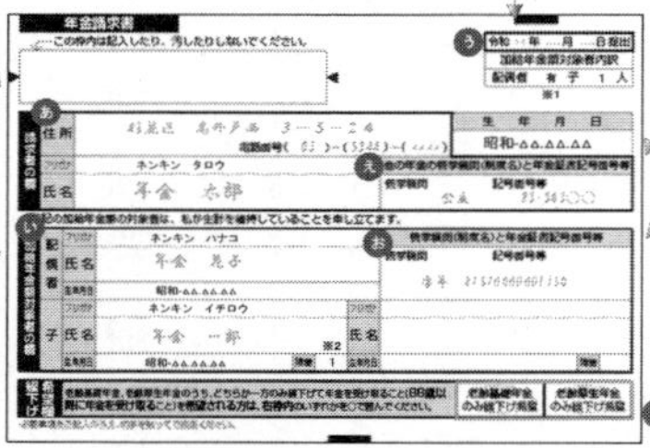

※1：「有」は年金の決定時に生計維持関係があった配偶者がいることを表しています。
　　また、年金の決定時に生計維持関係があった子がいるときは、その人数を表しています。
※2：「1」は障害の状態にあることを表しています。

え　老齢基礎年金・老齢厚生年金以外の年金を受け取っているときは、その年金の管掌機関（制度名）と年金証書の記号番号をご記入ください。

＊**共済組合等に加入したことがない場合、記入の必要はありません。**また、厚生年金基金や適格退職年金といった企業年金、国民年金基金、個人年金は記入の必要はありません。

お　配偶者が年金を受けているときは、その管掌機関（制度名）と年金証書の記号番号をご記入ください。

- ✓ 加給年金額の対象者となっている配偶者が障害年金や各種共済組合の退職共済年金（加入期間が20年以上あるもの）等を受けている間は、別途届出が必要です。

年金の管掌機関（制度名）はこちらの略称でご記入ください。

管掌機関（制度名）	略称	管掌機関（制度名）	略称
厚生年金保険	厚年	○○職員共済組合 東京都・指定都市等	○○職員
国民年金	国年	公立学校共済組合	公立
船員保険	船保	警察共済組合	警共
国家公務員共済組合連合会	国共	日本私立学校振興・共済事業団	私学
地方職員共済組合	地方職員	農林漁業団体職員共済組合	農林
恩給	恩給		

❶ 手続きの方法は下の ❶ ～ ❹ の４種類です。よく読んでお間違いのないようにお願いします。

❷ 受け取る年金額を増額させますか？

→ 増額させる場合 → 繰下げを希望する ※
　→ 基礎年金と厚生年金の両方を増額させる場合
　　→ ❶ 老齢基礎年金と老齢厚生年金の両方を繰下げ（特別支給の老齢厚生年金／65歳／66歳／増額された老齢厚生年金／増額された老齢基礎年金）→ 提出不要
　→ 基礎年金と厚生年金のどちらかを増額させる場合
　　→ ❷ 老齢厚生年金のみ繰下げ（特別支給の老齢厚生年金／老齢基礎年金／65歳／66歳／増額された老齢厚生年金）→ このハガキを提出してください
　　→ ❸ 老齢基礎年金のみ繰下げ（特別支給の老齢厚生年金／老齢厚生年金／65歳／66歳／増額された老齢基礎年金）→ このハガキを提出してください

→ 増額させない場合 → 繰下げを希望しない
　→ ❹ 65歳から老齢基礎年金・老齢厚生年金を受け取ることを希望（特別支給の老齢厚生年金／老齢厚生年金／老齢基礎年金／65歳）→ このハガキを提出してください

※66歳前に、「障害年金」「遺族年金」を受け取る権利がある方は、繰下げ請求はできません。ただし、「障害基礎年金」または「旧国民年金法による障害年金」のみ受け取る権利がある方は、老齢厚生年金に限り繰下げ請求ができます。

か　**手続きのしかた**

提出不要
- ○ 今回ハガキの提出は不要です
- ○ 75歳までのご自身が希望する時期に年金の請求手続きを行ってください。
- ○ お近くの年金事務所またはねんきんダイヤルにお問い合わせください。

このハガキを提出してください

（❷）「老齢厚生年金のみ繰下げ希望」に、○印をつけてご提出ください。
老齢基礎年金のみ繰下げ希望　老齢厚生年金のみ繰下げ希望

（❸）「老齢基礎年金のみ繰下げ希望」に、○印をつけてご提出ください。
老齢基礎年金のみ繰下げ希望　老齢厚生年金のみ繰下げ希望

（❹）何も記入しないで提出してください。
老齢基礎年金のみ繰下げ希望　老齢厚生年金のみ繰下げ希望

2104 1018 042

加給年金額の加算について

加給年金額は以下の条件のいずれかに該当する65歳未満の配偶者または子*がいるときに加算されます。

ただし、配偶者または子の前年の収入が、年額850万円以上の場合は、生計維持関係が認められないため、加算されません。

・配偶者に年金の受給権が発生していない方。

・配偶者が受けている老齢年金の厚生年金保険の被保険者期間（共済組合等の加入期間）が240月相当未満であり、かつ、障害年金等を受給していない方。

・配偶者が受けている老齢年金の厚生年金保険の被保険者期間（共済組合等の加入期間）が240月相当以上であるが、全額支給停止となっている方。

＊子とは18歳到達年度の末日が到来していない、または障害の状態（障害基礎年金の障害等級表の1級または2級の状態）にある20歳未満の子をいいます。

なお、老齢厚生年金を繰り下げる場合、受取開始までの期間は加給年金は支給されません。
また、老齢厚生年金を繰り下げしても、加給年金額は増額されません。

振替加算額の加算について

上記に該当する配偶者※(共済組合等の加入期間が240月相当以上の方を除く)が65歳に到達した場合、加給年金額が加算されなくなる代わりに配偶者の老齢基礎年金に振替加算が加算されます。

※昭和40年度以前に生まれた配偶者のみが対象となります。

なお、老齢基礎年金を繰り下げる場合、受取開始までの期間は振替加算は支給されません。
また、老齢基礎年金を繰り下げしても、振替加算額は増額されません。

＜例＞

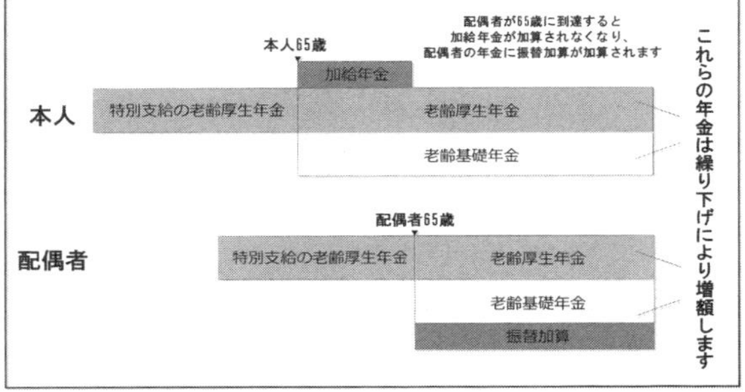

繰下げ請求のご注意点

年金を繰下げて年金額を増やすことを検討される際は、以下の点にご注意ください。

●**厚生年金保険の被保険者の方へ**

65歳以降で厚生年金保険の被保険者である場合は、在職支給停止額*を差し引いた額が、繰下げによる増額の対象となります。

＊老齢厚生年金の額と給与や賞与の額に応じて、年金の一部又は全部が支給停止となる場合があります。この支給停止となる年金額を在職支給停止額といいます。

●**66歳前に障害年金や遺族年金を受け取る権利を有した場合**

66歳前に障害年金や遺族年金を受け取る権利を有した場合は、繰下げ請求はできません。すみやかに受給開始の手続きを行ってください。ただし、障害基礎年金または旧国民年金法による障害年金のみ受け取る権利がある方は、老齢厚生年金に限り繰下げ請求ができます。

●**66歳以降に障害年金や遺族年金を受け取る権利を有した場合**

66歳に到達した日以降に障害年金や遺族年金を受け取る権利を有した場合は、その時点で増額率が固定されます。他の年金を受け取る権利を有した日以降は、繰下げて年金の増額ができません。すみやかに受給開始の手続きを行ってください。ただし、障害基礎年金または旧国民年金法による障害年金のみ受け取る権利がある方は、老齢厚生年金に限り繰下げ請求ができます。

●**共済組合等の加入のある方へ**

共済組合等の加入があり、複数の老齢厚生年金の権利を有する場合には、すべての老齢厚生年金を同時に繰下げる必要があります。

●**厚生年金基金または企業年金連合会（基金等）から年金を受け取っている方へ**

老齢厚生年金の支給の繰下げ請求を希望される場合は、基金等の年金もあわせて繰下げとなりますので、年金の支払い元である基金等にご確認をお願いします。

《企業年金連合会のご連絡先　0570-02-2666（PHS・IP電話からは　03-5777-2666）》

○詳細は、「ねんきんダイヤル」またはお近くの年金事務所へお気軽にお問い合わせください。

２つ以上の年金を受け取れる方へ

障害年金や遺族年金など２つ以上の年金を受け取れる方は、どの年金を受け取るか選択の必要があります。詳細は、「ねんきんダイヤル」またはお近くの年金事務所へお気軽にお問い合わせください。

老齢年金請求手続きのご相談は
「老齢年金請求者専用フリーダイヤル」をご利用ください

フリーダイヤル（無料）

0120―08―6001

＜受付時間＞

月　曜　日	午前８：３０～午後７：００
火～金曜日	午前８：３０～午後５：１５
第２土曜日	午前９：３０～午後４：００

※月曜日が祝日の場合は、翌日以降の開所日初日に午後7:00まで相談をお受けします。
※祝日（第2土曜日を除く）、12月29日～1月3日はご利用いただけません。

お問い合わせ、ご予約の際は、基礎年金番号がわかるものをご用意ください。

● 老齢年金の請求に関するご相談については、「老齢年金請求者専用フリーダイヤル」にてご予約を受付けております。
● ねんきんダイヤル「0570―05―1165」（全国一律市内通話料金）もご利用いただけます。
● 050から始まる電話でおかけになる場合は、「（東京）03―6700―1165」となります。この場合、通常の通話料金が発生いたします。
● 間違い電話になっているケースが発生していますので、おかけ間違いには十分ご注意ください。
● 月曜日など休日明けや、お客様のお手元に書類が届いた直後（5日程度）は電話がつながりにくくなっております。
● 代理人（二親等以内）の方からお問い合わせいただく場合は、ご本人の基礎年金番号または照会番号に加え、代理人の方の基礎年金番号も必要となります。

年金に関する届出、手続案内、お近くの年金事務所の所在地・お問い合わせ先をご確認いただけます。　日本年金機構　検索すぐに返送しなくても大丈夫なのか心配する人もいますが、年金請求書（はがき）の返送が遅れた場合でも、66歳前に返送すれば、65歳まで遡って受け取ることができます(注4)。

その他、次のような事項についても説明してあげるとよいでしょう。

○　年金請求書（はがき）を返送しなければ、老齢基礎年金・老齢厚生年金とも当面の支給は止められること(注5)
○　66歳までに年金請求書（はがき）を返送すれば、老齢基礎年金や老齢厚生年金のうち支給停止となっていなかった部分については、65歳到達月の翌月分に遡って漏れなくもらえること。ただし、支給まで2カ月以上かかること
○　66歳を過ぎても、70歳までであれば、老齢基礎年金や老齢厚生年金のうち支給停止となっていなかった部分については65歳到達月の翌月分に遡って受給することも可能であること（ただし、遡って請求をした場合、過去の年分の所得を修正申告することにより所得税等の追加納付が必要となる可能性があることは伝えておく必要があります）
○　65歳からの老齢厚生年金（報酬比例部分）が支給停止となっているものの、働きながら受けたい場合や繰り下げて増額したい場合は、年金の請求のしかたよりも、今後の役員給与設定をどうするかを優先して検討すべきこと
○　役員給与設定を遡って変更することはできないが、次回定時株主総会等で役員給与設定を変更できれば、変更後の役員給与支給開始月から起算して4カ月目分からは老齢厚生年金（報酬比例部分）が支給停止とならない状態とすることが可能であること

(注4) 65歳からの年金請求書（はがき）を送り返さなければ、約2カ月後に再度送られてきます（老齢基礎年金・老齢厚生年金とも繰り下げる予定でいるの

か、請求を忘れているのかがわからないため、確認の意味で再送されます)。
(注5) 合計年金額 (年額) 0円と記載された「支給額変更通知書」が届きます。この通知書の決定・変更理由欄には、次のように記載されています。
「65歳に到達されたため、今までの特別支給の老齢厚生年金を受け取る権利が終了しました。(65歳以降は請求により、老齢基礎年金・老齢厚生年金を受け取ることができます。)」

5 年金増額手段は繰下げ以外にもあることを伝える

年金に詳しくない一般の人が、「「年金請求書」の記入のしかた」(**図2-16**) を読むと、受け取る年金額を増額する方法は繰下げしかない、と誤解する可能性があります。65歳以降も働く人が将来受給できる年金額を増やす方法は、繰下げ以外にも次のような方法があるという基本知識を伝えることも重要です。

- 70歳までの間でできるだけ長く厚生年金保険に入って働く
- 70歳未満で報酬月額635,000円未満なら、報酬月額を増やす
- 70歳未満・報酬月額635,000円以上で事前確定届出給与が支給されていなければ、3月を超える期間ごと (年間を通じ3回以下支給)・1月当たり150万円以内の賞与 (事前確定届出給与等) を支給する

また、最近は65歳時の請求書 (はがき) とともに、「大切なお知らせ　受給開始を繰り下げると年金は増額できます・70歳では42% UP」と記載された繰下げを推奨するチラシ (次ページ**図2-17**) も同封されていますので、それを見て誤解・混乱している社長もいます。このチラシの、「受給開始を遅らせるほど、受け取れる年金額は増えていきます。」「65歳を過ぎても別に収入がある方は受給開始を遅らせるという選択も可能です」という表現は、社長・役員の場合は注意が必要です(注6)。

前述のとおり、総報酬月額相当額が高いままで老齢厚生年金を繰り

図 2-17　繰下げ制度の案内チラシ（令和３年度）

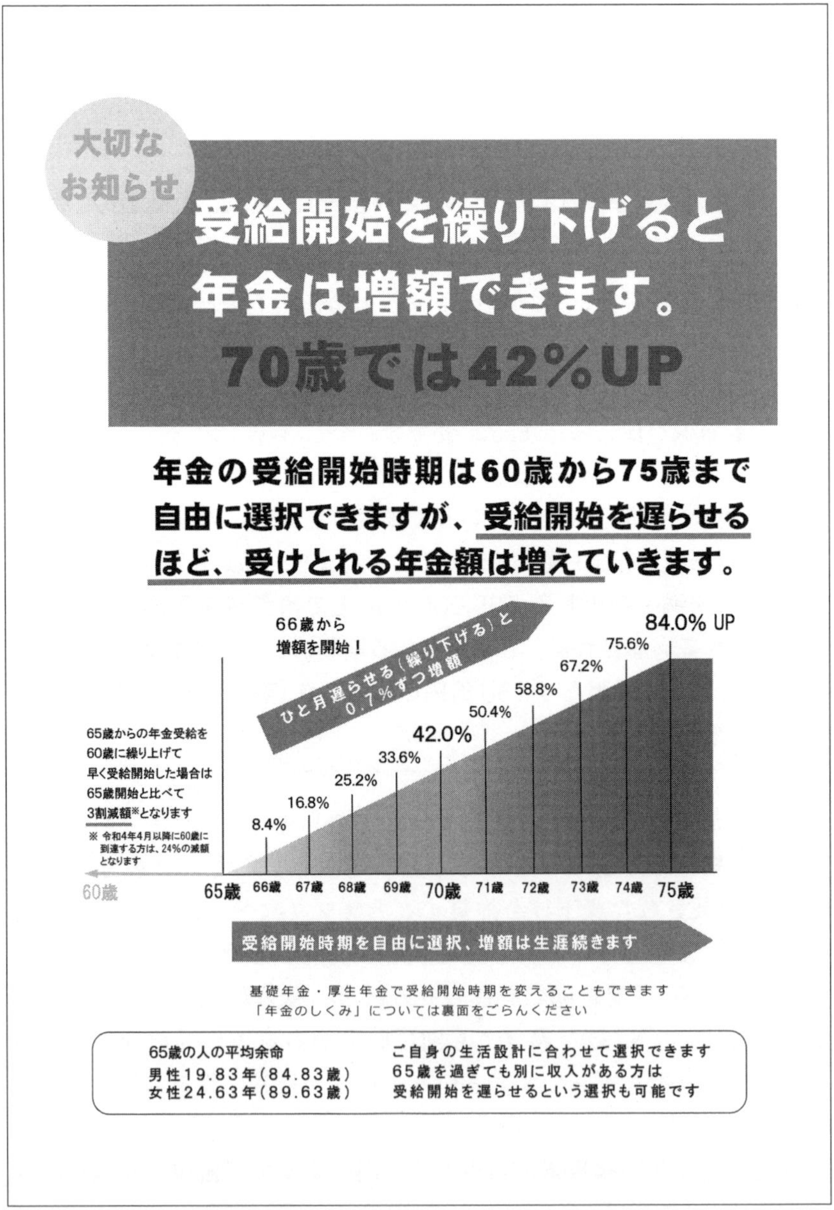

年 金 の し く み

厚生年金の加入期間が１年以上ある方が受けとれます。
男性は昭和36年4月1日生まれまで、
女性は昭和41年4月1日生まれまでの特例

保険料納付済期間と保険料免除期間の合計が１０年以上ある方が受けとれます。

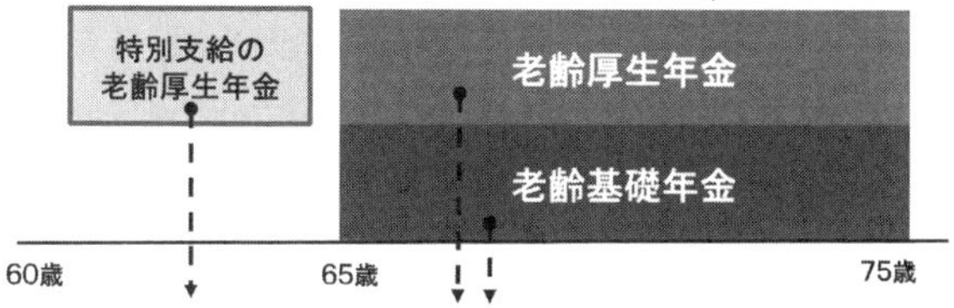

繰下げ制度はありませんので、
ご請求をお願いします。

繰上げ・繰下げ制度があります。
６０歳から７５歳まで受給開始時期を選択できます。
繰り下げは、基礎年金・厚生年金で受給開始時期を変えることができます。

ご注意いただきたいこと

老齢厚生年金を繰り下げる場合、繰り下げ期間中は「加給年金」は支給されません。

※「加給年金」は、老齢厚生年金の受給権者が65歳未満の配偶者の生計を維持している場合に、老齢厚生年金に加算されるもの。

老齢基礎年金を繰り下げる場合、繰り下げ期間中は「振替加算」は支給されません。

※「振替加算」は、上記の加給年金の支給にかかる配偶者が65歳になって以降、当該配偶者の老齢基礎年金に加給年金から振り替えられる加算。昭和40年度以前に生まれた者のみを対象とした経過的な給付。

老齢基礎年金を繰り下げる場合、繰り下げ期間中は、低年金者に支給される年金生活者支援給付金は支給されません。

このほか、繰り下げによる年金額の増額によって、医療保険・介護保険等の自己負担や保険料、税金が増える場合があります。

あなたの年金　簡単便利な　ねんきんネットで！

- **老後の生活設計を考えてみませんか？**
- **繰下げ額など、さまざまな条件に応じて年金見込み額を試算できます。**

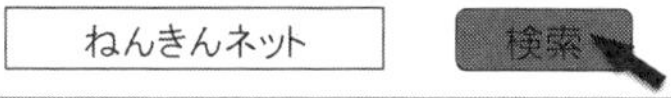

2104 1018 052

下げてもほとんど増えないことについて気づいていない社長が多いですので、誤解がないように注意喚起する必要があります。

(注6)「令和2年度業務実績報告書　日本年金機構」によると、65歳到達時に送付する年金請求書（はがき）等に繰下げ制度のチラシの同封等を行ってきたことにより、当該請求書の未提出者（繰下げ希望者又は請求待機者）の割合が、周知強化前（平成30年度送付分）の8～9％程度から、13～14％程度（令和2年度送付分）へと上昇したとのことです。

Ⅶ

その他、社長・役員の年金相談実務で注意すべきこと

1　相談者の気持ちに寄り添う

(1) 社長が年金相談に来る本当の理由とは

社長の老齢厚生年金は、退職するか役員給与年額を引き下げないともらえない、という世間一般の常識があります。「働きながら年金を全額受給したい」と相談をしてくる社長は、事前に年金事務所の年金相談で、退職するか給与年額を下げないと年金支給停止は免れないとの説明を受け、残念な思いをしていることが通常です。顧問税理士や顧問社労士にも相談したが、「高額報酬を受けていながら、その上年金までもらいたいのですか」と非難されたという話もよく聞きます。

それでも相談してくる社長は、なぜ重ねて相談してくるのでしょうか？

その理由は、長年多額の保険料を負担し続けてきたにもかかわらず年金が支給停止となることや、これまで誰もそのことを教えてくれなかったことについて、納得のいかない思いがあることが多いのです。

ですから、まず必要なのは、相談者が置かれている状況・背景を理解し、先入観なしに相手の相談・悩みを聞くことです。その上で、相手の立場に立って、悩みを解決するために考え得る適法な選択肢を時間をかけて説明する、という姿勢が大切です。

社長の希望を実現するための選択肢は退職や役員給与年額の引下げ以外にも考えられることや、報酬比例部分の年金を一部受給できるよ

うな役員給与設定とするだけでも毎年度の会社の営業利益・毎年の本人の可処分所得が増えることを伝えると、実際に役員給与設定を変更するかどうかによらず、視野が広がったと喜ばれることが多いです。

(2) 制度趣旨の説明から始めても理解されにくい

こうした相談に対する回答は、次のような説明をして高額報酬の社長は働きながら報酬比例部分の年金を受けることはできない、という内容になりがちです。

・老齢厚生年金は、年をとって収入を得ることができなくなくなったときの所得保障制度と解すべきである
・公的年金制度は世代間扶養（賦課方式）のしくみである
・在職老齢年金制度は、少子高齢化が進む中、年金受給世代への年金給付額を一部抑制することで現役世代の負担が重くならないようにして、年金制度の将来にわたっての持続を図るための制度である
・特に令和３年度までの65歳前の在職老齢年金制度は、厚生年金保険に加入して働いている人のうち総報酬月額相当額が低い人だけが年金を受けられるようにするための制度（「低在労」）である

こうした説明は、厚生労働省に寄せられた「国民の皆様の声」に対する国（厚生労働省年金局）の対応などにおいても、令和２年法改正の前から繰り返されてきたものです。

社労士にとっても、在職老齢年金制度が設けられた趣旨を理解し、制度の趣旨を相談者等に正しく伝えることは必要です。しかし、在職老齢年金制度のしくみを知らないまま年金支給開始年齢を迎えた社長は、制度趣旨を詳しく知りたくて相談してくるわけではありません。

ですから、本質的に大事なことではあっても、いきなり制度趣旨から話されるのは、社長にとっては理解しにくいでしょう。

（参考）

・「国民の皆様の声・集計報告票」平成30年2月1日～2月28日受付分より抜粋

項番	内　容	対　応	
		分類	概　要
1	60歳過ぎて、28万以上は年金が減らされる制度はやめてください。それなら、稼ぎ過ぎず、バイトで上手くやろうという同僚がいっぱいいます。	①	一定以上の賃金がある場合に年金を減額する在職老齢年金制度については ・働いても不利にならないようにすべき ・一定以上の賃金を有する高齢者については制度の支え手として給付を制限すべき という二つの要請のバランスの中で行われているものですが、過去の制度改正を経て、現在は高齢者の就労をできるだけ阻害しないよう配慮した仕組みとしています。 この在職老齢年金制度のあり方については、高齢者の就労にどの程度影響を与えているかという点に加え、仮に廃止する場合には、廃止に伴う給付の増加が若い世代の保険料負担や給付水準に当たる影響にも留意しつつ、引き続き検討してまいります。

・「国民の皆様の声・集計報告票」平成28年7月1日～7月31日受付分より抜粋

項番	内　容	対　応	
		分類	概　要
1	定年後も働いていますが、働くと年金が減らされ働く意欲がでない。働く意欲がある人は、年金が減らされずに働ける社会にして欲しい。	① ④	厚生年金は、制度発足当時、退職後の所得保障を行うという趣旨から、在職中は年金が支給されませんでしたが、その後、年金をより早く受給できるようにするため、在職中でも年金を一部支給する仕組みが設けられ、現在に至ります。 現在支給されている年金は、若い世代が現在支払っている保険料と税金とでそのほとんどをまかなう仕組みとなっています。この仕組みのもとでは、少子高齢化が更に急速に進行していく中で、若い世代の負担を過重にしないためには、働く能力と意欲のある高齢者の方について、就労所得を見ながら年金給付を

			調整するとともに、年金制度の支え手として保険料を納めていただくことについて、ご理解とご協力をいただくことが必要と考えております。 一方で、ご指摘のような働く意欲についても配慮は必要です。このため、高齢期における多様な就業と引退への移行に弾力的に対応できるよう、年金受給の在り方について、今後さらに検討を進めることとしています。

・「国民の皆様の声・集計報告票」平成27年10月1日～10月31日受付分より抜粋

項番	内容	対応	
		分類	概要
1	聞くところに依ると、65歳までの人が仕事をして収入を得ると、仕事の報酬と老齢年金の合計額が28万円を超えると、超えた金額に応じて、年金支給額を減らされると聞きましたが、何で65歳以上の人よりも厳しいのですか？	① ④	厚生年金保険法における老齢厚生年金は、昭和29年にほぼ現在の姿になって以来、支給開始年齢要件に加え、稼得能力が失われた場合の所得保障を行うという観点から退職を支給要件としており、在職中は年金を支給しないことが原則でした。 しかしながら、高齢者は低賃金の場合が多く、賃金だけでは生活が困難であったため、昭和40年に、在職者にも支給される年金として、在職老齢年金が新たに創設されました。 昭和60年には、65歳から全国民一律に支給される基礎年金制度が導入されたことに伴い、厚生年金においても65歳が制度上の引退年齢とされ、65歳以降は在職中でも老齢厚生年金を全額支給することとされました。 その後、平成12年の改正において、少子高齢化により現役世代の保険料負担が重くなっていることを踏まえ、現役世代とのバランスから65歳以上の高所得者についても支給の停止を行うこととしました。 このような経緯を踏まえますと、60歳代前半の在職老齢年金の考え方は、高齢者は低賃金の場合が多いことから、それらの者に対し、所得保障の観点から在職中でも特例的に年金の一定割合を支給するものであり、一方60歳代後半の在職老齢年金の考え方は、65歳を

			制度上の引退年齢とし、以降は年金を主な収入として生活していただくことを基本としつつも、少子高齢化により現役世代の負担が重くなる中で、現役世代とのバランスから高所得者については年金の一定割合の支給停止を行うものであると言えます。こうした考え方に基づいて、60歳代前半に比べて、60歳代後半の方が、支給停止調整を開始する基準が高く設定されているところです。

2　社長に安心して話してもらうための順番に沿って話す

(1)　制度趣旨の話を聞いてもらえる状態・理解してもらえる状態となるために伝えておくべきことがある

まずは相談者の話をよく聞き、相手と同じ目線に立って悩み・立場・感情を理解し、同じ悩みで悩んでいる人が他にもたくさんいることを伝えることから始めると、相手も安心して話してくれます。

そして、話を聞いたら「悩みの解決方法がある」ということを最初に伝えると、その後に難しそうな年金の説明が続いても、なんとか理解しようとして時間を割いて聞いてくれます。つまり、次の順番で話します。

1　相手の話を聞く

↓

2　解決方法があることを伝える

↓

3　社長の年金の基本形を説明する

↓

4　在職老齢年金制度のしくみを説明する

↓

5　なぜ報酬比例部分の年金が支給停止となるかを説明する

↓

6　どうすれば働きながら報酬比例部分の年金を受給できるかを説明する

6で社長が年金をもらう３つの方法について伝えると、多くの場合、次のような質問を受けます。

なぜ、働いているだけで（多額の厚生年金保険料を負担し続けているのに）年金がカットされるというペナルティを受けなければいけないのでしょうか？

（長年多額の厚生年金保険料を負担し続けてきたのに）年金をもらうためのハードルがなぜこんなに高いのでしょうか？

この段階に至ってからであれば、制度趣旨を伝えても理解してもらえます。

「なるほど、国はそのような考えで年金をカットするようなしくみを作っているのですね。だから、働きながら年金をもらうためのハードルがこんなに高くなっているのですね。初めて理解できました」と納得してもらえることが多いです。「丁寧に教えていただきありがとうございます。残念ですが、当社の場合は対応が難しいことがよくわかりました。社長として働いている間の年金全額受給は諦めることにします。○年後に息子にバトンタッチする頃にまた相談させてください」とお礼の言葉をいただくこともよくあります。

このように、制度趣旨の話に対して聞く耳をもってもらえる状態・理解してもらえる状態となるまでには、その前に伝えておくべきことがたくさんありますから、かなりの時間を要します。一般的な年金相談会（30分程度）では時間が短すぎて、制度趣旨の話を理解してもらえる状態に至ることは少ないでしょう。

(2) まずは既に相手の頭の中にあることから伝える

在職老齢年金制度の説明に限らず、相手の頭の中にない話から始めることは、聞く耳を持っていない段階の人に対して伝えることとなりますから、理解されにくいことが多いです。同じことを伝えるのでも、まずは既に相手の頭の中にあることから話し始め、聞く耳を持ってもらった後で伝えると、容易に理解してもらえることが多いです。

例えば、中小オーナー企業社長の集まりに参加した際などは、自己紹介のしかたを次のように工夫すると印象に残りやすくなり、後日依頼につながる可能性が高まります。

一般的な自己紹介	皆さん、こんにちは。社会保険労務士の○○と申します。何かございましたらよろしくお願いいたします	・肩書＋氏名を述べただけ（社労士を知らない人には何をしている人か伝わらない） ・「何か」の指す内容が不明（誰がどういう状況になったときに役に立てるのかが伝わらない） ・「よろしく」とは具体的にどういう行動をとればよいか不明（電話をして相談予約を取ればよいのか、誰かを紹介すればよいのかが伝わらない）
印象に残る自己紹介	報酬が高いため年金をもらえないとお困りの社長様に対して、働きながら年金をもらう方法をお伝えしております、社長の年金コンサルタントの○○と申します	・肩書の「社長」・「年金」・「コンサルタント」というよく聞く言葉から何をする人かをイメージできる ・「報酬が高いため年金をもらえない」という問題で困っており、「働きながら年金をもらう方法」を知りたいと感じている社長の役に立つかもしれないことが伝わる

誰しも、自分の知っていること、関心のあることはイメージしやすいのですっと頭に入ってきますが、自分のよく知らない情報はすぐにはイメージできず、印象に残りません。

ですから、聞いている人の頭の中に既にあること、イメージしやすいことから話し始めることが大事だと思います。

3　老齢年金にかかる税金について

社長・役員の場合、65 歳未満であっても 65 歳以上であっても、報酬比例部分の年金が全額支給停止されていることにより、公的年金等に係る雑所得の金額がゼロ円となっている人が多いです。そして、老齢年金にかかる税金について正しい知識を持っていない社長から、次のような声を聞くこともあります。

年金にも税金がかかるのでしょうか。役員給与設定を変更して年金を受ける（年金受給額を増やす）ことで税金が増えてしまうと損ですから、働いている間は年金の請求をせずに、引退して給与を受けなくなってから請求をしようと思います。

このような場合は、老齢年金にかかる税金の基礎知識も伝えて誤解を解いておく必要があります。

公的年金等（老齢基礎年金・老齢厚生年金等）は、雑所得として所得税の課税対象となります。令和２年分以後の公的年金等にかかる雑所得の計算方法や早見表などは、国税庁のホームページ（https://www.nta.go.jp/taxes/shiraberu/taxanswer/shotoku/1600.htm）で確認できます。

会社員向けの書籍等では、公的年金等に係る雑所得の速算表として、「公的年金等に係る雑所得以外の所得に係る合計所得金額が1,000万円以下」である場合の表だけが記載されていることがよくあります。しかし、働きながら年金受給を目指す社長の場合、公的年金等に係る雑所得以外の所得に係る合計所得金額が1,000万円超や2,000万円超のケースも少なくありません。

誤った速算表に基づいて説明することがないようにしましょう。

（参考）タックスアンサー（よくある税の質問）/ 所得税 No.1600　公的年金等の課税関係

1　課税方法

公的年金等は、年金の収入金額から公的年金等控除額を差し引いて所得金額を計算します。

この雑所得となる主な公的年金等は、次のものです。

(1) 国民年金法、厚年法、公務員等の共済組合法などの規定による年金（著者注：障害年金・遺族年金は非課税です）

(2) 過去の勤務により会社などから支払われる年金

(3) 外国の法令に基づく保険又は共済に関する制度で（1）に掲げる法律の規定による社会保険又は共済制度に類するもの

2　公的年金等からの源泉徴収

公的年金等の支払を受けるときは、原則として収入金額からその年金に応じて定められている一定の控除額を差し引いた額に5.105％を乗じた金額が源泉徴収されます。

(注) 平成25年1月1日から令和19年12月31日までの間に生ずる所得については、所得税とともに復興特別所得税が源泉徴収されます。

3　公的年金等に係る雑所得の金額の計算方法

公的年金等に係る雑所得の金額は、下記の表により算出します。

公的年金等に係る雑所得の金額＝（a）×（b）－（c）

図 2-18　公的年金等に係る雑所得の速算表（令和2年分以後）

公的年金等に係る雑所得以外の所得に係る合計所得金額が1,000万円以下			
年金を受け取る人の年齢	(a) 公的年金等の収入金額の合計額	(b) 割合	(c) 控除額
65歳未満	(公的年金等の収入金額の合計額が600,000円までの場合は所得金額はゼロとなります。)		
	600,001円から1,299,999円まで	100%	600,000円
	1,300,000円から4,099,999円まで	75%	275,000円
	4,100,000円から7,699,999円まで	85%	685,000円
	7,700,000円から9,999,999円まで	95%	1,455,000円
	10,000,000円以上	100%	1,955,000円
65歳以上	(公的年金等の収入金額の合計額が1,100,000円までの場合は、所得金額はゼロとなります。)		
	1,100,001円から3,299,999円まで	100%	1,100,000円
	3,300,000円から4,099,999円まで	75%	275,000円
	4,100,000円から7,699,999円まで	85%	685,000円
	7,700,000円から9,999,999円まで	95%	1,455,000円
	10,000,000円以上	100%	1,955,000円

公的年金等に係る雑所得以外の所得に係る合計所得金額が1,000万円超2,000万円以下			
年金を受け取る人の年齢	(a) 公的年金等の収入金額の合計額	(b) 割合	(c) 控除額
65歳未満	(公的年金等の収入金額の合計額が500,000円までの場合は所得金額はゼロとなります。)		
	500,001円から1,299,999円まで	100%	500,000円
	1,300,000円から4,099,999円まで	75%	175,000円
	4,100,000円から7,699,999円まで	85%	585,000円
	7,700,000円から9,999,999円まで	95%	1,355,000円
	10,000,000円以上	100%	1,855,000円
65歳以上	(公的年金等の収入金額の合計額が1,000,000円までの場合は、所得金額はゼロとなります。)		
	1,000,001円から3,299,999円まで	100%	1,000,000円
	3,300,000円から4,099,999円まで	75%	175,000円
	4,100,000円から7,699,999円まで	85%	585,000円
	7,700,000円から9,999,999円まで	95%	1,355,000円
	10,000,000円以上	100%	1,855,000円

公的年金等に係る雑所得以外の所得に係る合計所得金額が2,000万円超			
年金を受け取る人の年齢	(a) 公的年金等の収入金額の合計額	(b) 割合	(c) 控除額
65歳未満	(公的年金等の収入金額の合計額が400,000円までの場合は所得金額はゼロとなります。)		
	400,001円から1,299,999円まで	100%	400,000円
	1,300,000円から4,099,999円まで	75%	75,000円
	4,100,000円から7,699,999円まで	85%	485,000円
	7,700,000円から9,999,999円まで	95%	1,255,000円
	10,000,000円以上	100%	1,755,000円
65歳以上	(公的年金等の収入金額の合計額が900,000円までの場合は、所得金額はゼロとなります。)		
	900,001円から3,299,999円まで	100%	900,000円
	3,300,000円から4,099,999円まで	75%	75,000円
	4,100,000円から7,699,999円まで	85%	485,000円
	7,700,000円から9,999,999円まで	95%	1,255,000円
	10,000,000円以上	100%	1,755,000円

出典：国税庁ホームページ

4　年金と給与を受ける人の税金について（所得金額調整控除）

また、平成30年度税制改正で所得金額調整控除が創設され、令和２年分の所得税から適用されていることにも、注意が必要です（https://www.nta.go.jp/taxes/shiraberu/taxanswer/shotoku/1411.htm）。

（参考）タックスアンサー（よくある税の質問）所得税 給与所得者と還付申告 No.1411　所得金額調整控除（網かけは著者による）

所得金額調整控除とは、一定の給与所得者の総所得金額を計算する場合に、一定の金額を給与所得の金額から控除するというものです。

所得金額調整控除には、次の**1**又は**2**のとおり、二種類の控除があります。

このうち**1**の控除は年末調整において適用することができます。

1　子ども・特別障害者等を有する者等の所得金額調整控除

その年の給与等の収入金額が850万円を超える給与所得者で、(1)のイ～ハのいずれかに該当する給与所得者の総所得金額を計算する場合に、(2)の所得金額調整控除額を給与所得から控除するものです。

(1) 適用対象者

イ　本人が特別障害者に該当する者

ロ　年齢23歳未満の扶養親族を有する者

ハ　特別障害者である同一生計配偶者又は扶養親族を有する者

(2) 所得金額調整控除額

｛給与等の収入金額（1,000万円超の場合は1,000万円）－ 850万円｝× 10%＝控除額※

※　１円未満の端数があるときは、その端数を切り上げます。

年末調整においてこの控除の適用を受けようとする給与所得者は、その年最後に給与等の支払を受ける日の前日までに、給与の支払者に所得金額調整控除申告書を提出する必要があります。

（注）この控除は、扶養控除と異なり、同一生計内のいずれか一方のみの所得者に適用するという制限がありません。したがって、例えば、夫婦ともに給与等の収入金額が850万円を超えており、夫婦の間に１人の年齢23歳未満の扶養親族である子がいるような場合には、その夫婦双方が、この控除の適用を受けることができます。

2　給与所得と年金所得の双方を有する者に対する所得金額調整控除

その年において、次の（1）に該当する者の総所得金額を計算する場合に、(2) の所得金額調整控除額を給与所得から控除するものです(注)。

(1)　適用対象者

その年分の給与所得控除後の給与等の金額と公的年金等に係る雑所得の金額がある給与所得者で、その合計額が10万円を超える者

(2)　所得金額調整控除額

{給与所得控除後の給与等の金額（10万円超の場合は10万円）＋公的年金等に係る雑所得の金額（10万円超の場合は10万円）}－10万円＝控除額(注)

(注) 上記1の所得金額調整控除の適用がある場合はその適用後の給与所得の金額から控除します。

(措法41の3の3、41の3の4、措令26の5、措通41の3の3-1)

所得金額調整控除の適用漏れがあると、給与所得の額が多く申告され、所得税等の負担が増えることとなります。

特に、上記**2**の所得金額調整控除は、上記**1**の所得金額調整控除と異なり年末調整で適用することはできず、確定申告で適用する必要があります。社長が働きながら報酬比例部分の年金を受給する場合も、注意が必要です。

報酬が高いため公的年金等に係る雑所得の金額がゼロ円の社長も多いところ、役員給与設定変更により報酬比例部分の年金を受けられるようになって初めて公的年金等に係る雑所得の金額が生じる人も多いため、教えてあげると喜ばれることがあります。

確定申告で所得金額調整控除の適用漏れがあった場合は、更生の請求（国税通則法23条）を行うことができることを教えてあげるとよいでしょう（更生の請求ができる期間は、原則として法定申告期限から5年以内です）(注1)。

ここで、所得金額調整控除の適用漏れがあると所得税等負担がどの程度増えるのかも、**第2章Ⅱ**の役員給与設定変更シミュレーションその**2（2）**（56ページ）で用いた設例で確認してみましょう（年金額は令和3年度額を用いて試算します。在職定時改定による老齢厚生年金増は考慮しません）。

（注1）確定申告を行っていない場合は、改めて確定申告書を提出して還付請求をすることとなります（申告期間は、該当する年の翌年1月1日から5年間です）。

(1) 報酬月額100万円の場合

設　例

・65歳社長。報酬月額（定期同額給与）100万円・賞与なし・役員給与年額1,200万円
・老齢厚生年金（報酬比例部分）1,440,000円
・老齢厚生年金（経過的加算部分）540円
・老齢基礎年金780,900円
・その他の収入なし

この社長の所得は、給与所得1,005万円のみですので「公的年金等に係る雑所得以外の所得に係る合計所得金額」は、「1,000万円超2,000万円以下」です。

・公的年金等に係る雑所得以外の所得に係る合計所得金額＝
役員給与年額1,200万円－給与所得控除195万円（上限額）＝1,005万円

65歳以上であって、現在の役員給与設定（報酬月額100万円）のままの場合、公的年金受給額は100万円以下です。

・公的年金受給額＝
老齢厚生年金（経過的加算部分）540円＋老齢基礎年金780,900円＝781,440円

したがって、公的年金等に係る雑所得の金額は0円です。

給与所得のみで年金所得はありませんから、給与所得と公的年金等にかかる雑所得の双方を有する者に対する所得金額調整控除の適用はありません。

しかし、役員給与年額1,200万円のままであっても、役員給与設定を変更することで、老齢厚生年年金（報酬比例部分）も受給できるようになります。いくら受給できるようになるかは役員給与設定によりますが、全額受給も可能です。

(2) 報酬月額の減額に加え、総報酬月額相当額に影響しないお金も受けた場合

例えば、老齢厚生年金（報酬比例部分）144万円のうち75万円（約52%）のみ受給できるような役員給与設定としていたとすると、確定申告において、「所得金額調整控除」のうちの「2 給与所得と年金所得の双方を有する者に対する所得金額調整控除」を適用する場合は、次のとおりとなります（「1 子ども・特別障害者等を有する者等の所得金額調整控除」の適用はないものとします）。

（役員給与設定変更後）

・報酬月額（定期同額給与）340,000円×12カ月＋賞与（事前確定届出給与）年1回7,920,000円支給・役員給与年額1,200万円

【本人】

① 報酬月額340,000円

② 賞与（年1回支給）7,920,000円

③ 報酬年額12,000,000円（①×12＋②）

④ 老齢厚生年金（報酬比例部分）1,440,000円

⑤ 老齢厚生年金（経過的加算部分）540円

⑥ 老齢基礎年金780,900円

⑦　年金支給停止額690,000円（④×約48％が支給停止）
⑧　もらえる年金額1,531,440円（（④－⑦）＋⑤＋⑥）
⑨　健康保険料（本人負担分・年額）482,652円
⑩　厚生年金保険料（本人負担分・年額）510,570円
⑪　社会保険料合計（本人負担分・年額）993,222円（⑨＋⑩）
⑫　所得税および復興特別所得税1,466,800円
⑬　住民税910,800円
⑭　年間手取り収入（給与＋年金）10,160,618円（（③＋⑧）－（⑪＋⑫＋⑬））

・給与所得＝
役員給与年額1,200万円－給与所得控除195万円（最高額）＝1,005万円
・公的年金受給額＝
老齢厚生年金（報酬比例部分）750,000円＋老齢厚生年金（経過的加算部分）540円＋老齢基礎年金780,900円＝1,531,440円

この場合、公的年金等に係る雑所得の速算表（令和２年分以後）では、公的年金等に係る雑所得以外の所得に係る合計所得金額が「1,000万円超2,000万円以下」の表の「65歳以上」に該当します。そして、公的年金受給額が「1,000,001円から3,299,999円まで」ですので、公的年金等控除は1,000,000円となります。

したがって、この場合の公的年金等にかかる雑所得は、531,440円となります。

・公的年金等に係る雑所得＝
公的年金等受給額1,531,440円－公的年金等控除1,000,000円＝531,440円

つまり、合計所得金額は10,581,440円となります。

・合計所得金額＝
給与所得1,005万円＋公的年金等に係る雑所得531,440円＝10,581,440円

そして、「給与所得と公的年金等の雑所得がある場合で、給与所得控除後の給与等の金額と公的年金等の雑所得の金額の合計額が10万円を超える場合」に該当しますので、確定申告で前記「**2** 給与所得と年金所得の双方を有する者に対する所得金額調整控除」の適用ができます。このケースでは、次の2つとも最高額である10万円となります。
・給与所得控除後の給与等の金額（10万円超の場合は10万円）→10万円
・公的年金等の雑所得の金額（10万円超の場合は10万円）→10万円

したがって、適用される所得金額調整控除額は10万円となります。

・所得金額調整控除額＝
給与所得控除後の給与等の金額10万円（最高額）＋公的年金等の雑所得の金額10万円（最高額）－10万円＝10万円

これにより、所得税の計算上、給与所得が所得金額調整控除額分10万円だけ少なくなり、合計所得金額は10,481,440円となります。

・合計所得金額＝
給与所得995万円（1,005万円－所得金額調整控除額10万円）＋公的年金等に係る雑所得531,440円＝10,481,440円

所得税（および復興特別所得税）額がいくら下がるかは、社会保険料控除額や扶養控除等により各人異なりますが、設例の役員給与設定変更後のように、所得金額調整控除適用前の所得金額・適用後の所得金額がともに「9,000,000円から17,999,000円まで」のケースでは、所得金額調整控除を適用してもしなくても所得税率33％のため、所得金額調整控除の適用により、所得税額が33,000円（10万円×33％）安くなり、復興特別所得税は693円（所得税額33,000円×2.1％）安くなります。

図 2-19　所得税の速算表

課税される所得金額	税率	控除額
1,000円から1,949,000円まで	5％	0円
1,950,000円から3,299,000円まで	10%	97,500円
3,300,000円から6,949,000円まで	20%	427,500円
6,950,000円から8,999,000円まで	23%	636,000円
9,000,000円から17,999,000円まで	33%	1,536,000円
18,000,000円から39,999,000円まで	40%	2,796,000円
40,000,000円以上	45%	4,796,000円

出典：国税庁ホームページ

また、住民税額については、住民税率10％で試算すると、調整控除（49ページ）を加味しない住民税額が1万円（10万円×10％）安くなります。

(3) 役員給与月額の減額のみ行った場合

第2章Ⅱ２で行った役員給与設定変更シミュレーションその1（48ページ）のように、報酬月額を下げるのみで報酬比例部分の年金を受給した場合も、所得金額調整控除額10万円が適用できるようになることがあります。48ページのケースの場合、所得金額調整控除適用前の所得金額・適用後の所得金額がともに「1,950,000円から3,299,000円まで」で、所得金額調整控除を適用してもしなくても所得税率10%のため、所得金額調整控除の適用により、所得税額が10,000円（10万円×10%）安くなり、復興特別所得税は210円（所得税額10,000円×2.1%）安くなります。

また、住民税額については、住民税率10%で試算すると、1万円（10万円×10%）安くなります。

5　税理士・社労士からの指摘を心配する社長への回答

(1)「年金をもらうために役員給与設定を変更すると将来の年金が下がるので損」との指摘があった場合

「年金をもらうために役員給与設定を変更すると将来の年金が下がるので損だ、と顧問税理士（顧問社労士）から言われました」との声を、中小オーナー企業の社長から聞くことが結構あります。

たしかに、老齢厚生年金（報酬比例部分）は、厚生年金保険加入中の各月の報酬額（標準報酬月額）・賞与額（標準賞与額）が多いほど、将来の退職時改定・70歳時改定・令和4年度以降の在職定時改定により増額される年金額は多くなります。したがって、役員給与設定変更により総報酬月額相当額を下げると、下げない場合と比べて改定後の年金額は少なくなります。

しかし、生涯現役で働くつもりの社長の中には、現在の役員給与設定のまま働き続けると老齢厚生年金（報酬比例部分）が一生全額支給停止となる人も多くいます。そのような社長にとって、役員給与設定を変更すると将来の年金額が減るとのアドバイスは意味があるでしょうか。

その社長の退職予定時期や基本月額などを踏まえて、役員給与設定を変更した場合・変更しない場合の年金受給額・社会保険料・税金などを比較してみないと、一概に損とはいえないのです。

また、70歳以降の在職期間について、厚生年金保険の70歳以上被用者として報酬・賞与との調整が行われることにより老齢厚生年金（報酬比例部分）が支給停止となりますが、厚生年金保険被保険者ではないため厚生年金保険料はかからず、70歳以降の在職期間の月数や報酬・賞与の額は将来の年金額に一切反映しません。

ですから、生涯現役ではなく将来引退する予定の70歳以上社長にとっても、役員給与設定を変更すると将来の年金額が減るとのアドバイスは意味がありません。

(2)「定期同額給与・事前確定届出給与併用方式」の提案・採用は不適切との指摘があった場合

「定期同額給与・事前確定届出給与併用方式（171ページのような方法）による年金受給の選択肢の提示は、社会保険料節減にもつながるため、行うべきではない」との批判を、社労士等から受けることがあります。

しかし、年金受給世代の社長から相談を受けた場合に、年金事務所の相談員や多くの社労士が必ず説明する退職する方法と比べると、定期同額給与・事前確定届出給与併用方式を採用して働き続けるほうが、今後の社会保険料負担額は多くなります。また、年金事務所の相談員や多くの社労士が必ず説明する２つ目の方法、つまり、報酬月額の減額のみを行って総報酬月額相当額を下げる方法と比べても、「定期同額給与・事前確定届出給与併用方式」を採用するほうが、今後も高額の社会保険料を負担し続けることとなるケースも多いです。

例えば、170ページの設例の社長（65歳・報酬月額100万円・賞与なし）について、退職する場合、報酬月額34万円・賞与なしとする場合と、報酬月額34万円＋賞与792万円年１回支給とする場合の社会保険料を比較すると、次のようになります。

	現　状	退職する場合	報酬月額34万円・賞与なしとする場合	報酬月額34万円＋賞与792万円年1回支給とする場合
社会保険料（本人負担分・年額）	1,292,292円	0円	574,056円	993,222円
社会保険料（会社負担分・年額）	1,320,372円	0円	588,744円	1,013,230円
社会保険料（合計・年額）	2,612,664円	0円	1,162,800円	2,006,452円

6　勘違いや記憶の混乱などにより、回答と事実が異なる場合の対応

中小企業の社長・役員の年金相談対応では、勘違いや記憶の混乱などにより、次のようなケースが見受けられます。正確に情報をヒアリングして対応するための対策と合わせて紹介します。

●報酬月額を尋ねると、額面の報酬月額ではなく、社会保険料や源泉所得税等を差し引いた手取りの月額を答える人がいる

➡ 対策 役員給与支給実績を口頭で確認するだけで済ませることは危険です。必ず給与明細書等（のコピー）を確認する必要があります

●非課税通勤手当や現物給与が支給されているケースがある

➡ 対策 毎年の報酬月額算定基礎届提出時にそれらを含めずに報酬月額を届け出ているケースもありますので、注意が必要です

●平成18年度法人税法改正の内容を理解していない社長・役員が多い

●事前確定届出給与は、事前に税務署に届出済みの支給日・支給額通りに支給しないと損金算入が認められないのが本来であるにもかかわらず、中小企業においては、届出とは異なる支給日に支給している事例や、異なる支給額を支給しているケースがみられる

●届出どおりの事前確定届出給与が支給されていても、別途仮払金・貸付金等別勘定で社長・役員に会社から支給したお金について、事前確定届出給与支給後に会社との間で精算が行われているケースがみられる

➡ 対策 仮払金・貸付金等と事前確定届出給与の精算が行われているケースでは、事前確定届出給与が、形式的には3月を超える期間ごとに受けるもの（年間を通じ3回以下支給のもの）のようにみえても、実態として3月を超える期間ごとに受けるもの（年間を通じ3回以下支給のもの）でなければ、社会保険料算定や在職老齢年金計算においても賞与ではなく報酬扱いとされるべきものとなります。このような活用のしかたをしないよう注意喚起することも重要です

●事前確定届出給与の支給を決議したとの定時株主総会等の議事録があっても、実際に開催されていないケースが多い

➡ 対策 役員給与設定の変更にあたっては、会社法上当然に満たしているはずの要件は満たしていることが前提として必要であることは伝えておく必要があります

●3月末日が決算日の企業なのに、決算月を尋ねると、なぜか「4月」と答える社長もいる

➡ 対策 3月が決算月の企業について4月が決算月と誤解したままですと、役員給与設定変更期限を間違えたままアドバイスしてしまう可能性があります。定款等を確認するか、「事業年度は4月1日から3月31日までですか」などのように、しっかりと確認しておくことが必要です

7　支援すべき社長かどうかの見極めも必要

勘違いや記憶の混乱などであれば、実態を確認して認識のずれを補正すればよいのですが、法違反の状態になってしまっていることが判明するケースもあります。

その場合、まず違反状態を解消すべきこととなりますが、中にはすぐに行動に移そうとしない方がいます。

設　例

・65歳代表取締役のみの一人法人
・高額報酬のため本来であれば老齢厚生年金（報酬比例部分）は全額支給停止となるが、厚生年金保険未加入で違法に年金を全額受給している
・会社は３月決算で毎年５月にその年の６月支給分から１年間の役員給与を決定

この社長から社会保険（厚生年金保険・健康保険）の適用勧奨の文書が届きどうしたらよいか、との相談が10月にあった場合、社労士として伝えるべき事項は、次の内容です。

・法人から労働の対償として報酬を受けているのであれば、代表取締役のみの一人法人であっても、厚生年金保険・健康保険に加入すべきこと
・現状の役員給与設定で加入すれば、老齢厚生年金（報酬比例部分）は全額支給停止となること
・代表取締役を退任して厚生年金保険被保険者資格を喪失するか役員給与設定を変更すれば、適法に老齢厚生年金（報酬比例部分）を受給できるようになること
・来年６月支給分から役員給与設定を変更する場合、老齢厚生年金

（報酬比例部分）を適法に受給できるようになるのは、来年９月分からであること
・来年の８月分までの老齢厚生年金（報酬比例部分）は、全額支給停止となること

これらを伝えて、すぐに社会保険に加入したうえで来年6月支給分の役員給与からどのように設定を変更すればよいかを相談してくる社長なら、支援するに値するでしょう。

しかし、すぐに社会保険に加入しようとせず、来年の5月まで現在の役員給与設定のまま報酬比例部分の年金を違法に受給し続けた後、来年6月支給分から報酬比例部分の年金を受給できるような役員給与設定に変更したうえで社会保険に加入しようとするような社長は、支援すべき社長とはいえないでしょう。

社会保険に加入しなければならないことを理解していない社長が加入せざるを得ないことを知ったとき、改善して加入しようとする社長と加入しようとしない社長とに分かれます。そして、信頼できる社長かどうか・今後もその社長の理想実現のために支援できる社長かどうかが明らかになります。

これは、助成金や補助金に関する情報を提供した際に、結果として助成金・補助金を受給できる・できないにかかわらず雇用管理改善や経営改善を行おうとする社長か、助成金・補助金受給だけが目的となってしまって前提として必要とされる雇用管理改善・経営改善への取組みを本気で行おうとしない社長かが明らかとなることと似ています。

8　社長・役員が議員になることを検討している場合の対応

被用者年金一元化法により、平成 27 年 10 月 1 日以後、国会議員や地方議会議員も、基本月額と総報酬月額相当額に応じて特別支給の老齢厚生年金や老齢厚生年金が支給停止されることとなりました（厚年

法46条1項、厚年法施行令3条の6）[注2]。

このことを知らない年金受給世代の中小オーナー企業社長が、後継者に会社経営を任せて地方議会議員に立候補するようなケースもあります。議員報酬の月額や期末手当をもらいながら年金も全額もらえると思い込んで立候補・当選したものの、思惑違いとなり残念な思いをする人もいます。

日本年金機構の令和3年度計画でも、年金給付の正確な給付に向けた対応として「議員の在職老齢年金に関する届出の事務処理を確実に実施する」ことが挙げられているところです。

顧問先・関与先の年金受給世代の社長で議員になることを検討している人がいる場合は、在職老齢年金制度について教えてあげるとよいでしょう。

（注2）退職共済年金を受けている議員は、従来より年金が支給停止されていますが、一元化に合わせて、厚生年金保険と共済年金の制度が揃えられました。

第3章

社長の退職金相談対応で押さえるべきポイント

役員退職金（役員退職慰労金）には、次の2つがあります。

1　社長・役員の退職（や分掌変更）により本人に支給される生存退職金

2　社長・役員の在任中の死亡により遺族に支給される死亡退職金

本章では、まず生存退職金について解説した後、死亡退職金、また死亡退職金と同時期に会社から支払われることの多い弔慰金についても、併せてポイントをお伝えします。

I

中小企業の役員退職金相談対応にあたって

中小企業の役員退職金相談には、次のような特徴があります。

- もっぱら税務の観点から語られることが多く、それ以前の本質的な理解がされていないケースが多い
- 役員退職金や議事録に関する会社法上の決まりが理解されておらず、役員退職金を支給するにあたって法律上当然に必要となる要件を満たしていないケースが多い
- 役員退職金原資準備のために生命保険を契約している会社では、保険会社から提示された役員退職金規程のひな型を使用していることも多いが、規程の内容が理解されていないケースや、会社の実情・社長の希望に合っていないケースもみられる
- 社長が役員退職金に関する税理士のアドバイス・指摘を誤解しているケースや、税理士がアドバイス・指摘する理由、税理士の立場を理解していないケースが多い

そこで、まずは役員退職金の支給がどんな効果を持つのかを確認します。そのうえで、相談対応のために押さえておくべき基礎知識を解説します。そして、より具体的に役員退職金支給をめぐる税務リスクを踏まえて、どのように制度設計を進めるのがよいかを解説します。

1　役員退職金を支給することによるメリット

役員退職金を支給することによる会社にとってのメリットと本人にとってのメリットをまとめると、次のとおりです。

(1) 会社にとってのメリット

役員退職金は、法人税法上原則として損金算入が認められるため、法人税等の節税につながります。

また、自社株の評価減につながることがあります。事業承継対策として、役員退職金支給により自社株評価額が下がったタイミングで後継者に自社株の贈与または売却が行われることもよくあります（注1）。

（注1）自社株の評価方法は、原則として、大会社の場合は類似業種比準価額方式、小会社の場合は純資産価額方式、中会社の場合はこれらの併用方式によることとなります。

役員退職金の支給・損金算入により、類似業種比準価額方式の場合は利益金額・簿価純資産価額が減少します（生前退職金の場合）。また、純資産価額方式の場合は純資産価額が減少します。その結果、自社株の評価減につながります。

なお、実際に株価引き下げ効果が生じるのは、役員退職金を支給した翌事業年度となります。

(2) 本人にとってのメリット

役員退職金として受けると、給与所得として受ける場合と比べて、所得税等が少なくなり、退職後の生活費などに充てられる金額が大きくなります。役員退職金を受けた人の所得税等が少なくなる理由は、次のとおりです。

①　退職所得控除額（注2）が大きい

・勤続年数20年以下：40万円×勤続年数
　　　　　　　　　　（80万円に満たない場合は80万円）

・勤続年数20年超：800万円＋70万円×（勤続年数－20年）

＊1年未満は切上げ

② 役員勤続年数が５年超の場合、「退職金の額－退職所得控除額」×２分の１が退職所得の金額となる
③ 他の所得と分離して課税される

なお、役員退職金は、健康保険法・厚年法の報酬・賞与に該当しません。したがって、社会保険料（会社負担分および本人負担分）はかかりませんし、在職老齢年金制度による年金支給停止額計算にも影響しません。

（注２）前年以前に退職金を受け取ったことがあるとき、または、同一年中に２カ所以上から退職金を受け取るときなどは、退職所得控除額の計算が異なることがあります。

2 役員退職金支給をめぐる税務上の３つのリスク

役員退職金について、中小オーナー企業社長に知っておいてもらいたい税務上の主なリスクは、次の３つです。

1 過大役員退職金の問題
2 分掌変更に際しての役員退職金支給の問題
3 死亡退職金と弔慰金の問題

社長の年金相談・退職金相談の際に、社長（や社長から相談を受けた社労士・FP等）が混乱していると感じることが多いのも、これら３つに関することです。これらについて、何が問題となるのかを理解していれば、自社の場合はどうすべきかを社長が落ち着いて考えることができるようになります。

そこで、次のⅡで相談対応のために押さえておくべき基礎知識や留意点を確認した後、自社に合った制度設計の検討ができるようになることを目指して、上記１～３の問題への対応について説明します。

Ⅱ

役員給与設定変更による役員退職金への影響を理解するための基礎知識

1　わからないから判断できず、不安に感じている社長が多い

働きながら年金をもらいたい、会社の営業利益を増やしたい、本人の可処分所得を増やしたいなど、課題解決に役立つと考えて中小オーナー企業社長が役員給与設定の変更を検討するケースがあります。そして、役員給与設定変更案を顧問税理士に相談したところ、反対されて（または、反対されているように感じて）、不安を感じたり混乱したりするケースがあります。特に、税理士の説明を聞いてどうしたらよいかわからず困って相談に来た、という社長が多いのですが、話を聞くと、税理士が指摘している内容の意味や指摘理由を理解できていないために冷静に検討・判断できず不安を感じている社長が多いと感じます。

したがって、経営者が自身で冷静に検討・判断し意思決定するために必要な客観的な事実・知識・情報を伝えることができれば、社長の不安の解消に役立つでしょう。

そこで、自社における役員給与設定変更が役員退職金に与える影響を理解するために必要となる基礎知識について、以下に解説していきます。

著者は税理士ではありませんから、税務に関して専門的な見地から解説したり税務相談（税理士法２条１項３号）を受けたりすることはできません。

しかし、役員退職金に関しては、税務以前に社長が知っておかなければならない知識（会社法の規定など）があります。それらについて社長が理解したうえで、自身で考えて判断・意思決定できるようなお手伝いをすることが、実務上最も重要です。

そこで、まずは、役員退職金に関する基礎知識をお伝えします（取締役会設置会社を想定)。

2　役員退職金とは何か

役員退職金とは何か、会社法や法人税法には明記されていません。

会社法では、役員退職金も職務執行の対価として支給されるものであれば、在職中の報酬や賞与と同じように「報酬等」（会社法361条1項）に含まれます。この点については、役員退職金（一時金）ではなく、退職慰労年金に関するものですが、次の最高裁判例もあります。

> 被上告人の取締役に対する退職慰労年金は、取締役の職務執行の対価として支給される趣旨を含むものと解されるから、会社法361条1項にいう報酬等に当たる。
>
> （最高裁判決平成22年3月16日）

また、旧商法時代の裁判例として、次のものがあります。

> 右退職慰労金には、当該退職役員の在職中の職務執行の対価として支給される報酬の後払い的な部分と、その在職中の功労に報いる趣旨で加算される功労加算的な部分とがあるが、右両部分が在職中の職務の執行を基盤として支給され、その在職中における職務執行の対価として支給される趣旨を含んでいることが認められるので、右退職慰労金には商法269条（第280条において準用される場合を含む）が適用され、定款にその額の定めがない以上、株主総会の決議をもってその額を定めなければならない。
>
> （大阪高裁判決昭和48年3月29日）（注1）

（注1）本件の最高裁判決（昭和48年11月26日）でもこの点に関する判断は修正されてはいません。

一方、法人税法34条1項には「退職給与」という語が出てきますが、その定義が明らかではないため問題となります。過去の裁判例では、次のように示されています。

> 法人税法34条1項は、損金の額に算入しないこととする役員給与の対象から、役員に対する退職給与を除外しており、役員退職給与は、法人の所得の計算上、損金の額に算入することができるものとされているところ、その趣旨は、役員退職給与は、役員としての在任期間中における継続的な職務執行に対する対価の一部であって、報酬の後払いとしての性格を有することから、役員退職給与が適正な額の範囲で支払われるものである限り（同法34条2項参照）、定期的に支払われる給与と同様、経費として、法人の所得の金額の計算上損金に算入すべきものであることによるものと解される。そして、同法は、「退職給与」について、特段の定義規定は置いていないものの、同法34条1項が損金の額に算入しないこととする給与の対象から役員退職給与を除外している上記趣旨に鑑みれば、同項にいう退職給与

とは、役員が会社その他の法人を退職したことによって初めて支給され、かつ、役員としての在任期間中における継続的な職務執行に対する対価の一部の後払いとしての性質を有する給与であると解すべきである。

（東京地裁判決平成 27 年 2 月 26 日）

以上より、役員退職金とは、役員が退職したことにより支給される報酬等（役員給与）で、在任期間中の職務執行の対価としての意味を持つものである、という程度にまずは理解しておけばよいでしょう。

なお、本書では役員退職金の本質的な理解のために会社法の規定等から確認しています。

しかし、会社の利害関係者の利害調整等のための会社法や、企業の財政状態や経営成績を適切に開示するための企業会計とは異なり、法人税法は、法人の所得金額を算定して適正な課税を行うための法律です。それぞれ目的が異なるということは、理解しておく必要があります(注 2)。

(注 2) 役員退職金・従業員退職金を問わず、退職金を受ける人の退職所得について、所得税法 30 条 1 項では「退職手当、一時恩給その他の退職により一時に受ける給与及びこれらの性質を有する給与」(退職手当等) に係る所得と定義されています。退職金を分割で年金として受け取る場合は、退職所得ではなく公的年金等として雑所得となります。

3　役員退職金を支給するには何が必要か

(1)　役員退職金の額は定款または株主総会決議で定めなければならない

まず、会社法 330 条では、「株式会社と役員及び会計監査人との関係は、委任に関する規定に従う。」と定められています（委任については民法 643 条に規定)。

そして、取締役の報酬等の額などや監査役等の報酬等の額については、定款に定めていない場合は、株主総会決議によって定めることとされています（取締役については会社法361条1項、監査役については会社法387条1項）。

定款または株主総会決議によって額を定めなければならない「報酬等」とは、「報酬、賞与その他の職務執行の対価として株式会社から受ける財産上の利益」（会社法361条1項）のことです。

役員給与設定変更や役員退職金について学ぶうえで、このことが最も重要なポイントです。社長・役員が職務執行の対価として会社から受ける財産上の利益であれば、報酬であっても賞与であってもその他（役員退職金等）であっても、その額を定款に定めていない場合は、株主総会の決議（普通決議）によって定めなければならないということを、まずは押さえておきましょう。

このように定められている理由は、役員が役員自身の退職金額を増やす「お手盛り」を防止するためで、定款に定められていない場合は株主総会決議が必要とされており、株主総会決議を経ずに行われた役員退職金の支給は無効です。

役員退職慰労金規程（以下、「役員退職金規程」といいます）の作成は法律上必要とされているものではありませんが、定款に定めがない限り、株主総会決議は必要です(注3)。

（注3）株主全員が書面または電磁的記録により同意の意思表示をしたときの株主総会決議の省略については、会社法319条参照。

(2) 役員退職金に関するルールの変遷

なお、旧商法では、報酬(注4)については定款での定めまたは株主総会決議が必要とされ（旧商法269条1項・279条1項）、役員賞与は原則として利益処分として株主総会の承認を受けることが必要とされていました（旧商法283条1項）。

会社法施行直前の平成17年11月29日には、企業会計基準委員会が企業会計基準第4号「役員賞与に関する会計基準」を公表し、役員賞与を職務執行の対価と考え、発生した会計期間の費用として処理する旨が示されました。

そのような流れの中で、法人税法も平成18年度に改正されました。改正前から、役員報酬や役員退職給与については原則として損金算入が認められていました(注5)が、役員賞与は損金算入が認められていませんでした（旧法人税法35条1項。このことは、改正前から会社を経営していた多くの社長が知っています）。

平成18年度税制改正以後は、役員報酬・役員賞与・役員退職給与といった分類はなくなり、「役員給与」に統一されました。そして、役員退職給与以外の役員給与については、法人税法34条1項1号の要件を満たす定期同額給与や同条1項2号の要件を満たす事前確定届出給与等に該当すれば、（同条2項の過大役員給与や同条3項の隠蔽・仮装に当たらない限り）損金算入が認められることとなりました。

改正前の役員報酬のような、毎月支給される形態の役員給与で毎月定額のものは、定期同額給与に該当します。また、毎月支給の役員給与とは別に支給される、改正前の役員賞与のような一時金形態の役員給与のうち、事前に会社が税務署に届け出たうえで支給するものは、事前確定届出給与に該当します。

平成18年度法人税法改正により中小企業においても活用が可能となった事前確定届出給与は、（定款の定めまたは株主総会決議を前提として、）支給日・支給額を税務署に事前に届け出たうえで届出どおりに支給した場合に限り、（支給の恣意性が排除されているといえるため）損金算入が認められます。

税務署への提出期限は、原則として、株主総会等の決議をした日から1月を経過する日です。

（注4）在職中における職務執行の対価として支給されるものである限り、役員退職金を含みます（最高裁判決昭和39年12月11日）。

（注5）例外的に損金算入されないケースとして、過大な役員報酬（旧法人税法34条1項）や隠蔽・仮装経理により支給する役員報酬（旧法人税法34条2項）、損金経理をしなかった役員退職給与および損金経理をした過大な役員退職給与（旧法人税法36条）が定められていました。

(3) 実務上は取締役会で決定（代表取締役に一任）することとしている会社も多い

取締役の役員退職金について、実務上は、株主総会では支給総額（または上限額）のみを定めて、具体的な支給額・支給日などは取締役会に一任することを株主総会で決議し、（取締役会で決議した）役員退職金規程に定められている算定基準に基づいて、取締役会で役員退職金の支給額等を決定することとしている（または、さらに代表取締役に一任することとしている）会社も多いでしょう。

この点については、役員退職金支給に関する「金額、支給期日、支給方法を取締役会の決定に一任」するとの株主総会決議をした場合でも、無条件に取締役会の決定に一任した趣旨ではなく、その会社において慣例となっている一定の基準に従って支給すべき趣旨であるときは、「株主総会において、その金額等に関する一定の枠が決定されたものというべきであるから、」商法269条の趣旨に反して無効であるということはできない、とした判例があります（最高裁判決昭和39年12月11日）。

また、取締役会に一任する株主総会決議および代表取締役に一任する取締役会決議について、退職金の算定に関して内規およびその運用についての慣例があり、かつ、株主がこれらを知ることができる状況にあった場合は、可能と解されています（最高裁判決　昭和58年2月22日参照）。

なお、監査役への役員退職金（報酬等）も、定款にその額を定めていないときは、株主総会の決議によって定めることとなっています（会社法387条1項）(注6)。

（注6）監査役が2人以上ある場合で各監査役の報酬等について定款の定めまたは株主総会の決議がないときは、監査役の協議によって定めることとなっています（会社法387条2項）。

(4) 株主総会議事録・取締役会議事録に関する会社法の定め

これまで見て来たとおり、定款に定めがない場合、取締役の役員退職金の額等については株主総会等の決議が必要です。会社法には、この議事録に関する規定も設けられています。

① 株主総会議事録

株主総会の議事は、株主総会議事録を書面または電磁的記録をもって作成し（会社法318条1項、会社法施行規則72条2項）、株主総会の日から10年間は議事録を本店に備え置かなければなりません（会社法318条2項）。備え置かなかった場合は、100万円以下の過料に処せられることとなっています（会社法976条8号）。

② 取締役会議事録

取締役会の議事についても、取締役会議事録を書面または電磁的記録をもって作成し（会社法369条3項、会社法施行規則101条2項）、取締役会の日から10年間は議事録を本店に備え置かなければなりません（会社法371条1項）。備え置かなかった場合は、100万円以下の過料に処せられることとなっています（会社法976条8号）。

役員退職金支給後の税務調査で、開催していない株主総会・取締役会の議事録を作成していたことが判明すると、隠蔽・仮装として重加算税[注7]が課される可能性もあります。

なお、一般に税務調査においては、直近の3事業年度分について確認されることが多いようですが、税務調査の対象となり得る期間は、原則として法定申告期限から5年間です（256ページ参照）。

（注7）重加算税は、過少申告加算税（204ページ）・不納付加算税（237ページ）・無申告加算税が課される場合で、隠蔽または仮装があった場合に課されます（国税通則法68条）。加算35％（無申告の場合には40％）。
　重加算税は、過少申告加算税・不納付加算税・無申告加算税に代えて課されるもので、並課はされません。

4　役員退職金の支給額はどのように決めればよいか

会社が役員退職金の支給額をどのような算定基準で決定できるか、またいくら支給できるかについて定めた法律上の規定は、ありません。ですから会社は、自社の役員退職金支給額の算定基準も支給額も、自由に決めることができます。

いわゆる「過大役員退職金」の問題は、会社が支給した役員退職金額のうちに「不相当に高額な部分として政令で定める金額」(法人税法34条2項) があった場合は、不相当に高額な部分についてだけは、法人の所得金額の計算上損金算入が認められない、ということに過ぎません。

(1)　一般に用いられているのは功績倍率法

多くの会社で、役員退職金規程における役員退職金の算定基準として、次のような計算方法 (功績倍率法) が採用されています。

役員退職金額＝最終報酬月額×役員在任年数×退任時役位別倍率

会社が支給した役員退職金額が税務上適正な額かどうかが税務調査等で問題となった場合に、適正額の算定基準として「平均功績倍率法」(「最終報酬月額×役員在任年数×類似法人の功績倍率の平均額」から法人税法上の役員退職給与の適正額を算出する方法。206ページ) が、一般に用いられています。

そのため、役員退職金規程においても、退任時役位別倍率を用いた功績倍率法を算定基準として採用している会社が多いところです。

このような算定基準を用いる会社は、過去の判例で証拠として採用された功績倍率を参考にして定めた退任時役位別倍率を使用していることが一般的でしょう。市販の書籍で確認できるデータや、税理士向け情報サービス会社が保有しているデータで中小企業の役員退職金相場を確認して、それを参考に退任時役位別倍率を定めているケースもあるでしょう。

しかし、功績倍率法自体が会社法、法人税法等法令の規定に根拠があるものではないため、会社は必ずこのような方法で役員退職金支給額を決定しなければならないわけではありません。

功績倍率法により役員退職金額を算定することとしている会社でも、上記計算式のように退職前の最終の実際の役員報酬月額を用いて算定するのではなく、次の（2）のような算定基準としているケースもあります。

また、功績倍率法ではない、（3）のような算定基準としている会社もあります。

(2) 在任中の報酬月額の最高額以下の適正額を用いて算定する方法

代表取締役社長を後継者に譲った後、報酬月額を引き下げて取締役会長等として数年勤務してから役員退職金を受給することを想定している場合など、実際の最終報酬月額を用いるのではなく、適正な報酬月額に補正したうえで役員退職金額を算定することと定めている会社もあります。

複数の役位在任期間があることが想定される場合は、各役位の在任期間ごとに、最終の実際の報酬月額（や在任中の報酬月額の最高額以下の適正額）および役位別倍率を用いた方式で計算した金額の合算額を役員退職金額としている会社もあります。

(3) 役位ごとに定めた一定額に在任年数を掛けて算出した額（の合計額）を役員退職金額とする方法

これは、功績倍率法では税務上の適正額が算出できない場合に税務調査等で用いられることがある「1年当たり平均額法」（210ページ）類似の算定方式といえます。

このような算定方式を用いる会社は、市販の書籍で確認できるデータや税理士向け情報サービス会社が保有しているデータで中小企業経営者への役員退職金支給額の相場を確認して、それを参考に自社の1年当たりの支給額を定めているのが一般的でしょう。

例えば、代表取締役社長在任年数1年当たり150万円と定めておいて、代表取締役社長在任年数30年で退職したら4,500万円（150万円×30万円）を支給する、といった決め方です。

5　最終報酬月額に基づき役員退職金が決まる功績倍率法の場合の注意点

(1)　在任中に報酬月額を下げる場合は役員退職金の算定基準変更の検討も必要

多くの会社の役員退職金規程において、退任時の最終報酬月額が役員退職金額に影響するような定め（功績倍率法）が採用されています。その場合、報酬月額を下げた後に退任し、役員退職金規程における役員退職金算定基準を変更せずそのままにしておくと、規程に基づき会社が支給できる退職金額が少なくなってしまいます。

しかし、在任中に報酬月額を下げて報酬比例部分の年金を受給しようとする社長の多くが、役員給与設定を変更した後、役員退職金規程における役員退職金の算定基準を変更しないままにしています。

ですから、退任時に会社が支給したい（社長が受給したい）金額を支給できるように、役員退職金規程における算定基準を変更しておくことが望ましいです。

また、社長が亡くなったときの死亡退職金支給にあたっては、受取人の定めも含めて適切な規程がないと、後継社長も困ることが多いでしょう。

そういう意味では、最終報酬月額に基づいて役員退職金の額が算出されるような規程を設けている企業の社長から、報酬月額を下げて年金受給額を増額したいと相談を受けた際に、規程との整合性を確認するように注意喚起することは、意味のあることだと考えます。

社労士にとっては、従業員の退職金規程であれば業務として作成や相談に対応するが、役員退職金に関しては税理士に相談してほしい、と感じるところかもしれません。しかし、中小オーナー企業社長の場合、規程の専門家は社労士だと考えている人も多いようで、役員退職金規程に関する相談を受けることもよくあります。

ですから、役員退職金規程について聞かれたときに、基本的なことは答えられるようにしておくことが望ましいでしょう。

(2) 規程に基づく額を超える役員退職慰労金の支給は可能だが……

もちろん、規程を変更しないままでも、規程に基づき算出される額を超える役員退職金の支給を株主総会で決議することは、可能です。中小オーナー企業社長の退任時であれば、それで問題がないこともあるでしょう。

しかし、在任中の役員給与と同じく役員退職金についても、定款での定めまたは株主総会の決議が必要だということを知らず、定款での定めも株主総会開催・議事録作成もなしに（役員退職金規程に基づき）支給しているケースも見られるのです。小さな会社だから（株主の中に支給に反対するような人はいないから）、普段から株主総会のような堅苦しいものは行っていない、と軽く考えている社長もいるのですが、これは危険なことです。

役員退職金支給後に税務調査が行われたときに、役員退職金を支給したのであれば法律上当然に開催しているはずの株主総会が開催されておらずその議事録も作成されていなければ、会社は役員退職金を支給したつもりであっても、支給したお金は役員退職金ではないと言われても文句を言えなくなってしまうからです。

定款で役員退職金の額について定めている会社は少ないでしょうか

ら[注8]、役員退職金の支給額等決定にあたっては、株主総会（取締役の役員退職金を取締役会に一任する場合は取締役会も）を開催して、決議内容をきちんと議事録に残し、後に税務調査が行われることとなった際にも根拠資料として提示できるよう、準備しておくことが重要です。

（注8）単に「取締役および監査役の報酬等は、株主総会の決議によって定める」とだけ定めている定款は、よくみられます。

Ⅲ

過大役員退職金の問題
～税務上適正な役員退職金額とは

ここからは、Ⅰで確認した役員退職金支給をめぐる税務上の３つのリスクについて、どのように対応すればよいのか、リスクごとに見ていきます。

１　「不相当に高額な部分の金額として政令で定める金額」に該当する部分は損金算入が認められない

法人が支給した役員退職金は、原則損金算入されます（法人税法22条３項２号）。ただし、法人税法では、例外的に損金算入が認められないケースとして、次の２つが定められています。

１　不相当に高額な部分の金額として政令で定める金額（法人税法34条２項）
２　隠蔽・仮装（法人税法34条３項）

Ⅲで取り上げる過大役員退職金の問題とは、上記１に関する問題です。この「不相当に高額な部分の金額として政令で定める金額」（ここでの政令とは、法人税法施行令70条２号のことです）について、法人税法施行令70条２号では、各事業年度においてその退職した役員に対して支給した退職給与の額が、右の事項に照らし、その退職した役員に対する退職給与として相当であると認められる金額を超える場合には、その超える部分の金額と定められています(注1)。

(1)　当該役員のその内国法人の業務に従事した期間
(2)　その退職の事情
(3)　その内国法人と同種の事業を営む法人でその事業規模が類似するものの役員に対する退職給与の支給の状況　等

（注1）退職給与以外の役員給与に関する「政令で定める金額」については、法人税法施行令70条1号で実質基準（イ）および形式基準（ロ）が規定されています。

(1)　一般的には、税務上も不相当に高額な部分の金額がないと考えた額を支給し、全額を損金算入するケースが多い

法律条文を受けてこのように政令で判断基準が定められていますが、上記（3）や「等」については不明確ともいえる定めとなっています。

会社からすれば、自社のことである1や2はすぐにわかりますが、(3) は同業・同規模の他の法人における役員退職金の支給状況です。市販の書籍や税理士向け情報サービス会社の保有データなどを確認することはできても、自社と同種の事業で事業規模が類似する他の法人の役員退職金支給の状況を、正確に確認することはできません。

そのため、役員退職金をいくら支給するかは、会社が自由に定めて自由に支給することができるものの、一般的には、その役員に対する役員退職金の額として適正であって、税務上も適正である（不相当に高額な部分の金額がない）と考えた額を決議・支給し、退職金全額を損金算入して(注2) 法人税の申告を行うケースが多いです。

しかし、会社はその役員に対する役員退職金の額として適正であると判断するものの、税務調査で税務上の適正額を超えていると指摘される可能性があると考える額を支給するケースもあります。中には、高額な役員退職金を支給する場合に、税務上の適正額を超えると考える部分の額についてのみ会社が自主的に損金算入しないで申告を行うケースもあります。

（注2）退職役員に対する退職給与の額の損金算入の時期は、株主総会の決議等によりその額が具体的に確定した日の属する事業年度です。ただし、法人がその退職給与の額を支払った日の属する事業年度においてその支払った額につき損金経理をした場合には、これを認めることとされています（法人税基本通達9-2-28。昭55年直法2-8「三十二」、平19年課法2-3「二十二」により改正）。

(2) 税務調査で過大役員退職金部分があると指摘されたら、同業・同規模の他法人における役員退職金支給状況をも勘案して税務上の適正額が算定される

いずれであっても役員退職金を損金算入して申告書を提出した後、税務調査が行われなかったら、過大役員退職金の有無が問題となる場面はありません。しかし、税務調査が行われたら、過大役員退職金部分の有無がチェックされる可能性が生じることとなります。

その際、過大役員退職金部分があるといえる根拠は税務調査官が示す必要がありますが、最も重要となる根拠が、「同種の事業を営む法人でその事業規模が類似するものの役員に対する退職給与の支給の状況」（法人税法施行令70条2号）です。

基本的に、会社は役員退職金額を自由に決めて自由に支給できるものの、支給後の税務調査で過大役員退職金部分があると指摘された場合、その指摘の最も重要な根拠となるものは、自社に関するデータではなく、同業・同規模の他法人における役員退職金支給状況なのです。つまり、自社の制度であるにもかかわらず、同業・同規模の他法人における役員退職金支給状況をも勘案して税務上の適正額が算定される、という定めとなっているのです。

過大役員退職金の判断基準について、法令上このように定められていることを理解していない社長もいますので、注意喚起が必要です。

なお、税務調査で過大役員退職金部分があると指摘され、その指摘に法律上の根拠がないと判断して修正申告せずに更正処分を受けることとする場合も、また国税不服審判所の裁決や訴訟の判決においても、過大役員退職金部分があるかどうかの最も重要な判断材料は、同業・同規模の他法人における役員退職金支給状況です。

2　支給した退職金に過大役員退職金部分があると指摘された場合の影響

相談に来る社長には、「顧問税理士から『功績倍率法に基づいて計算した金額を超える役員退職金は払えない』と言われた」、という人もいます。しかしこの税理士の言葉の本当の意味は、会社は超える額の役員退職金を支給することもできるものの、後で税務調査が入った場合に、過大役員退職金として損金算入を認めないと指摘される部分が生じる可能性がある、ということです。

それでは、税務調査で過大役員退職金部分があると指摘されると、どうなるのでしょうか。次の設例で会社および本人にどのような影響が生じるのかをみていきましょう。

設　例

1　オーナー社長が退職して会社が5,000万円の役員退職金支給を決議・支給

2　会社は5,000万円全額が税務上適正な額である（過大役員退職金部分がない）と判断し、全額損金算入して法人税を申告

3　税務調査が入り、税務上損金算入が認められるべき適正な役員退職金額は4,000万円であり、それを超えて支払われた1,000万円は「不相当に高額な部分の金額」に該当するとの指摘を受けた

4　会社は、指摘のとおりに修正申告することを決定

(1) 会社に生じる影響

設例の場合、会社が損金計上していた5,000万円のうち1,000万円が損金不算入となります。したがって、この1,000万円だけ法人の所得金額が増え、法人税等の不足分を納める必要が生じます。

わかりやすいように法人税等の実効税率をざっくり30%として計算すると、追加で納める必要がある法人税等の額は、この設例では300万円（1,000万円×30%）となります(注3)。そのほか、事業承継対策として役員退職金を支給することで自社株の評価額を下げる効果が期待されていた場合は、損金算入が認められなくなることによって想定していたよりも評価額が下がらない、というデメリットにもつながる可能性があります。

(注3) 過少申告加算税、延滞税の概要は次のとおりです。

・過少申告加算税：税務署の調査を受けた後で修正申告をしたり、申告税額の更正を受けたりすると、新たに納める税金のほかに、新たに納めることになった税金の10%相当額の過少申告加算税がかかります。ただし、新たに納める税金が当初の申告納税額と50万円とのいずれか多い金額を超えている場合、その超えている部分については15%になります。

なお、税務署の調査を受ける前に自主的に修正申告をすれば、過少申告加算税はかかりません（ただし、平成29年1月1日以後に法定申告期が到来するもの（平成28年分以後）については、調査の事前通知の後にした場合は、50万円までは5%、50万円を超える部分は10%の割合を乗じた金額の過少申告加算税がかかります）。

・延滞税：法定納期限の翌日から納付する日までの日数に応じて次の割合により延滞税が課されます。

[令和3年1月1日以後]

(1) 納期限の翌日から2月を経過する日まで

原則年「7.3%」。ただし、令和3年1月1日以後の期間は、年「7.3%」と「延滞税特例基準割合＋1%」のいずれか低い割合。なお、具体的な割合は、次のとおりとなります。

令和4年1月1日から令和4年12月31日まで：年2.4%

令和3年1月1日から令和3年12月31日まで：年2.5%

(2) 納期限の翌日から2月を経過した日以後

原則年「14.6%」。ただし、令和3年1月1日以後の期間は、年「14.6%」と「延滞税特例基準割合+7.3%」のいずれか低い割合となります。なお、具体的な割合は、次のとおりとなります。

令和4年1月1日から令和4年12月31日まで：年8.7%

令和3年1月1日から令和3年12月31日まで：年8.8%

(2) 本人に生じる影響

一方、法人税法上過大部分があるとされた役員退職金を受け取った社長には、どのような影響が生じるでしょうか。

既に触れたとおり、所得税法上退職所得は優遇されていますので、役員退職金を受け取った本人の所得税・住民税負担は、同額を在任中に役員給与として受けるのに比べて少なくなります。そして、設例のように役員退職金の額が過大だと判断されても、所得税法上退職給与に該当するものが支払われたのであって、既に正しく所得税負担の処理が終わっていれば、本人の負担すべき税額には影響は生じません。

つまり、万が一過大役員退職金部分があると会社が指摘を受けた場合であっても、本人が納付すべき所得税等の額は増えません。一部が過大役員退職金だと判断されても、増えるのは会社が納めるべき税金だけであり、本人が所得税法上の退職所得の３つの大きなメリット（185 ページ）を個人として享受できることに変わりはないのです。

「役員退職金を受け取った後に税務調査で役員退職金が過大だと指摘されたら大変なことになる、と言われました」と心配する社長も多いのですが、指摘された場合の影響を、きちんと整理して理解してもらうことが重要です。そして、社長が想定している役員退職金額を想定している時期に会社が支給したら、どんなデメリットが最大いくらくらい生じる可能性があるかについて、役員給与設定を変更する前に税理士に相談しておくよう、社長に伝えることも必要です。

3　税務上適正な役員退職金額はどのように算定されるか

会社と税務調査官の考える「不相当に高額な部分の金額として政令で定める金額」（法人税法 34 条２項）に差異が生じる可能性は、役員給与設定を変更した後に退職したケースに限らず、また、役員給与設定を変更するにあたって役員退職金規程を変更したかどうかにかかわらず、あり得るものです。

税務調査で役員退職金支給額が問題となった場合、税務上適正な役員退職金額の算定基準として一般的に用いられる方法は、「功績倍率法」です。功績倍率法には平均功績倍率法と最高功績倍率法がありますが、前者が原則的な算定方法で、後者は例外的な算定方法です。

(1) 平均功績倍率法とは

平均功績倍率法とは、税務上適正な役員退職金額を原則として次のような計算式に基づいて求める方法です。

税務上適正な役員退職金額＝ **最終報酬月額×役員在任年数×類似法人の功績倍率の平均額**

「類似法人の功績倍率の平均額」とは、同業・同規模の類似法人各社における功績倍率を平均した額です。類似法人各社における功績倍率は、次のように計算されます。

支給された役員退職金額／対象役員の「最終報酬月額×役員在任年数」

平均功績功績倍率法は、例えば次の裁判例のように、適正に算出された平均功績倍率を用いる限り、客観的かつ合理的で法令の趣旨に最も合致する方法とされています。

（参考）

●札幌地裁判決平成 11 年 12 月 10 日

平均功績倍率法は、当該退職役員の当該法人に対する功績はその退職時の報酬に反映されていると考え、同種類似の法人の役員に対する退職給与の支給の状況を平均功績倍率として把握し、比較法人の平均功績倍率に当該退職役員の最終報酬月額及び勤続年数を乗じて役員退職給与の適正額を算定する方法であり、適正に算出された平均功績倍率を用いる限り、その判断方法は客観的かつ合理的であり、令 72 条の趣旨に最もよく合致する方法であるというべきである。

●東京地裁判決平成 25 年 3 月 22 日

平均功績倍率法は、同業類似法人の役員退職給与の支給事例における平均功績倍率に、当該退職役員の最終報酬月額及び勤続年数を乗じて算定する方法であるところ、①最終報酬月額は、通常、当該退職役員の在職期間中における報酬の最高額を示すものであるとともに、退職の直前に大幅に引き下げられたなどの特段の事情がある場合を除き、当該退職役員の在職期間中における法人に対する功績の程度を最もよく反映しているものといえること、②勤続年数は、施行令72条が明文で規定する「当該役員のその内国法人の業務に従事した期間」に相当すること、③功績倍率は、役員退職給与額が当該退職役員の最終報酬月額に勤続年数を乗じた金額に対し、いかなる倍率になっているかを示す数値であり、当該退職役員の法人に対する功績や法人の退職給与支払能力など、最終月額報酬及び勤続年数以外の役員退職給与の額に影響を及ぼす一切の事情を総合評価した係数であるということができるところ、同業類似法人における功績倍率の平均値を算定することにより、同業類似法人間に通常存在する諸要素の差異やその個々の特殊性が捨象され、より平準化された数値が得られるものといえることからすれば、このような最終月額報酬、勤続年数及び平均功績倍率を用いて役員退職給与の適正額を算定する平均功績倍率法は、その同業類似法人の抽出が合理的に行われる限り、法36条及び施行令72条の趣旨に最も合致する合理的な方法というべきである。

＊前述のとおり、現在では法人税法34条2項および法人税法施行令70条2号に過大役員退職給与に関する定めがあります。

①　最終報酬月額を用いての算定が適切でない場合の算定方法

功績倍率法を用いる目的が税務上適正な役員退職金額（の上限額）を算定することである以上、功績倍率法を用いる際に、どんな場合でも必ず実際に支給された最終報酬月額に基づいて適正額が計算されるべきとはいえません。

前記裁判例からもわかるとおり、最終報酬月額がその「退職役員の在職期間中における報酬の最高額を示すもの」ではないときや、「退職の直前に大幅に引き下げられたなどの特段の事情がある場合」は、実際の最終報酬月額を用いた平均功績倍率法によっては、税務上適正な役員退職金額が算定できないこととなります。

このような場合、平均功績倍率法を用いて税務上適正な役員退職金額が算定できるようにするためには、本来は、実際の最終報酬月額をそのまま用いるのではなく、適正な最終報酬月額に置き換えたうえで計算すべきこととなります。

裁判例では、最終報酬月額が５万円で死亡退職した役員について、本人の「功績を適正に反映したものとしては低額に過ぎ」るとして、適正な最終報酬月額を41万2,500円と認定したうえで、平均功績倍率法によって相当な退職給与の額（税務上適正な役員退職金の額）を算定したものがあります（高松地裁判決平成5年6月29日）。

しかし税務調査においては、税務調査官が実際の最終報酬月額を用いて税務上適正な役員退職金額を算定しようとする可能性も考えられます。

② 役員在任年数

役員在任年数は、退職した役員がその法人の役員であった期間を用いて計算されます（法人税法施行令70条2号参照）(注4)。

（注4）使用人兼務役員期間や法人税法上のみなし役員（法人税法2条15号・法人税法施行令7条）期間も含まれますが、法人成りした場合の個人事業主であった期間は含まれません。

③ 類似法人の功績倍率の平均額

類似法人の功績倍率における「類似法人」とは、役員退職金支給額が問題となっている法人と同じ税務署管内・国税局管内等類似する経済事情の地域において、同種の事業、かつ、事業規模が近い法人という意味です。同種の事業かどうかは、日本標準産業分類の中分類（または小分類）が同じかどうかで判断されることが多いようです。

また、類似法人を抽出する際の指標として主に使用されるのは、売上金額です。売上金額が「倍半基準」（２分の１から２倍の範囲内）で抽出された同業他法人の功績倍率の平均値を用いて計算されることが多いようです。その他、役位や退職事由が同じこと、当該事業年度またはその前後の事業年度に役員退職金が支給されていること、等も勘案して類似法人が抽出されることが一般的のようです。

以上のような類似法人の抽出方式は法令に定められているものではありませんが、過去の多くの裁判例でも合理的と認められています。

なお、生命保険会社作成の役員退職金規程のひな型などでは、最終報酬月額・役員在任年数・退任時役位別倍率を掛け合わせるだけでなく、さらに功労加算として３割増しの金額を支給できることとなっているものがよく見られます。功労加算を設けるか否か、何割加算とするかも、会社は自由に定めることができます。しかし、支給した役員退職金額が税務上適正な額かどうかが問題となった場合には、功労加算金部分も含めた総額が役員退職金として税務上適正な額かどうか判断されることが基本となります。

(2) 最高功績倍率法

最高功績倍率法とは、適正な役員退職金額の算定に、類似法人の功績倍率の平均値ではなく最高値を用いるというもので、例外的なケースに限り用いられます。裁判例でも、次のように「平均功績倍率法によるのが不相当である特段の事情がある場合に限って最高功績倍率法を適用すべき」とされています。

（参考）

●東京高裁判決平成25年7月18日
同業類似法人の抽出基準が必ずしも十分ではない場合、あるいは、その抽出件数が僅少であり、かつ、当該法人と最高功績倍率を示す同業類似法人とが極めて類似していると認められる場合など、平均功績倍率法によるのが不相当である特段の事情がある場合に限って最高功績倍率法を適用すべきところ、…（以下省略）

(3) １年当たり平均額法

先の（1）①にて、特段の事情によって最終報酬月額が低額となっていた場合に、最終報酬月額ではなく適正な役員報酬月額として認められる金額（最終報酬月額よりも多い額）を基に功績倍率法の計算式に当てはめて適正な役員退職金額を算定した裁判例を紹介しました(208ページ)。

しかし税務調査においては、実際の最終報酬月額を用いた功績倍率法によって役員退職金の税務上の適正額を算定することは合理的ではないと税務調査官が判断した場合に、「１年当たり平均額法」という別の方法で税務上の役員退職金の適正額が算定される可能性もあります。

１年当たり平均額法を用いて算定する場合の計算式は、次のとおりです。

税務上適正な役員退職金額＝
類似法人の役員在任１年当たりの役員退職金の平均額(注５)×対象役員の役員在任年数

(注５) 同業類似法人の役員在任１年当たりの役員退職金の最高額を用いる１年当たり最高額法もありますが、「最高功績倍率法と同様に、同業類似法人の抽出基準が必ずしも十分でない場合や、その抽出件数が僅少であり、かつ、その法人と最高額を示す同業類似法人とが極めて類似している場合など、特殊な事情を前提として限定的に採用されるべきである」とされています（東京地裁判決平成25年３月22日）。

この計算方式であれば、対象役員の（適正な）最終報酬月額は用いずに済み、役員在任年数だけから役員退職金の適正額が算出できることとなるわけです。

したがって、退職時の最終報酬月額を用いた功績倍率法を用いることが合理性に欠けると判断された場合には、１年当たり平均額法を用いて適正な役員退職金額が算定される可能性が高くなるとも考えられます（裁決例・裁判例においても、最終報酬月額を用いての算定が適正でない場合には１年当たり平均額法を用いて算定するのが合理的であると判断しているものがあります（右記（参考））。

なお、「類似法人の役員在任１年当たりの役員退職金の平均額」は、次の計算式で算出されます。

類似法人の役員在任１年当たりの役員退職金の平均額
＝類似法人の役員在任１年当たりの役員退職金額の合計額÷類似法人数

また、「類似法人の役員在任１年当たりの役員退職金額」は、次のとおり計算されます。

類似法人の役員在任１年当たりの役員退職金額
＝類似法人の「役員退職金額÷役員在任年数」

（参考）

●国税不服審判所裁決昭和 61 年９月１日

請求人の退任役員に対する退職給与の額は、功績倍率法により算出した金額と１年当たり平均額法により算出した金額とのうち、いずれか高い金額を超える部分の金額を不相当に高額な部分の金額とすべきであるとの請求人の主張について、原処分庁は１年当たり平均額法は役員退職給与の額の算定の重要な要素である最終報酬月額が考慮されていないため、功績倍率法に比べて合理性を欠くので、採用できないとしたが、最終報酬月額が役員の在職期間を通じての会社に対する貢献を適正に反映したものでないなどの特段の事情があり低額であるときは、最終報酬月額を基礎とする功績倍率法により適正退職給与の額を算定する方法は妥当でなく、最終報酬月額を基礎としない１年当たり平均額法により算定する方法がより合理的である。

●東京地裁判決平成 25 年３月 22 日

また、１年当たり平均額法は、同業類似法人の役員退職給与の支給事例における１年当たり役員退職給与額の平均額に、当該退職役員の勤続年数を乗じて算定する方法であるところ、当該退職役員の在職期間中における法人に対する功績の程度を反映しているものというべき最終月額報酬を用いないため、その合理性において平均功績倍率法に劣る面があることは否めないものの、平均功績倍率法と同様、①勤続年数は、施行令 72 条が明文で規定する「当該役員のその内国法人の業務に従事した期間」に相当すること、②同業類似法人における１年当たり役員退職給与額の平均額を算定することにより、同業類似法人間に通常存在する諸要素の差異やその個々の特殊性が捨象され、より平準化された数値を得ることができるものであることからすれば、退職の直前に当該退職役員の報酬が大幅に引き下げられたなど、平均功績倍率法を用いることが不合理であると認められる特段の事情がある場合には、このような１年当たり役員退職給与額の平均額及び勤続年数を用いて役員退職給与の適正額を算定する１年当たり平均額法もまた、その同業類似法人の抽出が合理的に行われる限り、法36条及び施行令72条の趣旨に合致する合理的な方法というべきである。

4　役員給与設定の変更と過大役員退職金問題の関係を理解して対処する

年金受給世代のオーナー社長が役員給与設定を変更して年金受給額を増やそうとする際には、一般に、次の２つを比検検討し、今後の役員給与設定について、最終的には会社の経営判断として意思決定する必要があります。

1　今後役員給与設定を変更することによって増える年金受給額の総額、社会保険料（会社負担分・本人負担分）負担減の総額等のメリット（および、営業利益増・可処分所得増、つまり、会社・本人が使える手元現金が増えることにより発生するメリット）

2　役員退職金支給後に税務調査が入り、過大役員退職金として損金算入が認められない部分が生じたときに想定される法人税等負担増等のデメリット（および、自社株評価額が下がらないことによる事業承継等への影響など）

そして、上記２については、必要に応じ、過大役員退職金部分があると指摘される可能性を見据えて、役員退職金規程をどのように整備するかも検討しておくこととなります。

そこで、以下では役員退職金規程の算定基準をどのように定め、支給した役員退職金額が適正な額であると主張できる材料を揃えておけばよいのかを考えます。

(1) 報酬月額を下げる場合の対処法

社長の心情として、次の②・③のほうが①よりも役員退職金の税務上の適正額が大幅に下がる、と言われた場合、合理的だと納得できる人は少ないのではないでしょうか。

① 代表取締役社長として在任30年、最終報酬月額100万円で退職した場合

② 代表取締役社長として在任30年、最終報酬月額100万円で取締役会長への分掌変更が行われ、分掌変更に際し退職金支給がないまま取締役会長として報酬月額34万円で5年間在任し、役員在任期間合計35年、最終報酬月額34万円で退職した場合

③ 代表取締役社長として在任30年、報酬月額100万円から報酬月額34万円に引き下げてさらに5年間勤務した後、代表取締役社長として在任期間合計35年間で退職した場合

そのため、上記②や③の場合であっても、支給したい役員退職金が支給できるように、在任中の報酬月額の最高額以下の適正額を用いて役員退職金の額を算定するなど、196ページ(2)(3)で紹介したような算定基準を役員退職金規程において採用している会社もみられるところです。

しかしながら、(理由は何であれ)報酬月額を下げて継続勤務後に役員退職金を支給し、税務調査で役員退職金支給額が問題とされると、次のような算定基準で算出した額が税務上の適正額だと判断され、過大役員退職金部分があると指摘される可能性もあるわけです。

・最終報酬月額の実額×役員在任年数×国税庁が所有する類似法人の役員退職金支給額データに基づく平均功績倍率を用いた平均功績倍率法(または最高功績倍率を用いた最高功績倍率法)

・国税庁が所有するデータに基づく「類似法人の役員在任１年当たりの役員退職金の平均額」を用いた１年当たり平均額法

いずれの方法であっても、他社の役員退職金支給額データをもとに税務上の適正額が算出されることとなるため、適正額がいくらとなるかわかりません。社長が想定しているよりも少ない額を示される可能性はあります。

ですから、（理由は何であれ）社長・役員の報酬月額を下げる場合で、将来役員退職金の支給を予定しているときは、過大部分があると指摘される可能性も想定して、顧問税理士にも相談し、市販の書籍や税理士向け情報サービス会社が保有しているデータなど、支給額が税務上も適正額であると説明できるような資料をできるだけ揃えたうえで、役員退職金規程における算定基準を定めておくことが望ましいといえます。

ただ、自社がいくらの役員退職金額を支払ったときに税務調査で過大部分があると指摘されるかを正確に予測することは難しいです。そこで、支給したい役員退職金額を踏まえて、過大部分があると指摘され修正申告すると仮定した場合に、追加で納めるべきこととなる法人税等の額を悲観的に（多めに）見積もった額も試算し、メリット・デメリットを勘案して、報酬月額を下げるか否か、下げるとしたらどの程度下げるかを検討すればよいでしょう。

そのうえで、実際に過大部分があると指摘されたときには、指摘どおり修正申告するかどうかを判断すればよいことです。

(2) 自社に合った算定基準の検討

定期同額給与および事前確定届出給与を受けていた社長・役員の役員退職金について、いくらまでなら税務上損金算入が認められるのかは、結局のところ、誰にも事前に正確に判断することはできません。特に、功績倍率法で役員退職金の税務上の適正額が算定されることとなった場合に、最終報酬月額として報酬月額（定期同額給与月額）のみを用いるべきなのか、「定期同額給与月額＋事前確定届出給与年額÷12」を用いるべきなのかは、今のところ法令でも裁判例でも確立されたルールがないため、確定したことはわかりません。

定期同額給与・事前確定届出給与を併用する場合も含め、最終報酬月額が役員退職金額に影響するような役員退職金規程が既にある会社で社長・役員の報酬月額（定期同額給与）を下げる場合、まずは、会社・本人が希望する退職金額が支給できるような算定基準が記載された規程に変更しておくことが望ましいです。

規程上の役員退職金の算定基準としては、例えば、次のような選択肢があります。

- 報酬月額を下げたことにより最終報酬月額が適正額でない場合は、役員在任中の最高報酬月額の範囲内の適正な報酬月額を用いて算定できるような定めとする(注6)
- 役位ごとの「最高報酬月額の範囲内の適正な報酬月額×在任年数×退任時役位別倍率」の総額を用いて算定できるような定めとする

(注6) 適正な報酬月額としてどのような額を用いることとするのかについても、会社は自由に定めることができます。例えば、次のような額を適正な報酬月額として用いることもできます。
・減額前の報酬月額
・退職前○年度にわたる報酬月額の平均額
・在任期間中の報酬月額の加重平均額　など

税務調査で一般に用いられる功績倍率法から離れないような算定基準とするために、以上のような定めとすることをアドバイスする税理士も多いです。

そのほか、次のような定めとすることもできます。

・市販の書籍等に記載されている中小企業の役員退職金支給額データや税理士向け情報サービス会社が保有しているデータを顧問税理士に確認してもらうなどしたうえで、「○万円（適正と考える範囲内の金額）×役員在任年数」により算定することと定める

など

定期同額給与・事前確定届出給与を併用する場合は、これら以外に、「最終報酬月額」ではなく、「定期同額給与月額＋事前確定届出給与の年間総額÷12」を用いて算定することと定めることも考えられます。

いずれにしても、想定される役員退職金の金額等を踏まえて、社長が顧問税理士にも相談のうえ、必要に応じて規程の算定基準を変更しておくこととなります。税務調査の際に合理的な説明がしやすいような定めとしておくのがよいでしょう。

役員退職金の支給後に税務調査が入ったとしても、支給額が妥当だと思われる水準の金額であれば、そもそも問題とされない可能性もあります。

会社としては、法律的な議論以上に実務レベルでの税務調査官との対峙が重要視されている側面もあるということを念頭に置いて、役員給与設定や役員退職金の算定方法・支給額を決めることとなります。

(3) 定期同額給与・事前確定届出給与が支給されていた社長の最終報酬月額の考え方

① 法令・裁判例等で確立されたルールはない

社長の役員退職金相談では、「事前確定届出給与は役員退職金の算定の基礎には含まれないと聞きました」、という話を聞くこともあります。聞いてみると、以下の裁決例・裁判例を根拠とした意見のようです(注7)。ただ、本件は、役員退職金支給事業年度において事前確定

届出給与の支払いがなかった事案です。また、中小オーナー企業社長によくみられるような退任時最終報酬月額100～150万円程度以下、役員退職金の支給額数千万円以下のケースでもなく、多くの会社の役員退職金規程において社長について定めた退任時役位別倍率として採用されている3.0程度以下の数字を用いて算出した役員退職金を支給したケースでもありません(本件の特殊事情については後述も参照)。

(注7) 税務専門雑誌などにおける本事案の解説記事を根拠として示されることが多いです。

●概要

死亡退職した元代表取締役への退職慰労金として、臨時株主総会を開催し、4億2,000万円を支給する旨を決議のうえ、支給。その後、その支給額を損金算入して法人税の確定申告をしたところ、税務署長が、不相当に高額な部分の金額については損金算入されないとして、法人税の更正処分および過少申告加算税の賦課決定処分を決定。会社は審査請求をしましたが、国税不服審判所長はいずれも棄却する旨の裁決をしたため、会社は更正処分等の取消請求訴訟を提起し、各処分(更正処分については申告額を超える部分)の取消しを求めたところ、地裁判決では会社の請求が一部認容されましたが、高裁判決にて、請求には理由がないとして棄却された事案です。

・国税不服審判所裁決(平成27年6月23日非公開裁決関裁(法)平26-50)
・東京地裁判決(平成29年10月13日)
https://www.courts.go.jp/app/files/hanrei_jp/621/087621_hanrei.pdf
・東京高裁判決(平成30年4月25日)
https://www.courts.go.jp/app/files/hanrei_jp/363/088363_hanrei.pdf
・最高裁判決(平成31年2月21日)上告棄却・上告申立て不受理・確定
https://www.nta.go.jp/about/organization/ntc/soshoshiryo/kazei/2019/pdf/13245.pdf

では、事前確定届出給与が支給されていた場合、役員退職金の算定において、最終報酬月額はどのように算定されるべきなのでしょうか？　理解のために、上記事案の地裁判決・高裁判決から読み取れるデータを以下に箇条書きで示します（主に最終報酬月額、税務上適正な役員退職金額に関する主張・判断に絞って紹介します）。

1　死亡退職した元代表取締役の死亡当時、会社の役員退職金規程に定められていた内容

・退職金は株主総会の決議に基づき支給すること
・退任時に報酬月額がある場合の退職金の額は「退任時報酬月額×役員在任年数×退職時役位係数」の範囲内とすること
・代表取締役の退任時役位係数は5.0倍とすること
・在任期間は１年を単位とし、１年に満たない端数は１年とすること
・在任中特別に功労があったと認められるときは、退職金のほかに、その30％を超えない範囲において功労金加算を行うこと

2　死亡した元代表取締役の役員退職給与として４億2,000万円の支給を決議した株主総会議事録に添付されていた文書に記載されていた計算式

240万円（最終月額給料）×27年（勤続年数）×５倍（役員倍数）×1.3（功労加算）＝４億2,120万円

3　被告（国）の地裁における主張内容

本件において、合理的な抽出基準・抽出方法により抽出された同業類似法人５法人の平均功績倍率は3.26である。したがって、２億1,124万8,000円が本件役員退職給与として相

当と認められる金額となる。

最終報酬月額240万円×勤続年数27年×上記平均功績倍率（3.26）＝2億1,124万8,000円

本件役員給与の額（4億2,000万円）のうち、これを超える2億875万2,000円は、「不相当に高額な部分の金額」に該当し、損金の額に算入されない。

4　原告（会社）の地裁における「最終報酬月額」に関する主張内容

死亡退職した元代表取締役の功績からすれば、最終月額報酬額のみではその功績を十分に反映したものとはいえず、賞与（年額720万円）も加えた月額300万円の支給を受けていたものとして本件役員退職給与の相当額を算定すべき。

高裁判決では、「最終報酬月額」について次のような判断が示されました（「最終報酬月額」についての判断は地裁判決も同様）。

最終月額報酬額は当該役員の在職期間中における法人に対する功績の程度を通常反映していると考えられることに加え、元代表取締役の最終月額報酬額は240万円と高額であること、被控訴人自身が当該金額（240万円）を基礎としてこれに勤続年数と役員退職慰労金規定所定の通常の役員係数に功労加算を施した倍率（功績倍率）を乗じて本件役員退職給与の額を算定していたと認められることに照らすと、元代表取締役の最終月額報酬額は240万円として本件役員退職給与の相当額を算定するのが相当

このように、裁判所は、本件において税務上適正な役員退職金額を平均功績倍率法により算出するための適正な最終報酬月額は、退職時の実際の報酬月額240万円（支給額を決議する際にもともと会社が用いていたと認められる額）であるとしました。

会社が行った「月額300万円（月額240万円＋賞与年額720万円÷12）の支給を受けていたものとして本件役員退職給与の相当額を算定すべき」との主張は、地裁でも、高裁でも認められませんでした。

なお、もともと会社は「最終報酬月額×勤続年数」に「５倍（役員係数）×1.3（功労加算）」を掛けて役員退職金額を算定していたところ、高裁では、処分行政庁の調査に基づく５法人の平均功績倍率3.26を用いて計算した「２億1,124万8,000円」（最終報酬月額240万円×勤続年数27年×本件平均功績倍率（3.26））が、元代表取締役に対する「退職給与として相当と認められる金額であるというべき」と判断されました(注8)。

しかしながら、この事案における以下のような特殊事情や、判決文にある「通常」という留保も勘案すると、定期同額給与・事前確定届出給与が支給されていた社長・役員の役員退職金の税務上の適正額は、必ず事前確定届出給与を除いた最終報酬月額（最終の定期同額給与月額）のみに基づいて算定されるべきである、とは言えないと思われます。

- 支給した役員退職金額が４億円超と極めて高額であること
- 役員係数５倍という大きな数字を用いて役員退職金支給額を決定していたこと
- さらに功労加算（1.3）も加算していたこと
- 実際の最終報酬月額が240万円と高額であること
- 役員退職金支給事業年度において、事前確定届出給与（賞与）の支払いがなかったこと
- 実際の最終報酬月額240万円と比べると、（さらに加算して税務上の適正金額を算定すべきと会社が主張する）「賞与÷12」は60万円と少額であること
- 会社が役員退職金支給額を決めた株主総会議事録に添付されていた文書において、（賞与720万円÷12を含まない）実際の最終報酬月額240万円のみに基づいた退職金額の計算式が記載されており、その計算式に基づいた退職金額が支給されていること

（注8）地裁判決では、3億1,687万2,000円（4.89（本件平均功績倍率3.26の1.5倍）×最終報酬月額240万円×勤続年数27年）までの部分は退職給与として相当である金額を超えるものではない、と「平均功績倍率×1.5倍」という独自の数値を用いて税務上適正な役員退職金額が算出されていました。しかし、その部分は高裁判決では採用されませんでした。

②　事前確定届出給与が毎年度決議・届出どおりに支給されている場合

定期同額給与も事前確定届出給与も、ともに職務執行期間[注9]の職務執行の対価として支給される役員給与です。

例えば、以下の設例のように、役員給与設定を変更し報酬月額を下げた場合であっても、X＋1年度以降役員給与年額を変えずに定期同額給与および事前確定届出給与を支給してきた役員について、役員退職金支給に際し、適正な最終報酬月額を「定期同額給与月額＋事前確定届出給与年額÷12」として、「役員在任期間×退任時役員別倍率」を乗じて役員退職金支給額を算定することを決議して支給し、その支給した額が税務上適正な額の範囲内であると会社が考えたとしたら、どうでしょうか。

設　例

X年度：役員給与年額1,200万円（定期同額給与月額100万円×12カ月）

X＋1年度：役員給与年額1,200万円（定期同額給与月額34万円×12カ月＋事前確定届出給与（年1回）792万円）

X＋2年度：役員給与年額1,200万円（定期同額給与月額34万円×12カ月＋事前確定届出給与（年1回）792万円）

X＋3年度：役員給与年額1,200万円（定期同額給与月額34万円×12カ月＋事前確定届出給与（年1回）792万円）

X＋4年度：役員給与年額1,200万円（定期同額給与月額34万円

×12カ月＋事前確定届出給与（年１回）792万円）
（X年度～X＋４年度の会社業績には変動がないものとします）

会社法、法人税法の規定から考えると、定時株主総会等で支給額を決議して税務署に届け出て支給した事前確定届出給与が、必ず税務上適正な役員退職金額算定のための適正な最終報酬月額算定の基礎に含まれないと解すべき合理的な理由はないように思えます。また、職務執行の対価として定時株主総会等で決議した額が同額であっても、定期同額給与・事前確定届出給与を支給していたケースのほうが、定期同額給与のみ支給していたケースに比べて、役員退職金についての税務上の適正額が下がると解すべき合理的な理由もないように思えます。

しかしながら、定期同額給与・事前確定届出給与を受けていた場合に「最終の定期同額給与月額＋事前確定届出給与年額÷12」を適正な最終報酬月額として税務上適正な役員退職金額が算定されるべき、と判断した裁判例、裁決例、通達等はこれまでのところないようです。

したがって、定期同額給与・事前確定届出給与を受けていた社長に役員退職金を支給した後の税務調査で、税務調査官が、形式的に最終の定期同額給与月額のみを最終報酬月額として税務上の適正額を算定しようとする可能性はあります。

（注9）（役員退職金関連の記載ではありませんが、）国税庁ホームページの質疑応答事例（法人税関係）において、事前確定届出給与が「定めどおりに支給されたかどうかの判定」について、「一般的に、役員給与は定時株主総会から次の定時株主総会までの間の職務執行の対価であると解されますので、その支給が複数回にわたる場合であっても、定めどおりに支給されたかどうかは当該職務執行の期間を一つの単位として判定すべきであると考えられます。」との原則的な考え方などが述べられています。

③　事前確定届出給与が決議・届出どおりに支給されていない場合

中小オーナー企業で、ある年度は届出どおりの事前確定届出給与を支給したが、別の年度には届出は行ったもののまったく支給しない、といったことが繰り返されていると、税務調査で定期同額給与月額に加え「事前確定届出給与年額÷12」も含めて適正な最終報酬月額が算定されるべきだとは、認められにくくなるでしょう。

例えば、次の設例のように事業年度末近くに事前確定届出給与を支給する旨を決議して届出し、十分な利益が出ていれば支給するがそうでなければ支給しないことを繰り返していた場合、定期同額給与月額に加え「事前確定届出給与年額÷12」も含めた額が税務上適正な役員退職金額を算定するための適正な最終報酬月額である、との説明は説得力に乏しく、実態としては利益調整のために事前確定届出給与を活用している（支給するかしないかを恣意的に判断している）とみられても仕方がないでしょう。

設　例

X年度：役員給与年額408万円（定期同額給与34万円×12カ月）
事前確定届出給与を年1回792万円支給する旨を届け出ていたが、実際には支給せず

X＋1年度：役員給与年額1,200万円（定期同額給与34万円×12カ月＝408万円に、事前確定届出給与を年1回792万円支給）

X＋2年度：役員給与年額408万円（定期同額給与34万円×12カ月）
事前確定届出給与を年1回792万円支給する旨を届け出ていたが、実際には支給せず

X＋3年度：役員給与年額1,200万円（定期同額給与34万円×12カ月＝408万円に、事前確定届出給与を年1回792万円支給）

X＋4年度：役員給与年額408万円（定期同額給与34万円×12カ月）
事前確定届出給与を年1回792万円支給する旨を届け出ていたが、実際には支給せず

④　退職直前のみ高額の事前確定届出給与が支給されている場合

また、次の設例のように、退職直前のみ高額の事前確定給与を支給していたようなケースも、定期同額給与に加え「事前確定届出給与年額÷12」も含めた額が税務上適正な役員退職金額を算定するための適正な最終報酬月額である、との説明は説得力に乏しいでしょう(注10)。

設　例

X年度：役員給与年額1,200万円（定期同額給与100万円×12カ月）

X＋1年度：役員給与年額1,200万円（定期同額給与100万円×12カ月）

X＋2年度：役員給与年額1,200万円（定期同額給与100万円×12カ月）

X＋3年度：役員給与年額1,200万円（定期同額給与100万円×12カ月）

X＋4年度：役員給与年額1億1,200万円（定期同額給与100万円×12カ月＋事前確定届出給与を年1回1億円支給）

ここまで、②〜④と定期同額給与に加えて事前確定届出給与が支給されている場合の役員退職金の算定基準における適正な最終報酬月額について見てきました。③や④と比べると、②のようなケースであれば、次のような判断を会社が行ったとしても、判断の根拠について、ある程度説得力のある説明ができるのではないでしょうか。

・在任中の職務執行の対価としての意味を持つ役員退職金の算定基準における適正な最終報酬月額に「事前確定届出給与年額÷12」も含めることが妥当だとの判断

・当該事例において税務上適正な役員退職金額を算定するために用い

る適正な最終報酬月額から事前確定届出給与のみを除外すべきといえる法令上の根拠は認められないとの判断

もちろん、そのように判断して算定・決議した役員退職金額を支給しても、そして、「事前確定届出給与年額÷12」も含めた額が適正な最終報酬月額だと説明しても、税務調査で、形式的に最終の定期同額給与のみを用いた功績倍率法や、1年当たり平均額法で税務上の適正額を算定しようと判断される可能性はあります。やはり、顧問税理士と相談のうえ、支給後の税務調査も想定して、事前に算定基準をどのように規定するか（215・216ページのような定め方など）を検討し、根拠資料をできる限り揃えておくことが重要といえるでしょう。

（注10）役員退職金が税務上過大だという指摘の前に、役員退職給与以外の役員給与が税務上過大だと指摘されるリスク（法人税法34条2項、法人税法施行令70条1号）も生じることとなります。

5　社長と税理士の認識に食い違いが生じた場合の対処法

役員退職金に関する相談では、社長から次のような話を聞くことが多くあります。

> 役員給与設定を変更して報酬比例部分の年金の全部または一部を受給することを顧問税理士に相談したところ、役員退職金との兼ね合いで、現状の報酬月額は下げないほうがよいと非難されました

> 役員退職金の算定基準を変更することを顧問税理士に相談したところ、非難されました

これまで見てきたとおり、役員退職金の税務上の適正額については、法令や裁判例で確立された明確な基準がありません。税理士は、もちろんそのことを知っています。役員給与設定を変更するか否かに

かかわらず、社長と税務調査官が考える適正額の判断が異なる可能性があることも知っています。

ですから、多くの税理士は、「租税に関する法令に規定された納税義務の適正な実現を図ることを使命とする」（税理士法１条）国家資格者として、法令の規定や裁判例・裁決例・通達等を踏まえてアドバイスをしているのであって､社長を非難しているわけではありません。

つまり、「現状の報酬月額を下げないほうがよい」とのアドバイスは、あくまで税務調査が行われた場合に過大役員退職金部分があると指摘される可能性をなるべく排除しておくための一般論を伝えているのです。税務調査で指摘される可能性を少しでも減らすために、外形上目立つようなことは避けたい、損金算入が否認されたことを社長から非難されるリスクをなくしておきたい、というケースもあるでしょう。

社労士・FP等が相談対応を行う際は、このような税理士の立場を説明して社長がやりたいことを否定しているのではないことを伝え、結果として税理士の協力を得られる可能性を高めることも重要です。実際に、顧問税理士に責任を負わせないことを社長が約束することで、それまで役員給与設定の変更に反対していた税理士が、次のような準備に協力してくれるようになったケースもあります。

・役員退職金支給額が税務上適正な額であると説明するためのデータの収集
・税務調査官に対して説明しやすい役員退職金算定基準の定め方の検討
・参考となる裁判例・裁決例・通達等についての情報提供・解説・アドバイス

それでも協力が得られない場合は、セカンドオピニオンとして他の税理士の意見を聞いてみること等を検討する社長もいます。

なお、実際に税理士が社長を非難したということではなく、社長が次のように誤解しているために、望むような回答が得られず非難されたと感じているケースもあります。

・役員退職金規程に定めた算定基準どおりに支給した役員退職金は、全額損金算入が認められる
・社長・役員の死亡により会社が受給した生命保険金額の範囲内であれば、支給した死亡退職金は全額損金算入が認められる
・社長についての功績倍率が３以下なら、税務調査はもちろん、不服申立てや訴訟を行ったとしても、問題となることはない
・功労金加算は、生命保険会社から提供された役員退職金規程のひな型に記載されていた３割以下なら、問題となることはない

6　損金算入が否認されるリスクを減らしたい場合の選択肢

役員退職金額がある程度高額な場合など、税務調査があった場合に役員退職金支給額が問題となり得るような要素は少しでも排除しておきたい、と考える社長もいるでしょう。その場合は、顧問税理士と相談のうえ、次のいずれかを選択できます。

・現状どおり高額の定期同額給与のみを受け続けて、在職中の報酬比例部分の年金の受給をあきらめる
・役員給与設定を変更して報酬比例部分の年金を受給するが（場合によっては退職時期を延期して）、退職前の数年度は元の水準の定期同額給与のみ支給に戻して、役員退職金支給に備える(注11)

ただし、老齢厚生年金の繰下げ申出を予定している場合は、これらの選択をすることにより、繰下げによる年金額増がどれだけ減るかを事前に確認しておくことが大事です。

要は、年金受給額や社会保険料への影響はもちろん、自社の経営状況、何のために役員退職金を支給するのか、いつ・いくらくらい支給する予定なのか（したいのか・できるのか）、生じ得るメリット・デメリットも踏まえて、顧問税理士とも相談のうえ、今後の役員給与設定を検討すればよいということです。

（注11）報酬月額を元の水準に戻す前に死亡退職金を支給した場合（で特に事前確定届出給与を支給していない場合の）一部否認リスクを排除することはでき

ませんが、（生涯現役役員を目指す場合を除き）一般に死亡退職金支給よりも発生可能性が高い生存退職金支給の際の一部否認リスク軽減策にはなります。

・（参考）法人税基本通達 9-2-27 の３の（注）について

平成 29 年度の法人税法改正により、退職給与で業績連動給与に該当するものは、業績連動給与の損金算入要件（法人税法 34 条１項３号）を満たすものに限り損金に算入されることとなりました（中小オーナー企業の場合、この損金算入要件を満たすことは不可能ですので、税務上、業績連動給与に該当しない役員退職金制度としておくことが重要です）。

この改正に伴い定められた法人税基本通達 9-2-27 の２（現 9-2-27 の３・業績連動給与に該当しない退職給与）の（注）において、「功績倍率法」について下記のとおり説明されています。

> いわゆる功績倍率法に基づいて支給する退職給与は、法第 34 条第５項《役員給与の損金不算入》に規定する業績連動給与に該当しないのであるから、同条第１項の規定の適用はないことに留意する。（平29 年課法 2-17「十二」により追加、令３年課法 2-21「九」により改正）
>
> （注）本文の功績倍率法とは、役員の退職の直前に支給した給与の額を基礎として、役員の法人の業務に従事した期間及び役員の職責に応じた倍率を乗ずる方法により支給する金額が算定される方法をいう。

ここで、「功績倍率法」とは、「役員の退職の直前に支給した給与の額を基礎として」支給する金額が算定される方法と説明されていますが、「退職の直前に支給した給与」が何を指すのかが明確ではありません。「給与」とされており「定期同額給与」と限定されていないところをみると、「退職の直前に支給した」定期同額給与だけでなく「退職の直前に支給した」事前確定届出給与も含むようにも読めます。

もし、「退職の直前に支給した給与」が退職前の最後に支給した給与を指すのであれば、定期同額給与の場合も事前確定届出給与の場合もあり得るでしょう。しかし、退職前の最後に支給した事前確定届出給与の額のみを基礎として役員退職金の税務上の適正額を算定することはあり得ないと考えると、「退職の直前に支給した給与」とは「退職の直前に支給した定期同額給与」の意であるとも考えられます。結局、この注における「給与」に事前確定届出給与が含まれるのかは明らかではありません。

さらに、「退職の直前に支給した給与の額」とは、現実に退職の直前に支給した給与の額が何らかの理由で適正な額とはいえない場合には、適正な額に引き直した給与の額と読み替えることも許容する趣旨の表現なのか、いかなる場合であっても現実に退職の直前に支給した給与の額を指す表現なのかも、明らかではありません。

したがって、税務調査で一部損金算入を否認されるリスクを少しでも減らしておきたい立場にある顧問税理士の中には、（異なる見解を有していたとしても、）最終報酬月額に事前確定届出給与は含まれないと解しておくべき、現実に退職の直前に支給した定期同額給与の額と解しておくべき、と社長に伝える人もいるでしょう。

（参考）「法人税基本通達の制定について」昭和 44 年５月１日

この通達の具体的な運用に当たっては、法令の規定の趣旨、制度の背景のみならず条理、社会通念をも勘案しつつ、個々の具体的事案に妥当する処理を図るように努められたい。いやしくも、通達の規定中の部分的字句について形式的解釈に固執し、全体の趣旨から逸脱した運用を行ったり、通達中に例示がないとか通達に規定されていないとかの理由だけで法令の規定の趣旨や社会通念等に即しない解釈におちいったりすることのないように留意されたい。

7　税理士に役員給与設定の変更を相談する際は、具体的なプランを伝える

(1)　相談する際に伝えるべき情報とは

例えば、報酬月額 100 万円の社長が 65 歳からの老齢厚生年金（報酬比例部分）の全部または一部を受給したいなどの理由で、役員給与年額を変えずに役員給与設定を変更した結果、会社の営業利益が毎事業年度 30 万円増え、本人の可処分所得が毎年約 80 万円増えたとします（注 12）。この会社・本人合計で 110 万円の増額効果が 65 歳から 70 歳までの５年間にわたって続いたら、５年間で 550 万円のメリットが生じます。65 歳から 75 歳までの 10 年間にわたって続いたら、10 年間で 1,100 万円のメリットが生じることとなります。

このようなケースで「今後の役員給与設定を変更して報酬月額を下げたいのですが、何か問題はあるでしょうか？」と社長が相談したところ、顧問税理士から「将来の役員退職金（の税務上の適正額）が減るので損だと言われた」、との声を聞くことが少なくありません。これは、税理士が一般的・抽象的な回答しかできない相談となってしまっていることが原因で、協力が得られていないからだと考えられます。

代表取締役等として一定額以上の役員給与を受けて働く限り老齢厚生年金（報酬比例部分）が支給停止となることを知った社長の中には、これまで何十年も払って来た高額な厚生年金保険料を、今後も70歳まで払い続けるにもかかわらず年金が支給停止となることに、どうしても納得がいかない、という人も多いです。そして、退職前に１年でも２年でもよいから役員給与設定を変更して年金を全額受けた後、退職数年前には元の役員給与設定に戻して過大役員退職金との指摘を受けるリスクを減らしておきたい、という人も結構いるのです。

税理士に相談する際は、こうした具体的な希望に基づき検討したプランを伝えて、具体的なデータ・予定・希望に基づく回答を、税理士から得られるようにする必要があります。そのために税理士に相談する際に伝える必要がある情報として、次のものが挙げられます。

- 具体的にいつからいつまでどのような役員給与設定に変更するつもりなのか
- それにより、具体的にどのようなメリットがいくらくらい生じる見込みなのか
- 退職予定時期
- 役員退職金支給予定額
- 退職金支給の目的
- 役員退職金規程の定め
- 役員退職金の支払原資（資金調達方法）

（注12）役員給与年額が変わらなかったとしても、会社の営業利益がいくら増え、本人の可処分所得がいくら増えるか、会社に残るお金の増加額と本人に残るお金の増加額との割合は、どのような役員給与設定とするかにより変わります。本人の可処分所得が下がらなければ役員給与年額が下がってもよいのであれば、現在の役員給与年額が1,200万円（月額100万円×12カ月）であっても、役員給与設定を変更することで、毎事業年度の会社の営業利益が350万円以上増えるケースもあります。

(2) 具体的なプランを相談した場合の効果

では、上記のような情報が税理士に共有されて「今後の役員給与設定を変更して報酬月額を下げたいのですが、何か問題はあるでしょうか？」と社長が相談すると、共有されずに相談するのと何が違うのでしょうか。設例で考えてみます。

設例1

・報酬月額100万円の65歳社長
・65歳から70歳になるまでの5年間「報酬月額34万円×12カ月＋事前確定届出給与年1回792万円」を受ける役員給与設定に変更
・老齢基礎年金や老齢厚生年金（経過的加算部分）だけでなく、老齢厚生年金（報酬比例部分）の約半額も5年間受け取れるようにする
・70歳（社長在任期間30年）で退職予定
・役員退職金の支給予定額は3,000万円

設例1の情報が税理士に共有されると、役員退職金支給後の税務調査で、最終報酬月額34万円・社長在任年数30年・社長の場合に妥当な範囲内とされることが多いといわれる「功績倍率3.0」(注13)を用いた功績倍率法により、税務上適正な役員退職金額を算定された場合を想定できます。

最終報酬月額34万円×役員在任年数30年×功績倍率3.0
＝3,060万円

この設例では、支給予定の役員退職金額3,000万円が、上記の想定における税務上の適正額の範囲内に収まることが確認できます。

このようなケースで、具体的なプランとともに社長から「報酬月額を下げたい」と相談すれば、役員退職金との兼ね合いで役員給与設定を変更したら損をすると税理士が答える可能性はそれほど高くなく、社長の希望を実現するための協力が得られやすいと考えられます。

設例2

・報酬月額100万円の65歳社長
・65歳から70歳になるまでの5年間「報酬月額34万円×12カ月＋事前確定届出給与年1回792万円」を受ける役員給与設定に変更
・老齢基礎年金や老齢厚生年金（経過的加算部分）だけではなく、老齢厚生年金（報酬比例部分）の約半額も5年間受け取れるようにする
・70歳から75歳になるまでの5年間はもともとの役員給与設定（定期同額給与100万円×12カ月。事前確定届出給与なし）に戻す
・75歳（社長在任期間35年）で退職予定
・役員退職金の支給予定額は5,000万円

設例2の情報が税理士に共有された場合も、役員退職金支給後の税務調査で、最終報酬月額100万円・社長在任年数35年・社長の場合に妥当な範囲内とされることが多いといわれる「功績倍率3.0」(注13)を用いた功績倍率法により、税務上適正な役員退職金額を算定された場合を想定できます。

最終報酬月額100万円×役員在任年数35年×功績倍率3.0
＝1億500万円

この設例でも、支給予定の役員退職金額5,000万円が、上記の想定における税務上の適正額の範囲内に十分収まることが確認できます。したがって、**設例1**同様、社長から「報酬月額を下げたい」と相談しても、協力が得られやすいと考えられます。

（注13）東京地裁判決（昭和55年5月26日）で採用された、類似法人の「最高」功績倍率3.0を念頭に置いて、そのように言われることがあるものと思われます。

この事案で、原告（会社）と同じ下谷税務署管内ならびに原告と同種の事業（不動産の売買および仲介斡旋等）を営む法人の比較的多い麹町、神田、京橋および豊島の各税務署管内の同業種法人で資本金額が5,000万円以下の604法人について被告課税庁が調査したところ、その事業規模等が比較的類似する法人で昭和46年11月15日から同47年12月31日までの期間に役員退職金を支給していた比較法人7法人（支給対象となった役員13名）の功績倍率は、平均1.9、最高は3.0でした。

この功績倍率について被告課税庁は、「本件更正当時の全上場1,603社の実態調査の結果から算出される功績倍率の平均が社長3.0、専務2.4、常務2.2、平取締役1.8、監査役1.6であるところからみて相当な基準といえるものである」とし、「原告に最も有利となる比較法人の功績倍率の最高値である3.0をもつて相当とし」て退職給与の相当額（税務上適正な役員退職金額）を算定しました。裁判所も、功績倍率の最高値3.0を基準としてこの事案の退職給与の相当性を判断することは合理的であるというべきである、としました。高裁判決（昭和56年11月18日）・最高裁判決（昭和60年9月17日）でも功績倍率に関する判断は修正されてはいません。ただし、各事案において、同業種・同規模法人の平均功績倍率（または最高功績倍率）が用いられる可能性があるため、社長についての役位別倍率を3.0として支給した役員退職金は必ず全額損金算入を認められるというものではありません。

その他、217ページの事案のように、社長の場合で3.0を超える功績倍率（国が主張した功績倍率）をそのまま用いて判断した裁判例もありますが、3.0未満の功績倍率を認定したものもあります（裁決例も同様です）。

税務調査の段階では社長の功績倍率3.0が問題とされなかった場合でも、更正処分を受け、不服申立てや訴訟の段階となると、認められる功績倍率が下がる可能性があります。

(3) 社長が判断材料を得るために、具体的なプランを伝えてもらうことが必要

退任するまでの役員給与設定を変更すべきかどうかを判断したい社長にとって、税理士から「(役員在任年数や役員退職金支給額等によっては) 役員退職金 (のうち税務調査が行われたときに損金算入が認められる金額) が減る (可能性がある) から損だ」といった程度の、一般的・抽象的で自社の場合にあてはまるかどうかわからない回答しか得られなければ、適切な判断材料として役立つことは少ないでしょう。

社長が役員給与設定の変更によるメリット・デメリットを判断するためには、次の両方についてある程度見込めるような情報が必要です。

・役員給与設定を変更した場合に、会社の営業利益や本人の可処分所得が増える等のメリットがいくら生じるか

・役員退職金の損金算入を一部否認されると、最大いくらくらい税額が増える等のデメリットが生じるか

デメリットがメリットを上回る可能性がないかを確認することなく、単にメリットが生じるという点のみに基づいて役員給与設定を変更するのは、もちろん危険です。一方で、メリットがデメリットを上回らないかどうかを確認することなく、単にデメリットが生じる可能性があるという点のみに基づいて役員給与設定変更を検討しないのも、合理的な経営判断とはいえないでしょう。

したがって、判断材料を得られるようにするために、ある程度具体的なプランを社長から税理士に伝えて相談してもらうことが重要です。

Ⅳ

分掌変更に際しての役員退職金支給と税務上の退職の要件

役員退職金は、役員の退職によって支払われるものです。しかし、例外的に、役員の分掌変更等により、退職はしていないものの実質的に退職したと同様の事情にある、と認められる場合に支給された役員退職金も、法人税法上の退職給与として取り扱うことができるケースがあります。

これにより、代表取締役社長から取締役・相談役等への分掌変更に際して支給される役員退職金も、役員としての地位または職務の内容が激変し、実質的に退職したと同様の事情にあると認められることによるものである場合には、例外的に法人税法上の退職給与に該当するものとして取り扱うことができ、隠蔽・仮装（法人税法34条３項）や「不相当に高額な部分の金額」（法人税法34条２項）がない限り、全額損金算入が認められます。

次ページ通達の（1）～(3）は例示ですが、いずれであっても、分掌変更等の後も「(実質的に）その法人の経営上主要な地位を占めていると認められる者を除く」とされている点が、極めて重要なポイントです。(3）の「給与が激減（おおむね50％以上の減少）したこと」という文言だけを捉えて誤解している社長もいますので、注意喚起が必要です(注1)。

・（参考）法人税基本通達 9-2-32

（役員の分掌変更等の場合の退職給与）

法人が役員の分掌変更又は改選による再任等に際しその役員に対し退職給与として支給した給与については、その支給が、例えば次に掲げるような事実があったことによるものであるなど、その分掌変更等によりその役員としての地位又は職務の内容が激変し、実質的に退職したと同様の事情にあると認められることによるものである場合には、これを退職給与として取り扱うことができる。

（1）常勤役員が非常勤役員（常時勤務していないものであっても代表権を有する者及び代表権は有しないが実質的にその法人の経営上主要な地位を占めていると認められる者を除く。）になったこと。

（2）取締役が監査役（監査役でありながら実質的にその法人の経営上主要な地位を占めていると認められる者及びその法人の株主等で令第71条第1項第5号《使用人兼務役員とされない役員》に掲げる要件の全てを満たしている者を除く。）になったこと。

（3）分掌変更等の後におけるその役員（その分掌変更等の後においてもその法人の経営上主要な地位を占めていると認められる者を除く。）の給与が激減（おおむね50%以上の減少）したこと。

（注）本文の「退職給与として支給した給与」には、原則として、法人が未払金等に計上した場合の当該未払金等の額は含まれない。

（注1）平成19年3月13日付の「法人税基本通達等の一部改正について」（法令解釈通達）の趣旨説明（https://www.nta.go.jp/law/joho-zeikaishaku/hojin/070313/01.htm）中の【改正】9-2-32（役員の分掌変更等の場合の退職給与）参照。

1　退職給与として取り扱えないと指摘された場合の影響

(1) 会社に生じる影響

実質的に退職したと同様の事情にあるとは認められないため、分掌変更に際して会社が支給した役員退職金を法人税法上の退職給与として取り扱うことはできないと指摘され、修正申告すると、どうなるのでしょうか。

退職給与以外の役員給与であれば、定期同額給与や事前確定届出給与などに該当しない限り、損金算入が認められません（法人税法34

条１項)。この場合、事前確定届出給与などにも当たりませんので、損金算入が認められない役員給与（役員賞与）を支給したこととなります。

全額損金算入できないとなると、法人税等の不足分を会社は納める必要が生じます。

例えば、役員退職金として支給した金額が5,000万円で、法人税等の実効税率をざっくり30％として試算すると、会社が追加納付すべき法人税等の金額は1,500万円（5,000万円×30％）となり、単なる過大役員退職金部分の損金算入否認の場合に追加納付すべき法人税等の金額（例えば、役員退職金の支給額5,000万円のうち1,000万円の損金算入を否認された場合は300万円（1,000万円×30％））と比較すると、はるかに大きなデメリットが生じます。

源泉所得税も、退職所得として計算したものではなく、給与所得として計算した金額を会社は納める必要が生じます(注２)。

そのほか、事業承継対策として役員退職金の支給により自社株の評価額を下げる効果が期待されていた場合は、想定していたよりも評価額が下がらないというデメリットが大きくなる可能性もあります。

(注２) 過少申告加算税や延滞税については、204ページ参照。その他、源泉所得税を納期限内に納付しなかった場合は、不納付加算税もかかります（原則10％)。ただし、指摘される前に自主的に納付した場合は５％。正当な理由が認められる場合等は加算されません。

(2) 本人に生じる影響

一方、分掌変更による役員退職金を受け取ったつもりでいた本人は、退職給与ではなく役員賞与を受け取ったとして所得税が課税されることとなり、退職所得（所得税法30条）としての優遇措置が適用されなくなります。

具体的には次のメリットがなくなり、不足分の所得税等を納める必要が生じます。

1　退職所得控除額のメリットがなくなる 2　退職所得控除額を控除した金額の２分の１だけが退職所得となるメリット（社長・役員勤続年数５年超の場合）がなくなる 3　分離課税のメリットがなくなり、他の所得との合算で総合課税となる

所得税の税率は５％から45％の７段階に区分され、総合課税される所得金額が4,000万円以上の場合なら、所得税率は、最高の45％となります（174ページ）。

加えて、住民税（税率合計10％）もかかるため、本人の所得税・住民税負担も大きく増えることとなります。

2 「実質的に退職したと同様の事情にある」状態としておくことが大事

(1) 後継者への引継ぎや相談・助言などは、分掌変更・退職金支給決議時までに完了させておく

以上のとおり、役員退職金支給後の税務調査で「実質的に退職したと同様の事情にあるとはいえない」とされると、結果的に会社も個人も多額の税金を納付すべきこととなるリスクがあります。オーナー企業の場合、代表取締役退任後取締役会長等として引き続き「(実質的に）その法人の経営上主要な地位を占めて」おり、「実質的に退職したと同様の事情」にはないのに、分掌変更に際して役員退職金を支給しようとするケースが散見されますので、注意が必要です。

団塊の世代（昭和22年～昭和24年生まれ）が令和４年には73～75歳となり事業承継時期を迎え、分掌変更に際して役員退職金を支払う事例も多くなると思われます。引き続き「(実質的に）その法人の経営上主要な地位を占めている」と指摘される危険をなくすため、後継者への引継ぎや相談・助言などは、分掌変更・退職金支給決議時まで

に完了させておくことが大事です。

(2) 顧問税理士に相談してアドバイスを受けておく

分掌変更に際して役員退職金支給を予定している場合は、税務調査を想定して、「(実質的に) その法人の経営上主要な地位を占めて」おらず、「実質的に退職したと同様の事情にある」ことが明らかだと客観的に確認できるように、形式面も実質面も事前に整えておくことが重要です。中小オーナー企業には、この対応がルーズで認識の甘いケースが、多く見られるところです。中には、会社の業績が好調で法人の所得金額が多くなり、多額の法人税等納付が必要になりそうだとわかった段階で形式的に分掌変更を行い、会社から退職金を受けることで節税を図ろうとするケースすらあります。早めに顧問税理士に相談してアドバイスを受けておくよう、社長に伝えることが重要です。

税理士に相談するメリットとして、次のようなアドバイスがなされることが考えられます。

・分掌変更に際して退職金を支給するなら、形式面・実質面を整備してから行うべき
・経営の引継ぎが終わっていない状態で代表取締役社長でなくなるのであれば、退職金支給を考える前に、代表取締役会長として後継の代表取締役社長をサポートし、引継ぎを完了させることも考えるべき
・分掌変更後の役職を退任して完全退職するまで役員退職金支給を遅らせるべき　　など

3 厚生年金保険の被保険者・70歳以上被用者不該当要件にも注意

また、代表取締役等として経営に従事し役員給与を受けている人は、厚生年金保険の被保険者（70歳未満の場合）や70歳以上被用者（70歳以上の場合）に該当しますので、厚生年金保険の被保険者や70

歳以上被用者（38ページ）となるべき状態かどうか（経営に従事して役員給与を受けているかどうか）についても注意が必要です。

分掌変更により実質的に退職したと同様の事情にあるかどうかは、税務署の調査で判断されます。一方、分掌変更後も厚生年金保険の被保険者や70歳以上被用者に該当するかは、日本年金機構の調査で判断されます。両者の判断に直接の関係はありませんが、いずれも、単に形式的な要素のみに基づいて判断されるのではなく、実態も踏まえて総合的に判断されます。

4　準備の遅れ・不足は最大のリスク

分掌変更に際して支給した退職金が税務調査で法人税法上の退職給与として認められなかった、または被保険者資格喪失・70歳以上被用者不該当の届出が実態と異なり年金事務所の調査で認められなかった、という問題は、直接的には税金や年金・社会保険に関する法令・通達等についての社長の認識不足が原因となって起こることです。

しかしながら、本質的には（専門家への相談や経営の引継ぎも含めた）事業承継準備の遅れ・不足が原因といえるケースも多いでしょう。事業承継について早期から検討・準備しないまま期間が経過してしまったために、代表取締役退任後も経営に口を出さざるを得なくなってしまうわけです。

中小オーナー企業においては、分掌変更により役員退職金を受け取った後も経営に口を出そうとするケースが散見され、分掌変更で退職金を受け取った後も経営に口を出すことのリスクを軽く考えている社長も多いので、早い段階でリスクに気づいてもらえるよう、年金相談や退職金相談の際に社長に情報を提供し、税理士への相談を促すことは、社長・後継者等のためになる重要な仕事といえます。

V

社長・役員が在任中に死亡した場合に遺族に支給される死亡退職金・弔慰金の基礎知識

ここからは、死亡退職金、また死亡退職金と同時期に会社から支払われることの多い弔慰金についてポイントをお伝えします。

1　死亡退職金・弔慰金とは

(1) 死亡退職金

死亡退職金とは、本章の冒頭でもお伝えしたとおり、社長・役員の在任中の死亡により遺族に支給される退職金のことをいいます。

被相続人の死亡により相続人その他の者が、被相続人に支給されるべきであった退職手当金、功労金その他これらに準ずる給与で被相続人の死亡後３年以内に支給が確定したものの支給を受けた場合は、その支給を受けた者が、退職手当金等を相続または遺贈によって取得したものとみなす、と定められている（相続税法３条１項２号）ため、社長・役員の死亡後３年以内に支給が確定した死亡退職金を遺族が受けた場合も、みなし相続財産として相続税の課税対象となります[注1]。ただし、死亡退職金を相続人が受け取った場合には、「500万円×法定相続人の数」までは非課税となります[注2]。

死亡退職金の算定基準・支給額も、生存退職金と同様、会社が自由に決めることができます。定款での定めまたは株主総会決議が必要なことも同様です。

そして、会社が社長・役員を被保険者とする生命保険契約を締結しており、会社に支払われた死亡保険金を原資として会社が死亡した社長・役員の遺族に死亡退職金を支給した場合、必ずしもその全額が税務上適正な役員退職金となるわけではありません。

つまり、税務上適正な役員退職金の額がいくらかと、社長・役員の死亡により会社が受け取った生命保険金の額とは関係がありません。会社が受け取った死亡保険金額以下の死亡退職金を支給した場合、支給した死亡退職金の全額が損金算入されると誤解している社長や後継者もいますので、注意が必要です。

(注1) 死亡後3年経過後に支給が確定した場合は、遺族の一時所得となり所得税の課税対象となります。

(注2) 契約者・被保険者が被相続人、死亡保険金受取人が相続人である生命保険の死亡保険金にも、同様の非課税枠があります。

(2) 弔慰金

弔慰金とは、社長・役員等の死亡にあたり、故人を弔い遺族を慰めるために会社から遺族に支給されるお金のことです。弔慰金の算定基準や支給額は会社が自由に定めることができ、社長・役員の死亡にあたり儀礼的に会社から遺族に支払われるものであれば、会社法361条の「報酬等」にはあたらないと考えられますが、弔慰金の名目で支給されたとしても、在職中の職務執行の対価として支給されるものであれば、会社法361条の「報酬等」に当たります。したがって、支給には定款での定めまたは株主総会決議が必要です。

いずれにしても、会社が社会通念上相当と認められる額の弔慰金を支払った場合は、福利厚生費として損金計上できます。また、社会通念上相当と認められる額の弔慰金であれば、受け取った遺族も、相続税は非課税です(注3)。

(注3) この場合、所得税も課税されないと解して差し支えないとされています(国税庁ホームページ「贈与税の対象とならない弔慰金等」参照)。

2　税務上適正な弔意金の額とは

社会通念上相当と認められる弔慰金の額とはいくらかについて、法人税法や相続税法には定めがなく、相続税法基本通達3-20（弔慰金等の取扱い）において、次のように規定されています（下線は著者による）。

> 3-20　被相続人の死亡により相続人その他の者が受ける弔慰金、花輪代、葬祭料等（以下「弔慰金等」という。）については、3-18及び3-19(注4)に該当すると認められるものを除き、次に掲げる金額を弔慰金等に相当する金額として取り扱い、当該金額を超える部分の金額があるときは、その超える部分に相当する金額は退職手当金等に該当するものとして取り扱うものとする。（昭57直資2-177改正）
>
> (1) 被相続人の死亡が業務上の死亡であるときは、その雇用主等から受ける弔慰金等のうち、当該被相続人の死亡当時における賞与以外の普通給与（俸給、給料、賃金、扶養手当、勤務地手当、特殊勤務地手当等の合計額をいう。以下同じ。）の３年分（遺族の受ける弔慰金等の合計額のうち3-23(注4)に掲げるものからなる部分の金額が３年分を超えるときはその金額）に相当する金額
>
> (2) 被相続人の死亡が業務上の死亡でないときは、その雇用主等から受ける弔慰金等のうち、当該被相続人の死亡当時における賞与以外の普通給与の半年分（遺族の受ける弔慰金等の合計額のうち3-23(注4)に掲げるものからなる部分の金額が半年分を超えるときはその金額）に相当する金額

（注4）3-18（退職手当金等の取扱い）、3-19（退職手当金等の判定）、3-23（退職手当金等に該当しないもの）は https://www.nta.go.jp/law/tsutatsu/kihon/sisan/sozoku2/01/03.htm を参照。

もし（1）や（2）の金額を超える弔慰金等を遺族が受けたときは、超える部分に相当する金額は弔慰金等ではなく死亡退職金（退職手当金等）に含まれ、みなし相続財産として相続税の課税対象として取り扱われます。

上記相続税法基本通達 3-20 は、実務上、法人税の取扱いにも準用されており、裁判例でも支持されています。つまり、死亡退職金と弔慰金が明確に区分して支給されているという前提で、この通達の基準での弔慰金等の損金算入が認められています。

3　会社は弔慰金等の算定基準や支給額をどのように決めればよいか

役員退職金（死亡退職金を含みます）と同様、弔慰金等の算定基準や支給額についても会社は自由に定めることができ、役員退職金規程や役員慶弔見舞金規程で弔慰金について定めている会社も多いです。法人税の税務調査でも準用される相続税法基本通達 3-20 と同様の算定基準を定めているケースが多いようですが、支給事由（業務上死亡か・業務上以外の死亡か）・役位ごとに定額の弔慰金支給額を定めている会社もあります。

法人税の税務調査で弔慰金の支給額が問題となった場合は、相続税法基本通達 3-20 の準用により、下記の基準内の弔慰金等は全額損金算入が認められるものの、下記基準を超えるときは、超えた額は死亡退職金に含めて、死亡退職金全体として「不相当に高額な部分の金額」（法人税法 34 条 2 項）の有無が判断されます。

- 被相続人の死亡当時における賞与以外の普通給与の３年分（業務上の死亡であるとき）
- 被相続人の死亡当時における賞与以外の普通給与の半年分（業務上の死亡でないとき）

そして、「不相当に高額な部分の金額」がなく、隠蔽・仮装（法人税法34条3項）がなければ、死亡退職金全額が損金算入できます。一方、弔慰金等の額が上記基準を超え、超えた分も含めた死亡退職金の額に「不相当に高額な部分の金額」があると税務調査で指摘され修正申告した場合は、「不相当に高額な部分の金額」は損金不算入となり、会社の納めるべき法人税等の額が増えることとなります。

また、相続税の税務調査で弔慰金等支給額が問題となった場合、上記基準を超える弔慰金等を受けたことにより、遺族は相続税負担が増える可能性があります(注5)。

上記のような取扱いとなっているため、一定額以上の死亡退職金を支給する場合、税務調査において損金算入が否認される部分が生じる可能性（や否認される部分の金額）を少しでも減らしておくためには、（定款での定めがない場合は）株主総会等で死亡退職金と弔慰金の合計額のみを決議するのではなく、別々に決議して帳簿上・経理上も区分して支給しておくことが必要といえます。

（注5）相続税法基本通達3-20の基準を超えた分の弔慰金等の額を含めた死亡退職金額が、相続税の非課税枠（500万円×法定相続人の数）を超え、かつ、相続税の非課税枠を超えた部分の死亡退職金額も含めたみなし相続財産・相続財産の総額が相続税の基礎控除（3,000万円＋600万円×法定相続人の数）を超えた場合に、相続税負担が増えます。

ただし、配偶者に対する相続税額の軽減（相続税法19条の2）により、被相続人の配偶者が遺産分割や遺贈により実際に取得した正味の遺産額が、次の金額のどちらか多い金額までは配偶者に相続税はかかりません。

(1)　1億6,000万円

(2)　配偶者の法定相続分相当額

なお、二次相続までを考えた場合、配偶者に対する相続税額の軽減を上限まで使うほうが得かどうかについては、税理士に相談してもらう必要があります。

4　相当な弔慰金額算定に用いる「普通給与」とは

(1)　法令・裁判例等では明確にされていない

年金を受給するためなどの理由で報酬月額の引下げを検討してい

て、定期同額給与の月額を引き下げて別途３月を超える期間ごとに受ける（年間を通じ３回以下支給の）事前確定届出給与を支給することを検討しているケースでは、社長から税理士に次のような指摘を受けたと言われることがあります。

相続税法基本通達 3-20 の「普通給与」とは、定期同額給与のみのことを指すのではないか

事前確定届出給与は「普通給与」には含まれないため、定期同額給与を引き下げて事前確定届出給与を支給すると、弔慰金支給時・受給時に会社・遺族が損をするのではないか

しかし、現在のところ、この点を明確に定めた法令、裁判例、裁決例、通達等はないようです。

相続税法基本通達 3-20 は、事前確定届出給与が創設された平成 18 年度法人税法改正よりも前からあったもので、改正前の「普通給与」とは、社長・役員の場合は、利益処分としての役員賞与ではない、職務執行の対価としての毎月の役員報酬のことを指しました。

事前確定届出給与（職務執行期間の職務執行の対価である役員給与の一種）が、この通達の「普通給与」に含まれるのかどうかについては、平成 18 年度法人税法改正の後、これまで明確にされていません。

この通達により基準額が定められている目的が、弔慰金等として相当な額（社会通念上相当と認められる額）の算出であり、定期同額給与・事前確定届出給与がともに職務執行期間の職務執行の対価として定時株主総会等で決議された役員給与である以上、理屈としては、事前確定届出給与のみが「普通給与」に含まれないと解すべき合理的な理由はないようにも思われます（特に、事前確定届出給与が支給済みの場合）。しかし、明確にされていないため、税務調査において弔慰金等の支給額が問題となった場合に、税務調査官が相続税法基本通達

3-20の「賞与以外の普通給与」を「事前確定届出給与等以外の定期同額給与」と形式的に判断して適用・準用される可能性はあります。

(2) 相談への対応

取扱いが明確にされていない以上、税理士向けの書籍等において事前確定届出給与が相続税法基本通達3-20の「普通給与」に含まれると解すべきではないという趣旨の記載がされることがあるのは、当然のことでしょう。そのような記載を目にした税理士が社長に同様の内容を伝えることも、税理士の立場からはあり得ることといえます。

ですから、相談対応としては、結局、社長が以上のような内容を理解したうえで役員退職金規程等における死亡退職金・弔慰金の算定のしかたを定めておくように伝えることとなります。そして、不明点等があれば、税理士の立場も理解したうえで、次の点について税理士に事前に相談しておいてもらうこととなります。

- 役員退職金規程等における退職金・弔慰金の算定基準（弔慰金については、相続税法基本通達3-20に準じた定めとするのであれば、「社会通念上相当と認められる」額算出のために自社が用いる適正な報酬月額（「普通給与」にあたるもの）を自社の弔慰金制度ではどのように定めるか等）
- 自社で社長・役員が万一在任中に死亡し、弔慰金を支給したら、税務調査で損金算入が認められないと指摘される部分がいくらくらい生じる可能性があるか
- 弔慰金の損金算入否認により、法人税等がいくらくらい増えることが予想されるか
- 遺族が弔慰金等を受け取ることにより、相続税が課税される財産がいくらくらい増える可能性があるか
- 相続税課税財産額が増えることにより遺族が負担すべき相続税額がいくらくらい増えることが予想されるか

5　弔慰金の額の基準となる報酬月額は下げるべきでない？

弔慰金については、社長や社労士・FP 等から次のような声を聞くこともあります。

> 年金をもらうためなどの理由で報酬月額を下げると、弔慰金として支給できる額が減ると税理士に言われた

> 定期同額給与・事前確定届出給与併用方式を採用していた社長・役員が亡くなると、弔慰金として支給できる額が減ると税理士に言われた

これは、おそらく相続税法基本通達 3-20 の内容やそれに基づく取扱いに関する説明を税理士から聞いた社長が、（どのような弔慰金制度とするかによらず）報酬月額を下げると弔慰金として会社が支給できる金額が下がってしまうのだと誤解していることが考えられます。税務調査で弔慰金として損金算入を認められない部分が生じると、自社の場合はどの程度のデメリットが生じると見込まれるのかを確認してみることなく、在職中に年金を受けるなどのために役員給与設定を変更することはできないと考えているケースもあります。

税務上適正な役員退職金額の算定基準について解説した**Ⅲ３（1）**①で紹介しましたが、最終報酬月額が５万円であった取締役が在任期間１年半で業務外の事由により死亡退職し、役員退職給与として 3,500 万円、弔慰金として 500 万円が支給されたケースで、適正な最終報酬月額が 41 万 2,500 円と認定された裁判例があります（高松地裁判決平成５年６月 29 日）。

この裁判例で、弔慰金の相当な額（社会通念上相当と認められる弔慰金の額）について、被告（国）は実際の最終報酬月額５万円を用い

て30万円（5万円×6カ月）と主張していましたが、裁判所は適正役員報酬月額を41万2,500円と認定したうえで、弔慰金の相当な額を247.5万円（41万2,500円×6カ月）と判断しました(注6)。

これは、相続税法基本通達3-20（の法人税法への準用）は、死亡時の報酬月額が適正な役員報酬月額であることを前提とした、社会通念上相当な弔慰金の額を算出する基準であると解すべきことがわかる裁判例といえます。また、課税庁においては実際の最終報酬月額を用いて弔慰金の相当な額が計算されていることがわかる裁判例でもあります。

(注6) 適正な最終報酬月額として実際の報酬月額よりも高い額が認められたものの、以下のとおり過大役員退職金部分があるとされ、結局、原告（会社）の請求は棄却されています。
・相当な退職給与の額（税務上適正な役員退職給与額）＝最終（適正）報酬月額41万2,500円×在職年数2年（1年未満を切上げ）×平均功績倍率1.4＝115万5,000円
・過大役員退職金部分（役員退職給与の損金不算入額）＝退職給与として支給された額3,500万円＋弔慰金として支給されたうちの相当な額を超える額252万5,000円（弔慰金支給額500万円－弔慰金の相当な額247万5,000円）－相当な退職給与の額115万5,000円＝3,637万円

6　死亡退職金・弔慰金の受取人の定め

役員退職金規程等では、死亡退職金や弔慰金の受取人の定めについても注意が必要です。例えば、**例1**・**例2**のようなものがよくみられますが、事業承継・相続も踏まえて、税理士・弁護士等と相談のうえ、遺族（相続人）のうち後継者である子へ死亡退職金等が支払われるよう、改定例のように規定しておくこともできます。

例1：　死亡した役員に対する死亡退職金・弔慰金は遺族に支給する。

遺族とは、配偶者を第一順位とし、配偶者がいない場合には、子、父母、孫、祖父母、兄弟姉妹の順位とする。

該当者が複数いるときは、代表者に対して支給するものとする。

例２：　死亡した役員に対する死亡退職金・弔慰金は遺族に支給する。

遺族の範囲および順位については、労働基準法施行規則第42条から第45条の規定を準用する。

該当者が複数いるときは、代表者に支給するものとする。

改定例：　死亡した役員に対する死亡退職金・弔慰金は、遺族の中で役員が事前に指定した者に支給する。

遺族とは、配偶者、子、父母、孫、祖父母、兄弟姉妹とする。

指定がない場合、指定した遺族が死亡している場合、または遺族以外の者を指定している場合の順位は、配偶者、子、父母、孫、祖父母、兄弟姉妹とする。

該当者が複数いるときは、代表者に支給するものとする。

こうすることで、後継者は受給した死亡退職金等を自社株買取り資金や相続税納付資金・遺産分割資金（他の相続人への代償金）等に使うことができます。

なお、役員退職金規程において定められた人に会社から死亡退職金等が支給される場合（受給権者の範囲および順位につき民法の規定する相続人の順位決定の原則とは著しく異なった定め方がされている場合）は、相続財産には含まれないと解されています（最高裁判決昭和55年11月27日参照）。したがって、遺産分割協議や遺留分侵害額請求の対象にはなりません(注7)。しかし、死亡退職金等の受取人が後継者（子のうちの１人）の場合に、トラブル防止のために、後継者が受け取った死亡退職金のうちの一部を他の子へ支払うことを、社長が遺言で明示しておくこともできます。

（注7）生命保険の死亡保険金も、死亡保険金受取人に対して支払われるものです

ので、相続財産には含まれず、遺産分割協議や遺留分侵害額請求の対象にはなりません。

Ⅵ

損金算入否認リスクに対し、会社ができること

1　税務上の適正額を完全に予測することは難しい

これまでみてきたとおり、役員退職金の税務上の適正額として損金算入が認められる金額についても、弔慰金の「社会通念上相当な金額」として損金算入が認められる金額についても、法令等で明確にされていない部分があります。したがって、自社が税務調査を受けた場合に、それらの額が具体的にいくらとされるのかを完全に予測することは難しい部分があります。会社が考える金額よりも、少なくなる可能性はあります。

会社としては、そのような可能性を理解したうえで、顧問税理士とも相談して、会社が適正と考えて支給した額が妥当であることが客観的にわかるようなデータ・資料を揃えたり、説得力のある合理的な算定根拠を考えたりしておき、万一税務調査官の指摘に法的な根拠がないと考えられるときは、顧問税理士とも相談のうえ、修正申告するかどうかを判断することとなります。

2　書面添付制度と調査前の税理士への意見聴取

(1) 書面添付制度とは

なお、リスク管理という観点からは、普段から顧問税理士との間で

信頼関係を築いておき、法人税申告書（や遺族の行う相続税申告書）への書面添付（税理士法33条の２第１項）を行って、調査前の意見聴取で社長（や遺族）の言い分を法的根拠に基づいて的確に税務調査官に意見表明してもらえるようにしておくことが、本来は望ましいといえます。信頼関係を築いておくとは、例えば毎事業年度の法人税の申告にあたって、税理士の指導に従い適正な経理処理・申告・納税を長年にわたって行っておく、などです。

この書面添付制度が利用されている場合は、税務調査の通知をする前に税理士に対し、添付書面に記載された事項に関し意見を述べる機会を与えなければならないとされています（税理士法35条１項）。税理士に対する意見聴取により特に問題がないと判断された場合は、税務調査が省略されます。必ず省略される、というものではありませんが、意見聴取の際に、税務に関する専門家として妥当と判断する根拠をもとに、税務上適正な役員退職金額（や弔慰金額）に基づき適正に申告を行ったものである旨を、税理士から意見表明してもらうことはできます。

（参考）

・税理士法33条の２第１項（下線は著者による）

第33条の２　税理士又は税理士法人は、国税通則法第16条第１項第１号に掲げる申告納税方式又は地方税法第１条第１項第８号若しくは第11号に掲げる申告納付若しくは申告納入の方法による租税の課税標準等を記載した申告書を作成したときは、当該申告書の作成に関し、計算し、整理し、又は相談に応じた事項を財務省令で定めるところにより記載した書面を当該申告書に添付することができる。

・「書面添付制度について（33条の２の書面及び35条の意見聴取）」（国税庁ホームページ）

https://www.nta.go.jp/taxes/zeirishi/zeirishiseido/kentoukai/02.htm

・書面添付制度（日本税理士会連合会ホームページ）

https://www.nichizeiren.or.jp/taxaccount/document/

(2) 添付される書面の内容とは

具体的にどのような書面が添付されるかは、税理士が実際に作成し申告書に添付した書面のうち、「調査省略事務等に有用であった事例について、記載内容で有用であった該当部分を明示し、これに有用であった理由（コメント）を付し」てまとめられた『書面添付制度に係る書面の有用事例集』（平成17年7月 国税庁法人課税課。https://www.tokyozeirishikai.or.jp/common/pdf/tax_accuntant/download/jireisyu.pdf）に掲載されていますので、次に紹介します（下線は著者による）。

> **●事例集23ページより**
>
> 4．相談に応じた事項
>
> 事項：役員退職金
>
> 相談の要旨：当期末で退職する役員への退職金支給に伴い、支給額について相談を受け、その額が妥当であると判断した。
>
> 5．その他
>
> 総合所見：毎月の監査時に取引内容をチェックし、仕訳の誤りがあればその都度指導し、修正させています。又、決算にあたっては、改めて全ての損益科目と資産、負債について内容を検討しました。
>
> 以上の検討の結果、提示を受けた帳簿書類の範囲において、法人の記帳は事実に基づいて行われ、申告書も法令に即していると認められます。

この事例については、4および5の「検討しました。」までの記載に対し、「具体的な指導項目が記載されており、総合所見でも具体的に記載されてあれば、更に調査省略等の際の参考となる。」とのコメントが付されています。

●事例集99ページより

4．相談に応じた事項

事項：役員退職金

相談の要旨：前代表者の退職金の金額について相談を受け、臨時役員会を開催し限度額を基に支給するよう助言した。また、その計算に当たっては、通常支払われる役員報酬を基に計算し、土地・建物の評価を路線価を○％で除する評価をもって時価とし、その金額が範囲内であることからそれに充当することとなった。

5．その他

総合所見：日々の取引については、整然かつ明瞭に会計処理されており、原始記録の保存状態も良好である。また、契約書、議事録、請求書等の証拠書類についても整然と保管されている。

毎月の監査の徹底と日々の記帳の確認及び決算修正事項も正しく修正されていることを勘案して、この申告は適正妥当であると認められる。

この事例については、４の記載に対し、「臨時役員会を開催するよう助言し、退職金支給額に関する検討を行っていることから、調査省略等の参考となる。」とのコメントが付されています。

このように、社長から税理士に事前に退職金支給予定額や算定基準について説明・相談して助言を受けていたことや、妥当性についてチェックしたうえで法人税申告書の提出に至っている旨が記載されます。このような記載をして書面添付してもらえるような制度内容にしておくとよいでしょう。

分掌変更に際して退職金支給を予定している場合は、分掌変更後に経営に口を出す必要がないよう、後継者への引継ぎを終えて形式的にも実質的にも退職しているのと同様の状態となってから退職金を支給すること、さらに具体的なチェック項目ごとに進捗状況を社長から事前に税理士に説明して、理解しておいてもらうとよいでしょう。

(3) 書面添付を希望する場合は事前確認が必要

ただ、資料作成の手間がかかることや、税理士の責任が重くなること（虚偽記載があった場合は、書面添付を行った税理士が懲戒処分の対象となる可能性があります）から、対応している税理士事務所はそれほど多くないようです。財務省の「令和２事務年度国税庁実績評価書」（令和３年10月）によると、税理士が関与した申告書の件数のうち書面添付があったものの件数の割合（令和２年度）は、次のとおりです。

・法人税　9.8%
・相続税　22.2%
・所得税　1.4%

書面添付にかかる費用についても、税理士事務所によって異なりますので、確認が必要です。

3　税務調査で指摘を受けたら

税務調査の結果、税務上問題があるとされると、修正申告を勧奨されます。修正申告を行わない場合は税務署長が納税額を決定する更正または決定の処分(注1)が行われますが、その処分に不服があるときは、処分の取消しや変更を求める不服申立て（税務署長に対する再調査の請求・国税不服審判所長に対する審査請求(注2)）を行うことができます（**図3-1**）。国税不服審判所長の裁決を受けた後、なお処分に不服があるときは、裁判所に訴訟を起こすことができます。

不服申立てを行うことができる期限、訴訟を起こすことができる期限は、**図3-1**のとおりです。

修正申告を行った場合は、指摘が不合理で納得できないと考えていても不服申立てはできなくなります（更正の請求をすることはできます）。

(注1) 税務署長が更正決定処分を行える期間は、原則として法定申告期限から５

図3-1　税務署長の処分に不服があるとき

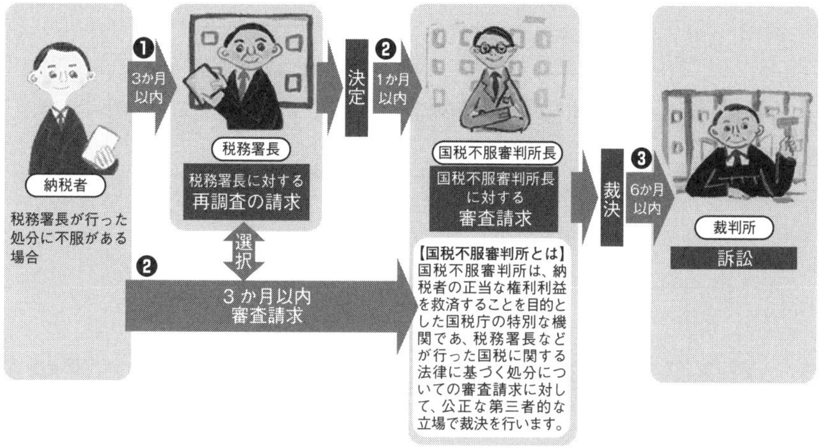

出典：国税庁ホームページ

年です（偽りや不正の行為により全部もしくは一部の税額を免れ、または還付を受けた場合等は7年・贈与税については6年・法人税に係る純損失等の金額についての更正は、平成30年4月1日以後に開始する事業年度において生じるものについては10年・同日前に開始する事業年度については9年。国税通則法70条・相続税法第36条）

（注2）「令和2年度における審査請求の概要」によると、令和2年度審査請求の処理件数2,328件のうち、認容件数は233件（10%）でした（一部認容168件・7.2%、全部認容65件・2.8%）。また、令和元年度審査請求の処理件数2,846件のうち、認容件数は375件（13.2%）でした（一部認容285件・10%、全部認容90件・3.2%）。

Ⅶ

社長の退職金相談を事業承継準備のきっかけとするには

1　退任予定時期や希望金額、その額を希望する理由を質問する

「社長、いつから・いくら年金を受け取りますか？」という質問同様、「社長、いつ頃・いくら退職金を受け取りますか？」という、退任予定時期や受けたい役員退職金額、その額を受けたい理由に関する質問は、社長に事業承継・相続を自分事として感じてもらうきっかけをつくります。

金額については、税務上の適正額を考えるよりも前に、まずは在任中に利益剰余金がいくら増えたかを確認して、これまでの事業経営・自身の頑張ってきたことを振り返ってもらうとよいでしょう。利益剰余金が社長の在任中にいくら増えたか（在任中に会社の内部留保をいくら増やしたか）は、在任中の功績を客観的に示すものと考えられます。そのうえで、いつ・いくらくらい受け取りたいのか、使途（何のために受け取りたいのか）は何かを、右のように具体的にイメージしてもらいましょう。

具体的にイメージすると、「必要以上に多額の役員退職金を受ける必要はない」とか、「自身の会社経営にかける想いを後継者が引き継いで経営できるよう、会社の内部留保として残しておきたい」と社長が感じて、役員退職金の見直し等につながるケースもあります。

・退職後に自身がやりたいことをするために必要なお金：○万円
・退職後に生涯受給できる老齢年金（月額○万円）、企業年金等以外に必要な老後生活資金：月額○万円×○年
・遺族の相続税納税資金の準備として：○万円
・後継者以外の相続人への遺産分割資金：○万円
・会社・自身の経営理念・想いを次世代に託し、後継者に発展させてもらうために会社には内部留保を○万円は残しておきたい。
（・後継者または自社の持株会社に自社株を譲渡することにより得られる税引き後の所得：○万円）

など

・したがって、役員退職金として○年後に○万円もらいたい。

2　役員退職金と事業承継が密接な関係にあることを理解してもらう

中小オーナー企業や社長にとって、親族内承継、役員・従業員承継（企業内承継）、社外への引継ぎ（M&A 等）のいずれの形で事業承継をする場合であっても、役員退職金は重要な意味を持つことが多いです。

役員退職金を支給すると、会社は通常の事業年度よりも多額の損金算入が可能となるため、利益が出ていても法人税等の節税になります。社長は効率良く老後資金等を確保でき、後継者も、役員退職金支給によって株価が低下したタイミングであれば、自社株の贈与にかかる贈与税額や自社株購入資金が少なくて済みます（死亡退職金を受け取った遺族の場合、相続税納税資金等に充てることができます）。

また、M&A（株式譲渡）の際、譲渡金額を下げる代わりに、売り手企業の社長が対象会社から役員退職金を受けることがあります。役員退職金と株式譲渡所得では税金が課税されるしくみが異なり、売り手・買い手双方にとって次のようなメリットがあるからです。

売り手：	退職所得控除等の所得税等節減メリットを享受できるため、一定額以下であれば、対価の全額を株式譲渡所得として受けるよりも効率良く今後の生活資金等を確保できる
買い手：	株式の譲渡金額が下がるため準備すべき現金が少額で済む。（隠蔽・仮装がなければ）役員退職金が不相当に高額でない限り全額を対象会社の損金に算入できるため、法人税等節税メリットがある(注1)

(注1) 売り手社長が株式を譲渡して代表取締役を退任した後も取締役等として残るケースでは、「実質的に退職したと同様の事情にあると認められる」ことが、分掌変更に際しての役員退職金の損金算入が認められるための要件となりますので、注意が必要です（235ページ）。

3　原資がないと支給できない

役員退職金は、会社に原資（現金預金・生命保険契約等）があるか、金融機関からの借入れ等で調達できなければ、現金で支給することができません。業績・財務状況・資金繰り・事業承継プラン・事業承継後の会社のビジネスプラン等、状況によっては社長が希望する退職金額を現金で支給することが難しい可能性もあります(注2)。

ですから、継続的な利益確保・計画的な資金準備を行い、退職金支給により会社・後継者等に負担を掛けないようにすることが大事です。

自身が心血を注いできた事業の価値をどのようにして次世代に残すのか、退職金（や売却代金）の使途・退職後の生活資金、退職後の自身の人生、在任中に万一死亡したら会社や後継者等にどんなお金がいくらくらい必要かも、なるべく早期から考えてもらうことが重要です。

なお、役員退職金を支給した会社にとって、役員退職金支給額は臨時に生じた損失ですので、通常は損益計算書の特別損失に計上します。特別損失の額は、金融機関の融資審査で重視される営業利益や経常利益には影響がありません。

(注2) 中小オーナー企業社長の役員退職金では、法人名義の不動産等の現物支給

が行われることもよくあります。報酬等のうち不動産等金銭でないものについては、その具体的な内容を定款または株主総会の決議によって定める必要があります（会社法361条1項6号）。

4　認知症対策

社長が認知症となるリスクもあります。認知症により判断能力が低下すると株式の議決権を行使できなくなり、役員の選任・在任中の役員給与や役員退職金の決定など重要な経営判断ができなくなってしまいます。

こういった事態に備えて、信託（自社株を信託財産として社長を委託者兼受益者・後継者を受託者とする自益信託。代表取締役が認知症になったら、代表取締役の持っている議決権を後継者（例えば長男）である取締役が行使できるようにしておく）を利用したりすることもできます。

必要に応じて弁護士や司法書士に相談するのがよいでしょう(注3)。

(注3) 自社株を信託していると、事業承継税制の特例の適用を受けることはできません。

5　計画実現のために税理士への相談を促す

社労士・FP等による社長の年金相談では、年金受給などのために役員給与設定を変更したほうがよいかどうかを社長が判断できるように、役員退職金等への影響も含めて、社長が税理士に相談するよう促すことをお勧めします。その際には、自身の専門分野である税務について、税理士が専門外の社労士・FP等からあれこれ指摘・指図されると、不快に感じる人が多いと思われるため、社長から税理士に対して「社労士（FP）が税金についてこんなことを言っていますが、どうなんでしょうか？」などと問い合わせるのではなく、例えば次のような感じで相談してもらうようにするとよいでしょう。

役員給与設定を変更することで働きながら年金をもらえるなどの効果が生じると聞きました。今後○年間で会社の営業利益（や可処分所得）が最高で合計○万円増えるとのことです。この金額の範囲内であれば、役員退職金支給時に損金算入を一部否認されても構わないと思っているのですが、○年後私が退職時に会社から役員退職金を○万円払うとしたら、最大どの程度税金が増える可能性があると想定しておけばよいでしょうか

もし私がいま死亡したとして、会社が配偶者（後継者である長男）に死亡退職金を○万円・弔慰金を○万円支給するとしたら、会社が負担すべき税金や遺族が負担すべき税金はどうなるでしょうか

来期からすぐに役員給与設定を変更するかどうかはまだ決めていないのですが、今後の引退計画や事業承継計画を検討するための材料としたいと思いますので、ご協力いただけますと助かります

社長が税理士に相談することで、早期にリタイアメントプランに関する希望・理想が税理士に伝わるという効果もあります。社長の年金相談や退職金相談への対応は、社長が理想の人生を送り理想の会社経営・事業承継を実現するための支援の一環として行うものですから、引退計画・事業承継計画の実行にあたって税務上注意すべき点について、顧問税理士（やセカンドオピニオンを提供する税理士）から早期に適切なアドバイスを受けるきっかけをつくることも、広い意味での計画実現への貢献につながるといえます。

第４章

事業承継相談初期対応で押さえるべきポイント

本書の冒頭でお伝えしたとおり、経営者の高齢化が進んでいるにもかかわらず後継者不在のまま、というケースが増えています。事業承継が進まない理由として、思い込みから選択肢にバイアスがかかってしまっていたり、自分事として捉えられていないといったことが挙げられます。

本章では、こうした社長が、どうすれば事業承継計画を作成し、実行に移すようになるか、事業承継相談初期対応のポイントをお伝えします。

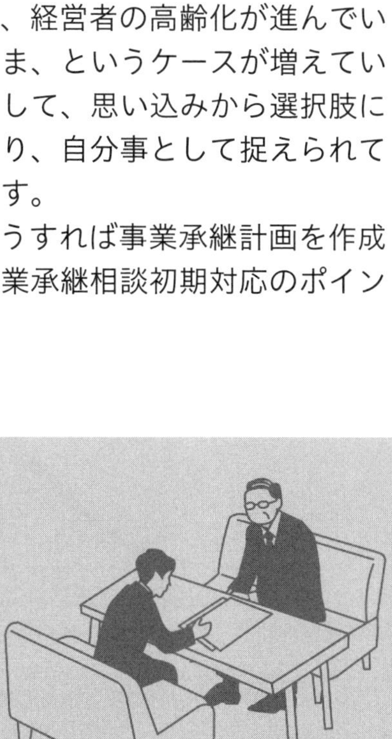

I

事業承継支援を必要としている社長とは

1　経営者年齢は上昇し続けている

『2021年版中小企業白書』によると、経営者の平均年齢は2019年には過去最高齢を更新し、62.16歳となっています。そして、経営者年齢の多い層が2020年には「60歳～64歳」、「65歳～69歳」、「70歳～74歳」に分散しています（**図4-1**）。

図4-1　年代別に見た中小企業の経営者年齢の分布

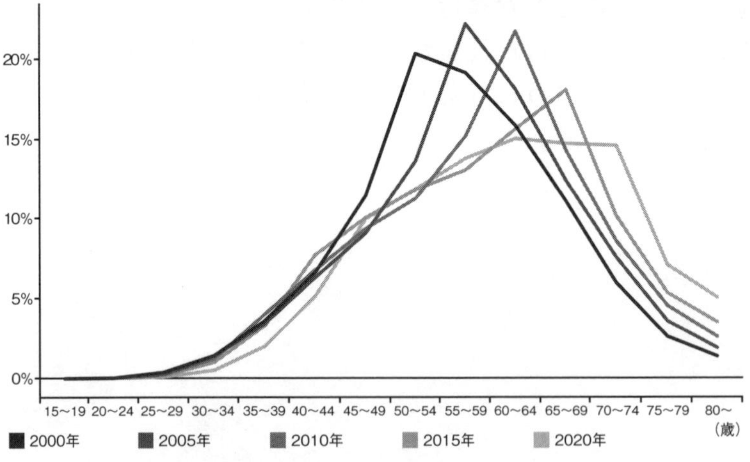

資料：（株）東京商工リサーチ「企業情報ファイル」再編加工
（注）「2020年」については、2020年９月時点のデータを集計している。

出典：『2021年版中小企業白書』（中小企業庁）

2　事業承継の方法は親族への承継から親族以外への承継にシフトしている

中小オーナー企業においては一般に親族への承継を希望する社長が多いものの、後継者不在等を背景に、近年では親族への承継の割合は減少しており、親族以外への承継にシフトしているといわれています。

近年事業承継をした経営者の就任経緯をみると、2020年には同族承継が34.2%まで下がり内部昇格と同水準となった、との調査結果もあります（**図4-2**）。

図4-2　近年事業承継をした経営者の就任経緯

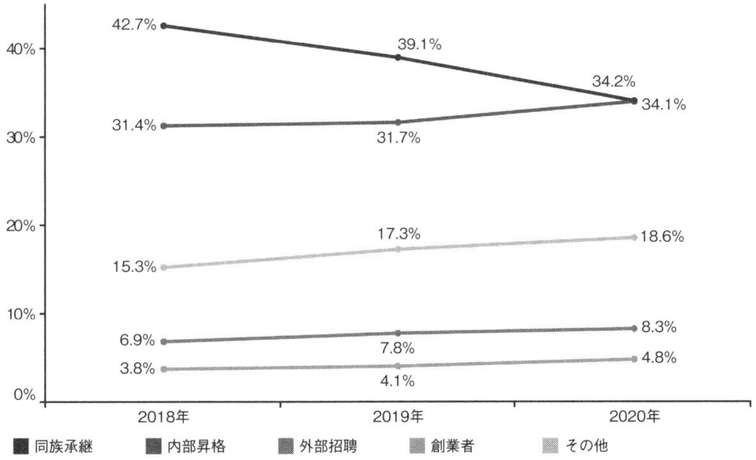

資料：（株）帝国データバンク「全国企業「後継者不在率」動向調査（2020年）」
（注）「その他」は、買収・出向・分社化の合計値。

出典：『2021年版中小企業白書』（中小企業庁）

一方、経営者の高齢化や後継者不在等を背景に、休廃業・解散件数も増加傾向にあります（**図4-3**）。休廃業・解散企業の代表者年齢は、2020年は「70代」が最も多く41.8%となっています（**図4-4**）。

図 4-3　休廃業・解散件数と経営者平均年齢の推移

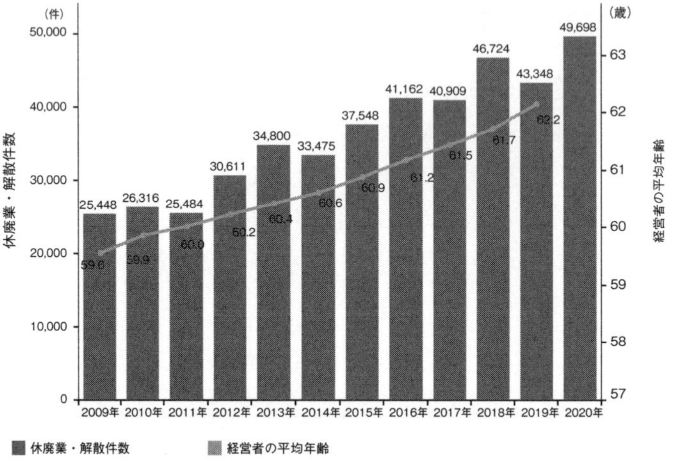

資料：（株）東京商工リサーチ「2020 年「休廃業・解散企業」動向調査」、「全国社長の年齢調査（2019 年 12月31日時点）」

（注）1. 経営者の平均年齢は 2019 年までを集計している。
2. 休廃業・解散件数については、2013 年以降補足率が高くなる形で調査の精度が向上されている。

出典：『2021 年版中小企業白書』（中小企業庁）

図 4-4　休廃業・解散企業の代表者年齢の構成比

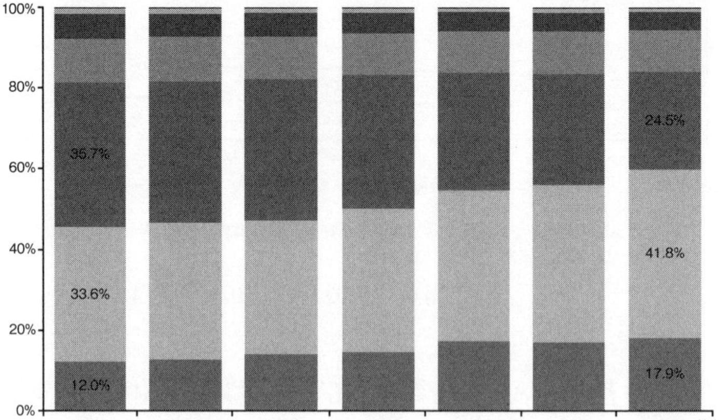

資料：（株）東京商工リサーチ「2020 年「休廃業・解散企業」動向調査」

出典：『2021 年版中小企業白書』（中小企業庁）

こうした休廃業・解散企業の95%以上は従業員20名以下の比較的小規模な企業が多い（**図4-5**）のですが、休廃業・解散した企業のうち、直前期の業績データが判明している企業について集計したところ、2014年以降一貫して約6割の企業が当期純利益が黒字であったとのデータもあります（**図4-6**）。

社労士・FP等の顧問先・関与先に多い小規模企業の中にも、何らかのかたちでの事業承継を行うことで、貴重な経営資源を次世代に引き継ぐことが可能となる企業が一定程度存在していると考えられ、社労士・FP等としては、こうした企業の事業承継相談のきっかけを積極的につくっていくことが望ましいと思われます。

図4-5　業種別、休廃業・解散企業の従業員規模の構成比（2020年）

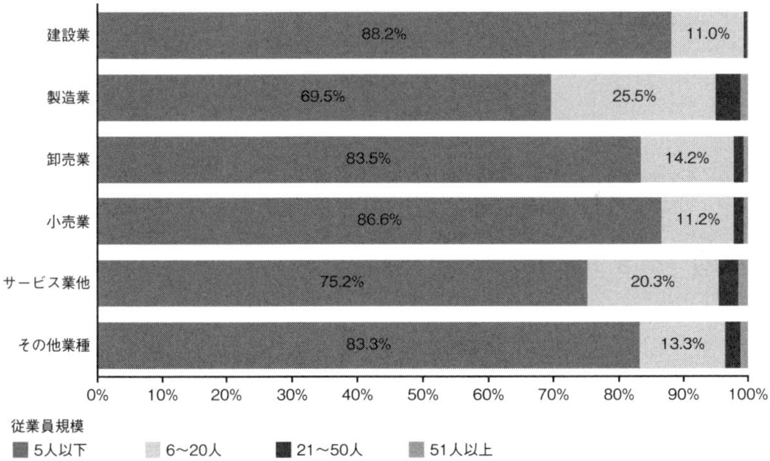

資料：（株）東京商工リサーチ「2020年「休廃業・解散企業」動向調査」再編加工
（注）その他業種は、「農林漁鉱業」、「金融保険業」、「不動産業」、「運輸業」、「情報通信業」の合計。

出典：『2021年版中小企業白書』（中小企業庁）

図 4-6　休廃業・解散企業の損益別構成比

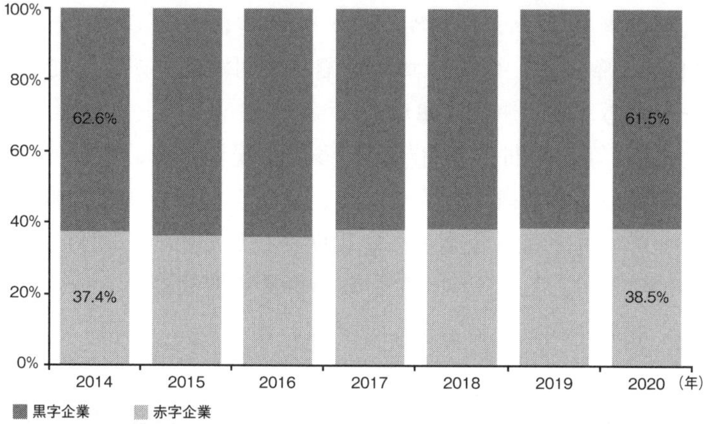

資料：(株) 東京商工リサーチ「2020 年「休廃業・解散企業」動向調査」
(注) 損益は休廃業・解散する直前期の決算の当期純利益に基づいている。なお、ここでいう直前期の決算は休廃業・解散から最大2 年の業績データを遡り、最新のものを採用している。

出典：『2021 年版中小企業白書』(中小企業庁)

3　事業承継相談初期対応を行うにあたっての留意点

きっかけづくりとしては、これまで解説してきたように、年金相談や退職金相談を端緒とすることが有効と考えられますが、今後、自社をどうしていきたいかは社長によって考え方が異なります。例えば、著者が相談を受けている中では、次のような社長がいます。それぞれに相談対応のしかたが変わってきますので、社長の希望に沿った支援ができるよう、丁寧に意向を確認する必要があります。

(1) 生涯現役を目指す社長

年金受給世代の社長には、健康に関心が深い人も多いです。散歩、ランニング、ジムに通うなど、様々な健康維持のための対策を採っている社長もいます。一般に、働き続けるのが最も健康に良いともいわれているところです。

ですから、自身の健康のためにも生涯現役で働きたい、元気に働けるうちは働きたい、という社長もいます。

その場合でも、今の会社で今の事業を社長として続けることが必ずしも本人の理想の状態ではないケースも多いです。サラリーマンが定年後に一人起業をするのと同じように、**事業承継・M&Aで今の事業は次世代に残して継続発展を他者に託し、社長を自主定年した後に再度一人起業にチャレンジして楽しむ、という選択肢もあります**。創業社長の中には、新しい事業を一から立ち上げることについてあれこれ考えている時が何歳になっても一番楽しい、という社長も少なくないのです。

そうした社長の場合、自分一人でできる範囲で（必要に応じ外部パートナー等を活用して）、自身のこれまでの豊富な経験・知識を活かして次世代教育や業界・社会への貢献等に資する個人事業を行ってもよいですし、法人を設立して年金が支給停止とならないような役員給与を受けながら行ってもよいのです(注1)。人の目を気にすることなく、本当にやりたい事業・仕事を生涯現役でやり続けることもでき、日々の幸せ・健康の維持にもつながるでしょう。

(注1) 設立時に自身も含めて「社員」(法人も社員になれます) が2名いれば、一般社団法人も設立できます。

(2) 廃業希望の社長

社長に事業承継をするつもりがなく、廃業を希望していることもあります。『2020年版中小企業白書』では、社長が60代以上の企業の35.5%が「現在の事業を継続するつもりはない」と回答したというデータが紹介されていました（3ページ）。支援にあたっては、経営者の意向を十分確認することが重要です。

廃業は、必ずしも不幸な選択肢ではありません。

売上・利益が低迷し借金が増えていく中、無理に無理を重ねてからの廃業は、もちろん避けるべきです。

しかし、早めに廃業していくらかなりともお金が残り、生涯支給される公的年金で生活の基盤を支え、廃業後の人生を安心して穏やかに暮らすほうが幸せな場合もあります。

後継者がいない企業の出口戦略としてはM&Aばかりが注目されがちですが、小規模企業社長には事業承継を考えておらず、健康で働けるうちは代表取締役として働き続けることを希望し、最終的には廃業を考えている人もいます。

例えば、「経営者の事情」により廃業した人へのアンケート結果には、次のようなデータもあります[注2]。

- 後継者の検討状況：後継者を探すことなく事業をやめた 93.4%
- 後継者を探すことなく事業をやめた理由：そもそも誰かに継いでもらいたいと思っていなかった　57.2%
- 廃業時に困ったこと：特に困ったことはなかった 74.6%
- 廃業時に問題になったこと：特に問題になったことはなかった 61.4%
- 廃業のために相談した外部機関や専門家（複数回答）：相談していない 71.0%
- 廃業の円滑度：円滑にできた 53.6%、どちらかといえば円滑にできた 40.6%

(注 2)『経営者の引退と廃業に関するアンケート』(日本政策金融公庫総合研究所 2019年10月実施)。調査対象企業の「廃業時の経営組織」としては「個人」経営が75.6%と多数を占めますが、「法人」も24.4%含まれています。

(3) 事業承継相談初期対応に慎重を要する社長

本書の冒頭でお伝えしたとおり、社長の中には60代以上になっても事業承継問題を先送りにしてしまう方が少なからずいます。中には、次のような思い込みから選択肢にバイアスがかかってしまっている方もいますので、社労士・FP等が客観的な事実に基づき、社長の希望を明確にしたり実現する方法があることを伝えたりする必要があります。

① いずれ子が継いでくれるかもしれない

子がいたとしても、自社と関係のない他業種の、しかも遠方の会社に就職しているケースもあります。経営者が高齢になり事業承継を真剣に考え始める頃には、子は勤務先で要職に就いているというケースも多いです。そのような状況の場合、子は事業を継ぐ気がなく、社長も子に事業を継がせることを考えていないケースが多いです。

しかし、中には、特に根拠がないにもかかわらず「いずれは子が事業を継いでくれるはず」と言う社長もいます。

こうしたケースでは、事業・会社を継いでほしいと直接伝えたこともなく、子の気持ちを確かめることもしないまま勝手に期待するばかりで時間が過ぎてしまっても意味がありませんので、確認しづらくても子の意思を聞いてみる日を計画に書き入れて実行することから始めてもらう必要があります。

② 社内に後継者がいないので自分が社長を続けざるを得ず、いずれは廃業しかない

後継者がいないので今のまま社長として働かざるを得ない、との声を聞くこともよくあります。社長自身が心から望んでいるわけではないにもかかわらず、このまま事業を継続して代表取締役として働き続けざるを得ない、と漏らす社長が多いのです。

親族や社内に後継者候補がいない場合は、外部招聘やM&Aという選択肢もあり得ます。

最近は、経営資源引継ぎ型創業（承継開業）の希望者もいますし、あっせんを行っている支援機関（事業承継・引継ぎ支援センター（280ページ）等）に相談することもできます。

今までどおり社長を続けたいのであれば続けてもよいですが、嫌なのであれば、他の選択肢がないか考えてみるのもよいことです。自分がやってきたことで次世代に残したいものはないか。最終的に廃業することで本当によいのか。

「これしかできない」と選択肢を狭めてしまわずに、社長がやりたいことを考えて、そのためにできる方法はないかをイメージしてもらうことで新たな選択肢が見えてくることがあります。

③ 従業員に迷惑はかけられないので、社長を続けざるを得ない

後継者がいない企業の社長に多いのが、従業員の雇用維持を自身の果たすべき重要な責任と考えており、M&A 等社外への引継ぎによって従業員の雇用を守れず責任を果たせなくなることをおそれている、というケースです。

大企業の敵対的な企業買収のニュースを見聞きして、M&A に対して否定的な印象を持っている社長もいます。しかし、中小企業のM&A においては、M&A 実施後に従業員が退職してしまうと買い手企業にとっても大きな痛手であるため、雇用継続のための努力がなされるケースが多いです。中小企業の M&A において、M&A 実施後の従業員の雇用継続の状況が「10 割」という会社が 80%を超えていたとの調査結果もあります（**図 4-7**）。

昨今は、外部環境の急激な変化により、一つの会社で働き続けることをリスクと捉え、副業を行っている会社員も増えているところです。同様に社長も、今の事業・今の会社で自身が社長を続けることによるリスクを意識して、早期に今後の方針の検討を始めたほうがよいケースもあります。

M&A の検討が遅れ、外部環境変化にうまく対応できないまま業績が大きく悪化した後で検討を始めても、買い手が見つからず廃業をせざるを得なくなってしまうということも考えられます。そうなると、結果として従業員の雇用維持もできずに迷惑をかけてしまうこととなります。

図 4-7　M&A 実施後における譲渡側の従業員の雇用継続の状況

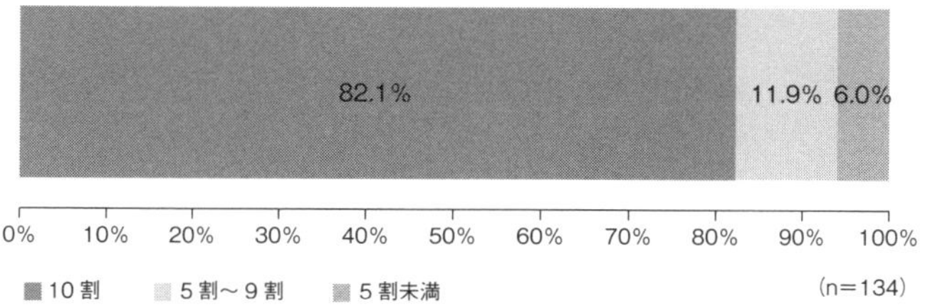

（注）M&A の実施について、「2015 年以降に M&A を実施したことがある」と回答した者に対する質問。

【資料】東京商工リサーチ「中小企業の M&A に関するアンケート調査」

出典：『中小企業の経営資源集約化等に関する検討会 取りまとめ～中小 M&A 推進計画～』（中小企業庁）

④　赤字なので売れない・自社には他社に売れる価値はない

M&A の買い手となる企業の多くは、売上・市場シェアの拡大や新事業展開・異業種への参入を目的として売り手企業を探しています（最近は、新型コロナウイルス感染症の影響で本業の業績が低迷している企業が、異業種進出のため売り手企業を探しているケースもあります）。

また、人材獲得を目的として譲受を検討している企業や、売り手企業の保有技術・ノウハウの獲得等を目的として譲受を検討しているケースもあります（275 ページ**図 4-8**）。

つまり、事業自体は赤字であっても、それ以上のメリットが買い手にあったり、買い手企業がその事業を行うことで再生できる見込みが高かったりするなどの理由で、M&A が成立することがあるのです（現在赤字でも他社にとっては魅力のある事業のみを他者に譲渡することで､黒字の事業のみを残して再生できるケースも中にはあります）。

後継者のいない社長が何らかのかたちで自社の経営資源を次世代に残したいと考えている場合は、なるべく早い段階から将来の M&A の可能性も念頭に置いて自社の強みを発見し、企業価値向上に努めることが重要です。

⑤　最終的には廃業すれば済む

役員・従業員ともに退職年齢を迎え次第、廃業（会社を解散して清算）するつもりの社長もいます。廃業後は夫婦２人の生活で公的年金や預貯金等があるので、廃業後も生活できると考えているようなケースです。

ただ、業種によっては、会社の解散・清算費用だけでなく、工場の解体・撤去、事業用の機械・車両の廃棄等に多額の費用がかかるケースもあります。

廃業前提の場合でも、公的年金をいつから・いくら受け取るか、また退職金(注3)をいくら受けるかも含めた老後の生活資金計画、廃業後の人生計画を立ててもらうことは重要です。

(注3) 解散後引き続き役員として清算事務に従事する者に支給する退職給与（国税庁ホームページ質疑応答事例　法人税）

【照会要旨】

法人が解散した場合において、引き続き清算人として清算事務に従事する旧役員に対しその解散前の勤続期間に係る退職手当等として支払われる給与については、法人税法上退職給与として取り扱われますか。

【回答要旨】

退職給与として取り扱われます。

(理由)

法人が解散した場合において、引き続き役員又は使用人として清算事務に従事する者に対し、その解散前の勤続期間に係る退職手当等として支払われる給与は、所得税法上退職手当等として取り扱われています（所得税基本通達 30-2(6)）ので、法人税法上も退職給与として取り扱うことが相当と考えられます。

図 4-8　中小 M&A の譲渡側・譲受側の目的

M&A の譲渡側の目的

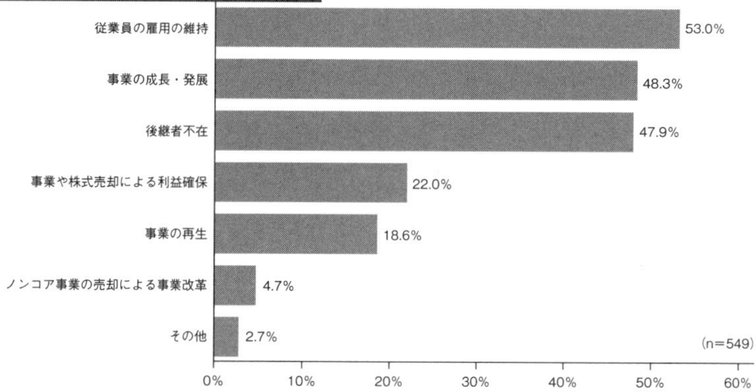

資料：(株) 東京商工リサーチ「中小企業の財務・経営及び事業承継に関するアンケート」
(注) 1. M&A の実施意向について「売り手として意向あり」、「買い手・売り手ともに意向あり」と回答した者に対する質問。
　　2. 複数回答のため、合計は必ずしも 100%にならない。
【資料】中小企業白書 (2021 年)

M&A の譲受側の目的

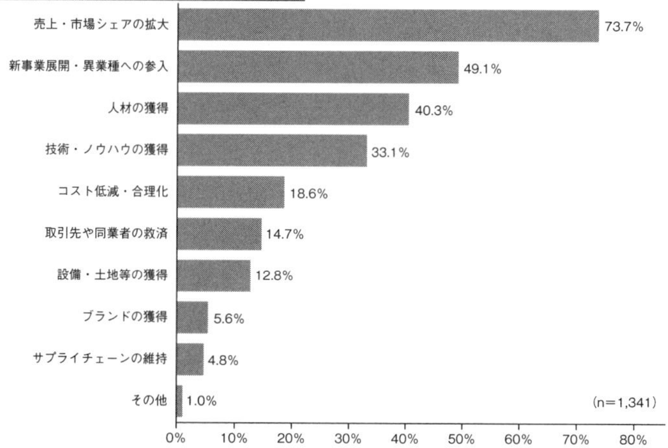

資料：(株) 東京商工リサーチ「中小企業の財務・経営及び事業承継に関するアンケート」
(注) 1. M&A の実施意向について「買い手として意向あり」、「買い手・売り手ともに意向あり」と回答した者に対する質問。
　　2. 複数回答のため、合計は必ずしも 100%にならない。
【資料】中小企業白書 (2021 年)

出典：『中小企業の経営資源集約化等に関する検討会 取りまとめ
～中小 M&A 推進計画～』(中小企業庁)

Ⅱ

事業承継相談初期対応にあたり知っておきたい最新動向

1　スモールM&Aが注目されている

(1)　国は令和7年までに、70歳以上となる後継者未定の中小企業約127万者のうち、黒字廃業の可能性のある約60万者の第三者承継を促すことを目指している

経営者の高齢化・後継者の不在等を背景に、最近は中小企業の株式譲渡・事業譲渡等（「スモールM&A」）の第三者承継（社外への引継ぎ）が注目されています。

『第三者承継支援総合パッケージ』（中小企業庁）によると、中小企業のM&Aは年間4,000件弱に留まり、潜在的な後継者不在の中小企業の数（127万者）(注1) からすると不十分な件数とのことです（**図4-9**）。

そのため、黒字廃業を回避するための第三者承継支援総合パッケージ（10年間の集中実施）により、令和7年までに、70歳以上となる後継者未定の中小企業約127万者のうち、黒字廃業の可能性のある約60万者の第三者承継を促すことを、国は目指しています（**図4-10**）。これにより、技術・雇用等の中小企業の経営資源を、次世代の意欲ある経営者に承継・集約することを目指しているのです(注2)。

（注1）個人事業者も含めた数です。日本企業全体の約3分の1にあたります。
（注2）現状を放置すると、中小企業・小規模事業者廃業の急増により、令和7年

図 4-9　第三者承継における課題と対応の方向性

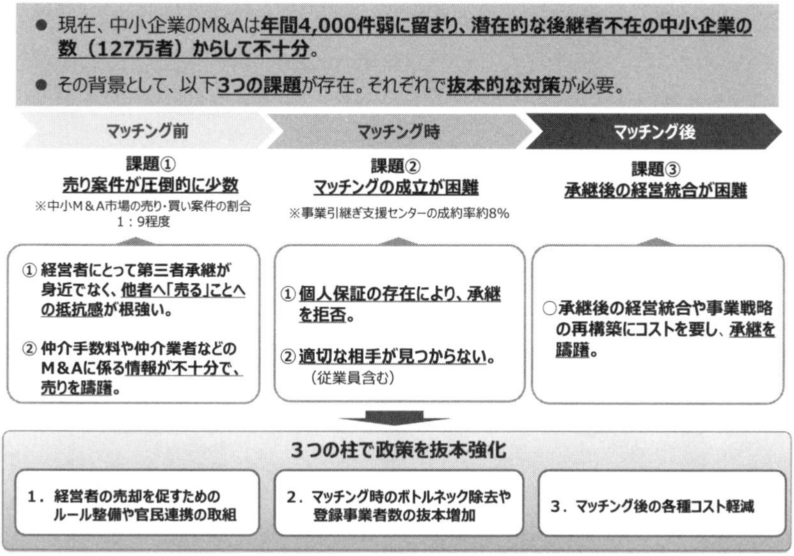

出典：『第三者承継支援総合パッケージ』（中小企業庁）

までの累計で約650万人の雇用、約22兆円のGDPが失われる可能性があるとされています。また、第三者承継のニーズが顕在化する経営者は今後一気に増大する可能性があるとされています。（第１回『事業引継ぎガイドライン』改訂検討会資料3-1）

(2) スモールM&Aが積極的に活用されるための各種施策も実施

これまで中小企業の第三者承継の件数が少なかった原因として、次の課題が存在するとされています。

・マッチング前の課題：売り案件が圧倒的に少数
・マッチング時の課題：マッチングの成立が困難
・マッチング後の課題：承継後の経営統合が困難

特に、マッチング前の課題である「売り案件が圧倒的に少ない」ことについては、「中小M&A市場の売り・買い案件の割合」は「1：

図 4-10　事業承継の現状と目標

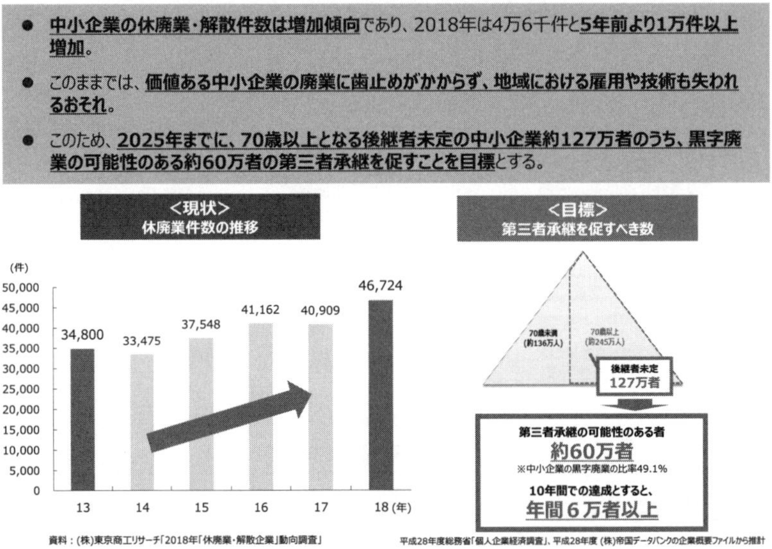

出典：『第三者承継支援総合パッケージ』（中小企業庁）

９程度」とのデータが示されています（以上、**図 4-9** 参照）。そこで、これら３つの課題に対する抜本的な対策として、各種支援策が実施されています。

まず、経済産業省は、『事業引継ぎガイドライン』（平成 27 年３月策定）を全面改訂した『中小 M&A ガイドライン』を令和２年３月に策定しました。この新しいガイドラインでは、第三者承継を今後増やしていくために行政書士、司法書士、社労士といった「その他の士業等専門家」に期待されている役割が、次のように示されています。

> 依頼者ないし顧問先等において中小 M&A に関する相談等を受けた場合には、他の支援機関と連携の上、中小 M&A を円滑に実現するために業務、職責に応じて適切な支援が望まれる。

著者のところに年金相談に来る社長に限ってみると、中には M&A の買い手となることを希望しているケースもありますが、潜在的な売り手見込企業のほうが圧倒的に多いです。したがって、年金相談をきっかけとして M&A 相談を受ける場合も、売り手見込企業としての相談が多いです。

(3)『中小 M&A 推進計画』が公表

新型コロナウイルス感染症の影響等を踏まえ、令和３年４月 28 日には中小企業庁が『中小 M&A 推進計画』を策定しました。これは、経営資源集約化等を推進するため今後５年間に実施すべき官民の取組みを取りまとめたもので、概要は次のとおりです。

1．策定の趣旨

経営者の高齢化や新型コロナウイルス感染症の影響に対応し、中小企業の貴重な経営資源が散逸することを回避するとともに、事業再構築を含めて生産性の向上等を図るため、中小企業の貴重な経営資源を将来につないでいくことを目的として策定

2．「中小 M&A 推進計画」の主なポイント

■中小 M&A の意義と潜在的な対象事業者

・「経営資源の散逸の回避」、「生産性向上等の実現」、「リスクやコストを抑えた創業」の３つの観点から中小 M&A を推進
・潜在的な譲渡側は約 60 万者（成長志向型 8.4 万者、事業承継型 30.6 万者、経営資源引継ぎ型 18.7 万者）

■小規模・超小規模 M&A の円滑化

・事業承継・引継ぎ支援センター(注3) と民間 M&A 支援機関の連携強化を図るとともに、新たな補助類型の創設等により経営資源引継ぎ型創業を推進
・士業等専門家の育成・活用を強化しつつ、保険料への補助を開始

して表明保証保険の活用を推進

■大規模・中規模 M&A の円滑化

・中小企業が民間 M&A 支援機関による支援を適切に活用できるよう、企業価値評価ツールを提供するとともに、補助金等によりセカンドオピニオンの取得を推進

・M&A 実施後の経営統合（PMI）の取組等を推進するため、中小 M&A における PMI に関する指針を策定するとともに、中小企業向けファンドによる支援を拡充

■中小 M&A に関する基盤の構築

・事業承継の気づきを提供する事業承継診断を企業健康診断へと発展的に改組

・中小 M&A の制度的課題に対応（所在不明株主の株式の買取り等に要する期間の短縮等）

・M&A 支援機関の質を確保するため、M&A 支援機関に係る登録制度を創設するとともに、M&A 仲介に係る自主規制団体を設立

(注3) 事業承継・引継ぎ支援センターとは：中小企業の円滑な事業承継や事業引継ぎを支援するため、令和３年４月以降、全国に「事業承継・引継ぎ支援センター」が開設されています。M&A 等の事業引継ぎ支援を行っていた産業競争力強化法上の認定支援機関である「事業引継ぎ支援センター」に、親族内承継支援を行っていた「事業承継ネットワーク」を統合し、発展的に改組されたものです。

　事業承継・引継ぎ支援センターでは、事業承継診断に基づく支援ニーズの掘起こしや、事業承継計画の策定、譲渡・譲受事業者間のマッチング等の支援が行われています。事業承継・事業引継ぎの双方について、中小企業からの相談を無料で受けつけています。

（参考）

・**中小企業の経営資源集約化等に関する検討会 取りまとめ～中小 M&A 推進計画～（中小企業庁）**
https://www.chusho.meti.go.jp/koukai/kenkyukai/shigenshuyaku/2021/210428torimatome.pdf

図 4-11　事業承継・引継ぎ支援センターの概要

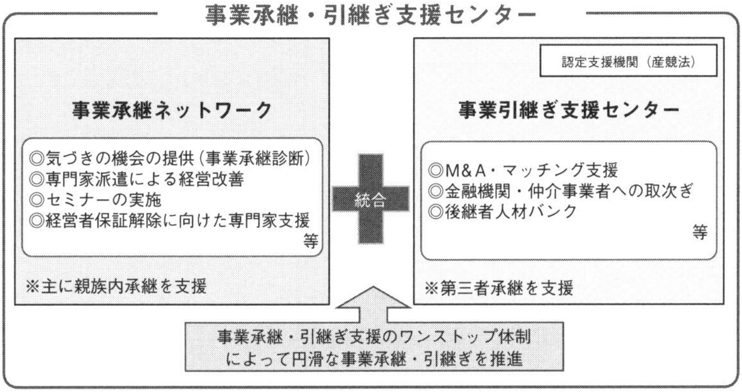

出典：『2021 年版中小企業白書』（中小企業庁）

- **中小企業の経営資源集約化等に関する検討会　取りまとめ（概要）**
  https://www.chusho.meti.go.jp/koukai/kenkyukai/shigenshuyaku/2021/210428shigenshuyaku02.pdf

(4) 事業承継ガイドラインも改訂見込み

また、平成 28 年 12 月に改訂された『事業承継ガイドライン』（中小企業庁）が、最近の状況変化等を反映したものに再度改訂される見込みです。

（参考）

第１回『事業承継ガイドライン』改訂検討会配布資料３
https://www.chusho.meti.go.jp/koukai/kenkyukai/jigyousyoukei_guideline/001/001_03.pdf

(5) 士業向けM&Aセミナーも開催されている

第三者承継（M&A）を増やすことが国策となっている状況下で、ここ数年、様々なM&A支援事業者が士業向けのM&Aセミナーを開催しています。

士業にとっても、社長から相談があったときに、必要に応じて他士業を紹介したり事業承継・引継ぎ支援センター等支援機関の存在を教えるだけでなく、信頼できるM&A事業者を紹介できる体制をとっておくことは、顧問先等を支援するために必要なことだと思います。

スモールM&A（取引金額5億円程度以下）において、FA（ファイナンシャルアドバイザー）が受け取る手数料の相場は、一般に取引金額の5％程度です（取引金額が1億円未満の案件もあるため、200万円～500万円程度の最低手数料が設けられていることが一般的です）。士業がFAに紹介した場合の紹介手数料の一般的な相場は、FAが受け取る手数料の20％程度です。M&A事業者からの紹介手数料獲得等自社の利益を最優先すべきではないことは、当然のことですが、常に心がける必要があるでしょう。

2 事業承継で活用できる補助金

令和3年度は、事業承継やM&Aを契機とした経営革新等への挑戦や、M&Aによる経営資源の引継ぎを行おうとする中小企業者等を後押しするため、「事業承継・引継ぎ補助金」の公募が行われました。

『令和4年度　中小企業・小規模事業者関係の概算要求等のポイント』（https://www.meti.go.jp/main/yosangaisan/fy2022/pdf/04.pdf）でも、事業承継・引継ぎ・再生支援事業として47.1億円が計上されています。

その他の補助金も含め、中小企業向けの補助金については、中小企業庁ホームページ等で最新の情報を確認するようにしましょう。

（参考）『令和４年度 中小企業・小規模事業者関係の概算要求等のポイント』（抜粋）

■基本的な課題認識と対応の方向性

●コロナ禍の事業者に対する**資金繰り支援、月次支援金の給付、イベントの再開支援**など、厳しい状況に直面する事業者が、足下で必要な①**事業継続のための支援**を、着実かつ迅速に実施中。**資金繰り支援については、引き続き万全を期していく。**

●コロナの影響の長期化や最低賃金の引上げといった環境下において、中小企業・小規模事業者等の**雇用・技術といった経営資源を活かし、事業価値の向上を実現する**ため、事業者に寄り添いながら②**事業再構築、承継・再生**、③**生産性向上**の支援や④**取引適正化**などを進めていく。

●加えて、「災害からの復旧・復興、事前の備え（強靭化）」にしっかり取り組んでいく

■中小企業対策費

令和２年度：1,111 億円・令和３年度：1,117 億円・令和４年度（要求）：1,396 億円

■②事業再構築・承継・再生を目指す事業者の後押し

●**事業再構築補助金**について、随時運用改善を行いながら、**新分野展開や業態転換等の果敢な取組への支援**を行っているところ。引き続き、これらの取組を支援するとともに、併せて**事業承継・引継ぎ・再生**を推し進める。

（その他）**中小企業・小規模事業者における事業承継を更に推進するため、事業承継ガイドラインの改訂や事業引継ぎ後の経営統合に関するガイドラインの策定等を行う。加えて、過剰な債務を負う中小企業・小規模事業者の再生を後押しするため、事業再生のための私的整理等のガイドラインの策定を検討する。**

（補正等）**事業再構築補助金【1 兆 1,485 億円※令和 2 年度三次補正】**

・新分野展開、業態転換等の「事業再構築」に挑戦する中小企業等を支援。

（当初）**ものづくり等高度連携・事業再構築促進事業【25.4 億円（新規）】**

・複数の中小企業等が連携することで新たな付加価値の創造等を図る製品・サービス開発や、新分野展開や業態転換等の「事業再構築」に取り組むプロジェクトを支援。

（当初）**中小企業再生支援・事業承継総合支援事業【159.1 億円（95.0 億円）】**

・中小企業の円滑な再生・事業承継を支援するため、各都道府県に設置された中小企業再生支援協議会や事業承継・引き継ぎ支援セン

ターを通じ、再生計画の策定や親族内承継支援、後継者不在企業と譲受希望者とのマッチングなど総合的な支援を実施。
（当初）**事業承継・引継ぎ・再生支援事業【47.1 億円（16.2 億円）】**
・事業承継・引継ぎ（M&A）・再生に伴う設備投資や販路開拓等の新たな取組を支援するとともに、引継ぎ（M&A）・再生時の専門家活用費等を支援。
（税）コロナ禍等を踏まえた法人版・個人版事業承継税制に関する検討

出典：経済産業省ホームページ

3　社長の希望を実現するための最良の道は、早めに検討を開始すること

上記のとおり、経営者の高齢化・後継者不足等を背景に、国では、技術・雇用等といった中小企業の経営資源を第三者承継（社外への引継ぎ）により次世代の意欲ある経営者に承継・集約するための施策が講じられていますが、最終的に社長がどのようなかたちでの事業承継を目指すのかは様々です。事業承継せずに廃業を目指す場合もあります。

いずれのかたちによる承継を行うにしても、経営の引継ぎ・財産の引継ぎに関して注意すべき点はたくさんあります。**なるべく早めに社長が事業承継を自分事として考え、時間をかけて準備し、実行に移すことができるように支援することが、社長の希望に沿う事業承継を実現するうえで、最も重要です。**

特に、親族内承継や役員・従業員承継（企業内承継）を目指す場合は、後継者の選定や育成に係る期間も含めると、一般に準備に要する期間が長くなります。自社株対策・相続税対策なども、準備期間が長ければ長いほど打ち手の選択肢は多く、効果も大きくなるでしょう。M&A を目指す場合でも、有利な条件で譲渡できるような状況とするための企業価値向上（「磨き上げ」）を行うためにはある程度の時間がかかりますし、判断が遅れることにより選択肢が狭まる可能性もあります。

廃業を目指す場合であっても、判断が遅れることにより最終的に社長の手元に残る現金等が減ることもあるでしょう。

Ⅲ 事業承継相談初期対応の進め方

1　事業承継とは何かを理解して取り組む

序章でお伝えしたとおり、事業承継は「経営の引継ぎ」と「資産の引継ぎ」の２つの要素から成ります（20ページ）。

事業承継については、資産の引継ぎに際しての税務も重要ですが、それ以前に、経営権や知的資産(注1)を次世代に残すかどうか・残す場合は誰に(どこに)・どのようにして・いつまでに引き継ぐかといった、経営の引継ぎの大きなデザインを考えることのほうがより重要です。

中小オーナー企業社長が事業承継について相談する相手としては、顧問税理士が最も多いようです（**図4-13**）が、すべての税理士が事業承継支援を積極的に行っているわけではありません。事業承継相談に対応している場合でも、税理士は税務の専門家ですので、資産の引継ぎに関するアドバイスを行うことが主で、経営の引継ぎも含めた事業承継全般の支援を行っている税理士はそれほど多くないでしょう。

ですから、顧問として普段から労務関係全般について社長から相談を受ける社労士も、労務相談の延長線上で事業承継等に関する相談を受けることがあるでしょう。後継者教育に悩む社長から、後継者の相談相手になってほしいと依頼されることもあります。

その場合に、どのように相談対応を進めていけばよいかですが、初めに、経営の引継ぎの大きなデザインについて社長が検討することが必要です。そのためのツールとして、『経営デザインシート』の活用

図 4-12　事業の承継に関する過去の相談相手

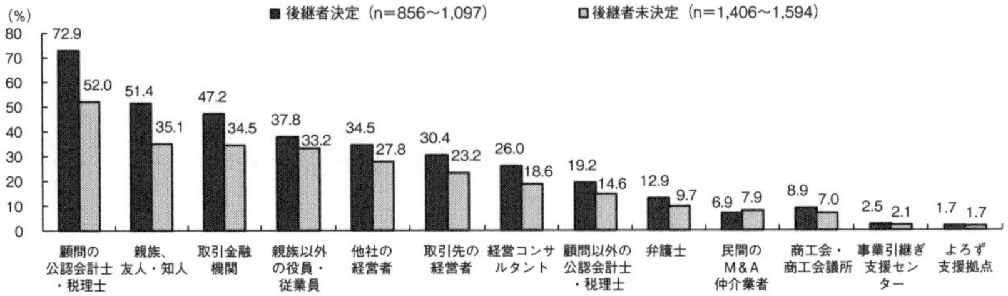

資料：中小企業庁委託「企業経営の継続に関するアンケート調査」（2016 年 11 月、（株）東京商工リサーチ）
（注）1. 複数回答のため、合計は必ずしも 100%にはならない。
2. ここでいう「経営コンサルタント」とは、中小企業診断士、司法書士、行政書士を含む。
3. それぞれの項目について、「相談して参考になった」、「相談したが参考にならなかった」と回答した者を集計している。

出典：『2017 年版中小企業白書』（中小企業庁）

をお勧めします。

（注 1）知的資産：経営理念、経営者の信用、従業員の技術や技能、ノウハウ、取引先との人脈、顧客情報、知的財産権（特許等）、許認可等

2 『経営デザインシート』を作成する

(1)『経営デザインシート』とは

『経営デザインシート』は、自社や事業の将来を構想するための思考補助ツール（フレームワーク）です。自社・事業における「これまで」の価値を生み出すしくみ（ビジネスモデル）を把握し、環境変化を踏まえた「これから」の価値を生み出すしくみを構想する、すなわち「経営をデザインする」ためのツールです。

財務的な裏付けにこだわり過ぎずに書けるところから書いてみることで、環境変化を見据え、自社や事業の「これまで」の理解に基づき、「これから」を構想することを目的として作成します。

図 4-13　経営デザインシートとは

ひとことでいうと

将来を構想するための思考補助ツール（フレームワーク）

100 文字でいうと

環境変化に耐え抜き持続的成長をするために、自社や事業の
（A）**存在意義を意識**した上で、
（B）**「これまで」を把握**し、
（C）長期的な視点で**「これから」の在りたい姿を構想**する。
（D）それに向けて今から何をすべきか**戦略を策定**する。

目的　環境変化に耐え抜くためには長期ビジョンが重要

⇒　**環境変化を見据え、自社や事業の「これまで」の理解に基づき「これから」を構想**

環境変化に耐え抜き持続的成長をするために、自社や事業の**(A)** **存在意義を意識**した上で、**(B)** **「これまで」を把握**し、**(C)** 長期的な視点で**「これから」の在りたい姿を構想**する。**(D)** それに向けて今から何をすべきか**戦略を策定**する。

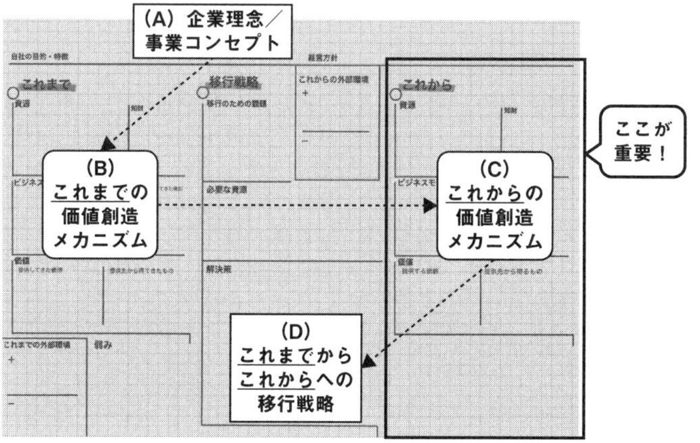

出典：『「経営デザインシート」― 経営をデザインする ―』
（内閣府知的財産戦略推進事務局）

(2) 作成のポイント

自社や事業の（A）存在意義を意識して（B）「これまで」を把握した後、（C）長期的な視点で「これから」の在りたい姿を構想するにあたっては、「これまで」の延長線で考えるのではなく、理想の未来（「これから」）の姿を想定して、そこへ到達するために今後何をすべきかという、バックキャスティング思考によることが重要です(注2)。

なぜなら、自社や事業のありたい姿（未来）からイメージしてみることで、これまでに捉われない発想・気づきが出てくる可能性があるからです。

ありたい姿（未来）をイメージすることで、そもそもなぜ今の事業を始めたのか・行っているのか、誰のどんな役に立つためか・立っているのか（誰にどんな価値を提供するためか・提供しているのか）等、事業に対する想い・企業理念や事業の存在意義・事業コンセプトを改めて確認することもできます。社長に「これまで」・「これから」を書いてもらうことで、想い・事業・会社を次世代に残したい、残すにはどうすればよいかと、社長自身が事業承継の必要性に気づくきっかけになることもあります。

（注2）そのために、経営デザインシートの「これから」については、「提供価値」（どんな相手に・何を）」→「ビジネスモデル」→「資源」の順に考えてもらいます（307ページ**資料1～3**参照）。うまく思い浮かばない場合は、SDGs（Sustainable Development Goals　持続可能な開発目標）における17の目標や169のターゲットのうち自社の存在意義・ありたい姿（未来）に関連するものをヒントとして活用し、自社の「これから」の「提供価値」等を考えてみてもらうことが有効なケースもあります。

(3) 活用方法

経営デザインシートに記載された「これから」について、社長から内容を聞かせてもらうことも、気づきのきっかけを提供する方法として有効です。後継者候補の選定・教育・対話や適切な承継先の検討を促すことにもつながります。

後継者がいる場合は、現経営者に「これまで」を書いてもらい、後継者に「これから」を書いてもらうことで移行戦略の話し合いを促すこともできますが、現社長と後継者の思惑が異なると、コミュニケーションが難しいでしょう。後継者の書いた「これから」が現社長のビジョンと大きく異なっていた場合に、現社長はいつまでも経営権を手放そうとしなくなる可能性もあります。

したがって、後継者が決まっている場合であっても、まずは現社長が「これまで」および「これから」を書くのがよいです。そして、現社長の書いた「これまで」と「これから」を後継者に伝えることで、現社長が後継者に託したい想いを明らかにするのがよいでしょう。

後継者にはそれを踏まえて「これから」を書いてもらい、両者の「これから」をすり合わせていく、というやり方が現実的ですし、両者の考える「これから」の良いところ取りができる可能性が高まるでしょう。

昨今、事業承継に関する情報提供が様々に行われていますが、それらに振り回されずに自社にとって必要な情報を得られるようにするためにも、まずは経営デザインシートを書くことによって、現社長に自社・事業の「これから」や存在意義などを確認してもらうことが重要です。

(2) その他のツール

経済産業省が作成した企業の経営状態を把握するためのツール『ローカルベンチマーク』(通称「ロカベン」)(注3) は、補助金を申請する際の推奨ツールや、金融機関との資金調達に関する交渉の際に使用するツールとしても知られています。このツールを、事業承継前に経営全般を見直すためのツールとして使うこともできます。非財務情報に関する項目についてもヒアリングすることで、社長が事業承継準備の必要性に気づくきっかけにもなり得ます(「非財務情報」に関する「4つの視点」のうち、①「経営者への着目」については、310ページ参照)。

図 4-14　経営デザインシートの作成のポイント

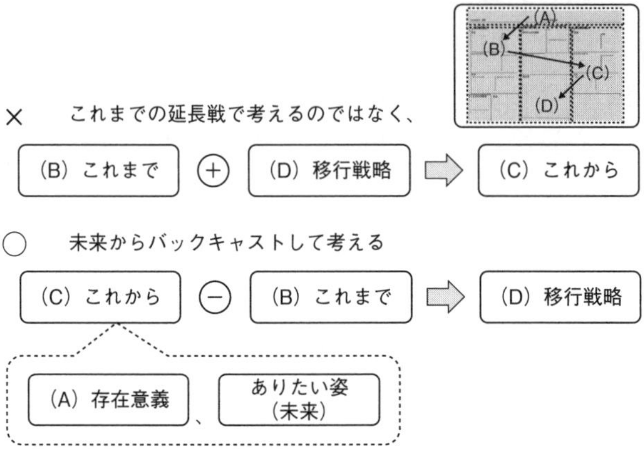

出典：『「経営デザインシート」— 経営をデザインする —』
(内閣府知的財産戦略推進事務局)

その他、ビジネスモデルの理解・設計に役立つツールである『ビジネスモデル・キャンバス』[注4] もあります。ビジネスモデル・キャンバスと強み・弱み・機会・脅威（SWOT）分析を組み合わせて活用することも効果的です。

(注 3) https://www.meti.go.jp/policy/economy/keiei_innovation/sangyokinyu/locaben/

(注 4) 顧客、価値提案、インフラ、資金の 4 つの領域をカバーする 9 つの構築ブロック（顧客セグメント、価値提案、チャネル、顧客との関係、収益の流れ、リソース、主要活動、パートナー、コスト構造）で構成された 1 枚のシート。

3　夫婦で年金相談に来て、事業承継相談につながるケースも

事業承継支援における社労士・FP の優位性としては、すでに述べたとおり、**社長の年金相談に対応する過程で、いつ退職するつもりか・事業をどうするつもりかという、社長の本音を早期に教えてもらえること**が挙げられます。

(1) 公的年金に関する相談

また、小規模企業では社長の奥さんが経理や総務関係を担当していることも多く、夫婦で年金相談に参加することもよくあります。社長の奥さんから説明を求められる事項としては、次のようなものが挙げられます。

- 配偶者加給年金額について
- 遺族厚生年金と死亡時の生計維持関係（特に、奥さんの収入・所得要件）
- 社長が亡くなったことによる遺族厚生年金と奥さん自身の老齢厚生年金との調整
- 社長の未支給分の年金の請求
- 遺族厚生年金と奥さんの老齢基礎年金・老齢厚生年金の繰下げなど

夫婦そろっての年金相談の場では、事業承継準備を行わないまま社長が急死し、奥さんが社長に就任せざるを得ず苦労したり、売上が低迷してM&Aによる買い手企業も見つからず倒産（廃業）してしまったりした例を奥さんが話題にし、早期に事業承継準備を検討してほしいと、奥さんが社長に直言するケースもあります。

(2) 個人年金に関する相談

社長夫婦からは、次のような質問も多く寄せられます。

個人年金を受け取ると、年金は支給停止されますか？

個人年金にも税金はかかるのでしょうか？

年金支給開始年齢を迎える社長には、生命保険会社の個人年金保険に加入している人も多いからです。生命保険会社から受け取る個人年金は、法人から労働の対償として受ける報酬・賞与ではありませんので、総報酬月額相当額に影響しません。したがって、在職老齢年金制度による年金支給額停止計算には影響しません。

また、かかる税金については、契約者と受取人が同一人の場合、毎年受け取る個人年金は公的年金等以外の雑所得として課税対象となります（契約者と受取人が同一人の場合、一括受取りすると一時所得として課税対象となります）。

個人年金のほかに、企業年金（企業年金連合会）の給付や、社長を被保険者とする会社契約の生命保険・損害保険、個人契約の生命保険・損害保険の保障・補償内容を確認して整理し、説明してあげると、社長の奥さんから喜ばれることが多いです。

4　事業承継相談初期対応としての社長コーチング

事業承継支援というと、次のような業務を行っている事務所もありますが、必ずしもこれらにこだわる必要はありません。**社長の年金相談を通じて社長が事業承継を自分事として考えるようになるきっかけを提供するだけでも、社労士・FPだからこそできる大きな価値提供のしかた**だと考えます。

・事業承継前・後を通じた雇用環境整備等の企業価値向上支援
・経営労務監査（「労務コンプライアンス監査」・「人財ポートフォリオ監査」）
・「スモールM&A」における退職金債務・未払い残業代の確認等の人事労務DD（デューデリジェンス）
・人事労務関連のPMI（統合プロセス）マネジメント

社長が事業承継を自分事として真剣に考えるようになるきっかけをつくり、事業承継相談の初期対応から、必要に応じて税務・法務等各分野の信頼できる専門家や支援機関等を紹介することは、中小企業の事業承継支援の現場で今必要とされている、最も重要な役割の一つといえるでしょう。

さらにもう少し踏み込んだ支援を行いたい場合は、経営デザインシート等の内容について社長にヒアリングしながら、事業承継計画（311ページ）を作成するお手伝いをし、定期的に進捗管理を行う、「社長コーチング」という支援方法があります。

「社長コーチング」と聞くと大げさに感じられるかもしれませんが、**事業承継についてまず何から始めればよいのか・何をどこに相談すればよいのかからわからない状態の社長、相談相手のいない社長にとっては、話し相手となって話を聞き、社長自らが答えに気づく・答えを見出すお手伝いをするだけでも喜ばれることがあります**。あるいは、創業時や大きく会社が発展したときの成功要因、苦労したときになぜ乗り越えられかなどの話を聞くだけでも、社長が自身の人生観・価値観を再確認することができますし、後継者との話し合いに同席してほしいと頼まれたときに、社長が後継者に伝えたいことが伝わるようにバックアップすることができるようにもなります。

社長の想い・経営理念・自社が大事にしていること・後継者に託したい将来ビジョン等を後継者に引き継ぐために、次のようなお手伝いもできます。

・社長インタビューをビデオカメラで撮影し、動画編集やテキスト化を行い、社長の想い等をまとめる
・社長の想い等を後継者や社員に伝えるための小冊子・企業出版書籍・動画・Webサイト等の企画・制作支援を行う

なお、社労士・FP等が社長コーチングを行うにあたって企業から受ける報酬額は、各事務所が自由に定めればよいものです。報酬に見合う価値があると感じた社長から依頼があります。

役員給与設定変更による年金受給支援を行う場合は、役員給与年額を下げなくても会社の営業利益・社長の可処分所得の合計額が毎年約100～300万円程度増えるケースが多いので、社長コーチングにかかる費用負担が重いと感じる社長は少ないでしょう。

5　事業承継相談初期対応の流れとポイント

社労士・FP 等が年金相談等をきっかけとして、事業承継相談初期対応を行う際の大まかな流れとポイントは、次のとおりです。

図 4-15　事業承継相談初期対応の大まかな流れ

1　社長にあと何年生きるつもりか（生きられるか）をイメージしてもらう

↓

2　社長に生きているうちにどうしてもやりたいことをイメージしてもらう

↓

3　やりたいことをやるにはどの程度の期間が必要かを見積もって、いつからそれを始めればできるかを確認する

↓

4　やりたいことをやるために、その前にやっておくべきことを決める

↓

5　決めたことを実現するためのスケジュールを作成する

↓

6　スケジュールどおり実行できているか、進捗を確認し、適宜修正する

(1) 社長にあと何年生きるつもりか（生きられるか）をイメージしてもらう

人がいつかは亡くなる確率は100％です。しかし、その事実から目をそらしている社長も多いです。「100歳までは生きるつもりだ」とか、「長寿の家系だ」、「やりたい事業がたくさんあるのでまだまだ死ぬわけにはいかない」という声が、よく聞かれます。

たとえ人生をかけていつまでも行い続けたい事業であっても、未来永劫にわたって社長が行い続けることはできません。事業承継を自分事として捉えてもらうためには、前提として、この当たり前の事実を社長自身が心から実感している必要があります。

ですから、事業承継相談対応の際も、最初は、社長が何歳まで生きるつもりと考えているかに基づいて経営デザインシートや大まかな事業承継計画案を作成してもらいますが、公表されている平均余命データや健康寿命データについても確認してもらったうえで、必要に応じ計画を適宜修正してもらうこととなります。

もっとも、**社長の年金相談をきっかけとして事業承継相談を受ける場合は、年金相談において「どの年金を・いつから・どのようにして・いくらにして受け取るのか」に関する社長の希望をヒアリングする際に、平均余命データを確認してもらっている**ことが通常です。

したがって、事業承継相談に進んだ際に再度これらのデータを確認してもらうことから始めても、特に違和感を与えることはありません。再度確認することによって、自身に残された時間が決して多くはないことに自ら改めて気づいてもらえます。

令和3年7月30日に厚生労働省が公表した『令和2年簡易生命表の概況』によると、65歳男性の平均余命は20.05年、65歳女性の平均余命は24.91年です（**図4-17**）。また、令和3年12月20日に厚生労働省が公表した令和元年時点の健康寿命（健康上の問題で日常生活が制限されることなく生活できる期間）は、男性72.68歳・女性75.38歳です（第16回健康日本21（第二次）推進専門委員会資料

図 4-16　主な年齢の平均余命

（単位：年）

年齢	男			女		
	令和２年	令和元年	前年との差	令和２年	令和元年	前年との差
0歳	81.64	81.41	0.22	87.74	87.45	0.30
5	76.83	76.63	0.20	82.93	82.66	0.27
10	71.85	71.66	0.20	77.96	77.69	0.27
15	66.89	66.69	0.20	72.98	72.72	0.27
20	61.97	61.77	0.20	68.04	67.77	0.27
25	57.12	56.91	0.21	63.12	62.84	0.28
30	52.25	52.03	0.22	58.20	57.91	0.29
35	47.40	47.18	0.23	53.28	53.00	0.29
40	42.57	42.35	0.23	48.40	48.11	0.29
45	37.80	37.57	0.23	43.56	43.26	0.29
50	33.12	32.89	0.24	38.78	38.49	0.29
55	28.58	28.34	0.24	34.09	33.79	0.30
60	24.21	23.97	0.23	29.46	29.17	0.30
65	20.05	19.83	0.23	24.91	24.63	0.29
70	16.18	15.96	0.22	20.49	20.21	0.28
75	12.63	12.41	0.22	16.25	15.97	0.28
80	9.42	9.18	0.24	12.28	12.01	0.27
85	6.67	6.46	0.21	8.76	8.51	0.25
90	4.59	4.41	0.18	5.92	5.71	0.21

出典：『令和２年簡易生命表の概況』（厚生労働省）

3-1）。60歳未満の社長から相談を受けた際も、これらのデータは確認してもらうのがよいでしょう。

もちろん、平均余命はあくまでも平均データですし、健康状態も個人差がありますから、社長の場合にも必ずこれらがあてはまるということではない、ということは一言伝えておきましょう。

(2) 社長に生きているうちにどうしてもやりたいことをイメージしてもらう

① 生きているうちにどうしてもやっておきたいことを書き出してもらう

平均余命・健康寿命データについて確認してもらったら、今の事業や社長としての今の立場を離れて、今後の人生全般について考えてもらい、生きているうちにどうしてもやっておきたいことを書き出してもらいます。自身の今後の人生について、あるべき理想の姿をイメージしてもらうということです。何でもよいので、社長自身が心の底からやりたいと思うことを、ノート・付箋・ホワイトボード・模造紙等に書き出せるだけ書き出してもらいます。

- （新型コロナが収束したら）配偶者と世界旅行に出かける
- 趣味に没頭する
- これまでの経験・知見をまとめて書籍を執筆する・コンサルティング事業を始める
- 後進の指導のための活動をする
- 業界の発展のための講演活動をする
- ボランティア活動をする
- 若い時にやりたかったものの何らかの事情で断念したことにチャレンジする
- 孫（世代）に仕事で身につけた外国語会話を教える　など

すぐに書き出せない場合は、定期的に時間を取って何度もチャレンジしてもらいます。人の目や世間の評判を気にする必要はありませんし、見せたくなければ書いた内容を見せてもらう必要もありません。

無駄な作業のように思えるかもしれませんが、ここが弱いと、例えば親族への承継で後継者にバトンタッチした後もいつまでも経営に口を出したくなったり、M&Aの最終契約締結の寸前で気が変わったりするようなことにもなりかねませんので、非常に重要なステップです。

今の事業・仕事以外にやりたいことが思い浮かばない、浮かんだとしても、休日に行う程度で十分満足だ、という社長もいます。そのときは、今の事業・仕事について、以下のようなことを書き出してもらうことから始めても構いません。

- 何のために今の事業・仕事を始めたのか（先代社長から引き継いでやっているのか）？
- 事業・仕事をやってきた中で一番嬉しかったこと・楽しかったことはいつのどんな出来事で、その時どんな感じがしたか？
- 今後ももっとそのような気分を味わいたいか。どうすれば味わえるか？　味わうために必要なもの・ことは何か？
- 今の事業・仕事で好きなこと・今後もやりたいことは何か？　嫌いなこと・できればやりたくないことは何か？
- 毎日好きなことだけ・やりたいことだけをできているか？　できていない場合は、毎日の時間の何％くらいは好きなこと・やりたいことをできているか？

どうしてもやりたいことが書き出せないという場合は、過去の様々な実体験（成功体験・失敗体験）を振り返ってもらうことを通じて、自身の価値観（好きなこと・こうありたいといつも考えていること、嫌いなこと・絶対にやりたくないことなど）を再確認してもらう過程で、やりたいことが見つかることもあります。

②　何歳からやりたいことを始めるかを時系列で書いた「一生の計画表」を作成してもらう

次に、やりたいことをそれぞれ何歳から始めるかを時系列で書き込んだ「一生の計画表」を作成してもらい、計画表の中に平均余命・健康寿命データも書き入れてもらいます。これにより、自身に残された時間に限りがあること、やりたいことの多くが健康でないとできないことを実感してもらえますので、効果的です（書き入れてもらうまでもなく社長自身が気づくことが多いですが)。また、書いてみると、やりたいことを行うには、お金よりもむしろ健康と時間のほうが大事だと気づく人も多いようです。

「一生の計画表」は、手書きまたはExcel等で時系列順に作成すればよいのですが、今後の計画だけでなく現在から過去に遡って記入する欄も作り、過去に経験したことを思い出して書き入れていくと、日頃は意識していなかったが昔から大事にしたいと考えてきた価値観等に、改めて社長が気づく場合があります。

③　経営デザインシートにも記入しておくべきものがあれば転記する

書き出してもらった中に経営デザインシートの「これから」･「これまで」に転記したいものが出てきたら、適宜書き入れてもらいます。この過程で、自身が退職した後も亡くなった後もこの世に残したい事業にかける想いが明らかになり、社長が自発的に事業承継計画を作成し始めることもあります。

また、生きているうちにどうしてもやりたいことは、今やっている事業・仕事のすべてではなく、ごく一部の事業・仕事であることに気づいたり、実は別の事業・仕事を始めたいと考えていたが、日常業務に紛れて先延ばしにしていたことに気づいたりすることも、少なくありません。

なお、書き出した内容について、今の事業・仕事に関係することであってもそうでなくても、社長が話したいようであれば差し支えない範囲で口頭で教えてもらうことはとてもよいことです。口に出して説明することで、社長自身が内容を強く実感することがよくあるからです。もっとも、こちらから促さずとも社長のほうから熱く語られることもよくあります。

(3) やりたいことをやるにはどの程度の期間が必要かを見積もって、いつからそれを始めればできるかを確認する

(2) で書き出したやりたいことを、残りの人生ですべて実現するためには社長を退任する必要があるのであれば、いつ退任するのかを決めてもらいます。完全に退職する必要があるのであれば、いつ退職するのかを決めてもらいます。

初めての年金相談や退職金相談の場では退職時期を明確にはイメージできなかった社長でも、この段階で自身の退職時期を明確に考え始めることがあります。

(4) やりたいことをやるために、その前にやっておくべきことを決める

次に、やりたいことをやるために、その前にやっておくべきこととして、事業承継・事業整理プランニングについてイメージしてもらいます。

何らかのかたちでの事業承継をしておきたいのであれば、人・モノ・取引先・ノウハウ等、社長が次世代に残したい知的資産も含めた経営の引継ぎや資産の引継ぎを、いつ・誰（どこ）に・どのようにして行うのかを決めていくこととなります。

例えば、社長が親族への承継を希望しているのであれば、いつまでに後継者を決めるのか、いつまでに後継者を社内に迎えるのか、いつまでに後継者候補であることを伝えるのか、いつまでに具体的な事業承継計画を作成するのか等、やりたいこと・やっておくべきことを決めていきます。これらを決める中で、実現のためにクリアすべき税務・法務・財務・許認可・労務上等の課題が具体的に見えてきます。

課題が見えたら、それぞれ必要に応じて必要な順番で解決策を専門家に相談していけばよいこととなります。

(5) 決めたことを実現するためのスケジュールを作成する

① 事業承継計画が作成できたら、大まかなマネープランニングも作成する

やるべきことが決まったら、それを実現するための具体的なスケジューリングの作成を支援します。社長と配偶者・後継者（や他の親族）の年齢を入れた事業承継計画（312ページ）を作成していくこととなります。

親族承継を目指している場合でも、現社長から後継者候補に対して、事業・経営を引き継いでほしいということや、自身の経営理念・自社の強み・財務状況等について、これまで一度も口に出して伝えたことがない、というケースがあります。そのような場合は、まず事業・経営を引き継いでほしいと考えていることを後継者候補にいつ伝えるかを、計画表に書き入れるところから始まります。

大まかな事業承継計画が作成できた段階で、事業承継における資産の引継ぎや相続プランニングを検討したり税理士に相談したりするための準備として、今後の大まかなマネープランニングを作成してみることも重要です。

マネープランニングでは、時系列順に、公的年金、企業年金、役員退職金、個人年金、個人と会社の現金・預金・生命保険契約・その他の資産等を書き込んでいきます（年金相談や役員退職金相談の際にヒアリング・確認した内容などをもとに作成していきます）。

② 実際の行動につなげるためのポイント

以上の順番で社長が自ら考えることで、社長が生きているうちにどうしてもやりたいことを実現するためクリアしておきたいステップの一つとして、事業承継を自分事として前向きに、かつ主体的に捉えられるようになります。

一般に、事業承継に関する税務・法務等の情報提供・セミナーやア

ドバイスは、いきなり（4）の段階（事業承継・事業整理のためにやるべきことの話）から始められることが多いようですが、社長が事業承継・事業整理を自分事として捉えておらず、やりたいことを行うための必要不可欠なステップとして捉えていない段階では、実際には行動しないことが多いものです。

行動につなげるためには、毎日の行動が自身の目的達成のために必要なステップの一つだと感じてもらうことが重要です。

(6) スケジュールどおり実行できているか、進捗を確認し、適宜修正する

人事制度・賃金制度・就業規則の改定等の業務を社長から依頼されて、着手から完了するまでのスケジュールを作成したが、社長の都合でスケジュールどおりに進まず業務が完了しない、という経験をしたことのある社労士も多いと思います。事業承継計画の実行についても同様で、社長の都合でやるべきことの実行が遅れることがあります。

遅れは、社長の中で事業承継の優先順位が下がることで生じます。そのような場合は、社長の価値観ややりたいこと、やりたいことをいつから始めたいのかを、その都度再確認してもらうことが重要です。（5）で作成したスケジュールをチェックしたり時間割を作成したりしてもらうことも有効です。

また、外的な遅れの要因として、想定していた後継者候補に断られるなどして事業承継の方針が途中で大きく変わることもあります。その場合は、再度スケジューリングをし直してもらいます。

計画は実行しなければ意味がありませんので、計画作成後は毎月のタスク管理・進捗管理が重要です。スケジュールどおりに実行できたこととできなかったことを毎月報告してもらって聞き役になるだけでも、社長からは予定どおり実現するためには翌月までに何をすべきかを再確認できる、と喜ばれることがあります。

なお、事業承継までスケジュールに余裕がある場合で計画どおり進

捗しない場合は、社長自身がコントロールできないことにフォーカスを当てず、社長が自分だけでできる行動にフォーカスして実行するよう伝えることも大事です。

(7) 事業承継相談初期対応を行う期間・頻度

事業承継相談初期対応を行う期間は、事業承継の方法や個別のケースによって異なります。事業承継・事業整理の方向性が決まっていない段階であれば、最終的にどのような方向性を目指すにしても通常6カ月程度はかかります。

相談は月1回程度の面談（リモート面談を含みます）の場で(1)～(6)の流れで支援を行い、必要に応じてイメージやスケジュールを練り直したりしながら少しずつ進めることとなります。その間、社長の相談相手（話し相手・聞き役）となりサポートすることで、社長に喜ばれます。

社労士等が顧問先企業に対して行う場合は、顧問料とは別枠で報酬を受けることとなりますので、事務所経営にもプラスになります。

初期対応後、承継前の企業価値向上支援・後継者教育支援・本格的な事業承継相談対応等も行う場合は、さらに相談に応じることとなります。

(8) 他士業・専門家・支援機関等との連携

① 経営デザインシートや事業承継計画は社長の了解を得て関係者間で共有する

事業承継相談初期対応では、経営デザインシートや事業承継計画の作成等を通じて、社長の理想・希望や会社情報・後継者情報・強み等に関する情報も文字化・見える化されます。

事業承継支援に際して他士業・専門家、金融機関、商工団体、事業承継・引継ぎ支援センター、M&A 事業者等と連携して支援する場合にこうした情報があると、関係者間において短時間で共有し協力して支援にあたることができるようになりますので、社長の了解を得たうえで、(必要な範囲で) 内容を他の関係者に伝えます。

経営デザインシート・事業承継計画の作成にはある程度時間がかかりますが、作成により実行段階で同じ情報を何度も説明する手間をなくすことができますので、結果として効率的であるといえます。

② 相談対応に際しての注意点

社長の年金相談をきっかけに役員退職金・事業承継・相続等の相談に対応していると、話が税務に関する専門的な相談に及ぶことがあります。親族間のトラブルに関する相談をされることもあります。その場合、法律上、特定の士業しか行えないこととされている業務については、社労士・FP 等が自身で行うことなく、必要に応じて税理士・弁護士等の詳しい専門家を紹介することが必要です。

一方、年金・社会保険の相談に対応することについては、誰が行っても法律上問題ありません。社会保険労務士法 27 条で、「他人の求めに応じ報酬を得て」「業として」労働社会保険諸法令に基づいて申請書等の書類を作成したり提出代行したりすること等は原則として社労士しか行えないと定められていますが、相談対応はこの独占業務には当たらないからです。

著者が代表理事を務めている一般社団法人社長の年金コンサルタント協会では、社長の年金相談に対応できる人材を育成するための講座を平成 29 年 5 月から開催し、社労士・FP だけでなく、税理士、中小企業診断士、行政書士、保険営業担当の方等、様々な職業の方が受講されています。

繰返しになりますが、事業承継相談初期対応においては、事業承継全般に関する専門的な知識は必ずしも必要とはされません。自分にできることで社長の理想の人生・会社経営・事業承継等の実現に役立つことはできないか、と考えてみることが大事です。自身が事業承継関連の専門業務に関与しなかったとしても、十分な貢献をすることができます。自身の専門分野にとらわれ過ぎずに、得意なことや人脈を活かして役に立てることがないか、提供できるリソース・価値がないかを考えてみることで、様々なかたちの支援のしかたが見つかるでしょう。

(9) 社長はどうしたいのかを常に確認することが最も大事

事業承継準備は、準備をしなければという義務感や世間の目があるから渋々、という気持ちから行っても、なかなか進みません。年金受給世代の中小オーナー企業社長には、社長としての仕事が人生そのもの、会社は自分の子どものようなものといった意識を、長年持ち続けている人も多いです。外部環境の変化や売上低迷・資金繰りについての不安、責任を果たさなければという重圧を感じながら、誰にも相談できずに悩み苦しんでいる社長もいます。

ですから、社長が本当はどうしたいのかを常に確認することが最も大事で、各種報道やM&A事業者等の提供する情報のみに惑わされることなく、一人ひとりの社長の話をよく聞いて、社長にとっての理想・希望・幸せの実現を第一優先順位として考える、という基本姿勢が大事だと考えます(注5)。

(注5)『中小企業の経営資源集約化等に関する検討会とりまとめ～中小M&A推進計画～』(中小企業庁) にも、「なお、本計画は、中小企業が培ってきた貴重な経営資源を将来につないでいくことが目的であり、中小企業の淘汰を目的とするものではないことは当然である。また、M&Aは事業承継を含め経営戦略実現のための手段の一つに過ぎず、中小企業にM&Aを強制しようとするものではない。あくまでも譲渡側・譲受側の双方が希望する場合に円滑なM&Aを後押ししようとするものである」との記載があります。

(10) 社長が自分の意思で納得して決断できるように

以上、社長の年金相談をきっかけとして、税務とは異なる切り口から事業承継相談初期対応を行って価値を提供できることを、お伝えしてきました。

どのような事業承継・事業整理を目指すにせよ、外部から説得されて意に沿わないかたちで事業・会社を譲渡・整理したり、倒産、重篤な病気や突然の事故・災害、認知症、死亡により強制的にリタイアせざるを得ない状態となったりするのではなく、社長自身が自分の意思で納得して決められるようになればよいと考えます。

それに向かって社長が行動できるようにお手伝いをするのが、社長の年金相談であり、退職金相談であり、事業承継相談初期対応です。

そして、社長がやりたいことを行うための時間をできるだけ長く確保するには、なるべく早期に社長に事業承継等を自分事として捉えてもらい、計画を立てて確実に準備を進めてもらう必要があります。

社長の人生や事業承継・事業整理の選択肢が狭められてしまわないうちに、早期に社長が事業承継等を自分事として考え始めるための手段・ツールの一つとして、多くの士業・専門家・金融機関・支援機関等の方々に社長の年金相談を活用していただければ、と願っています。

資料１：経営デザインシート（簡易版）

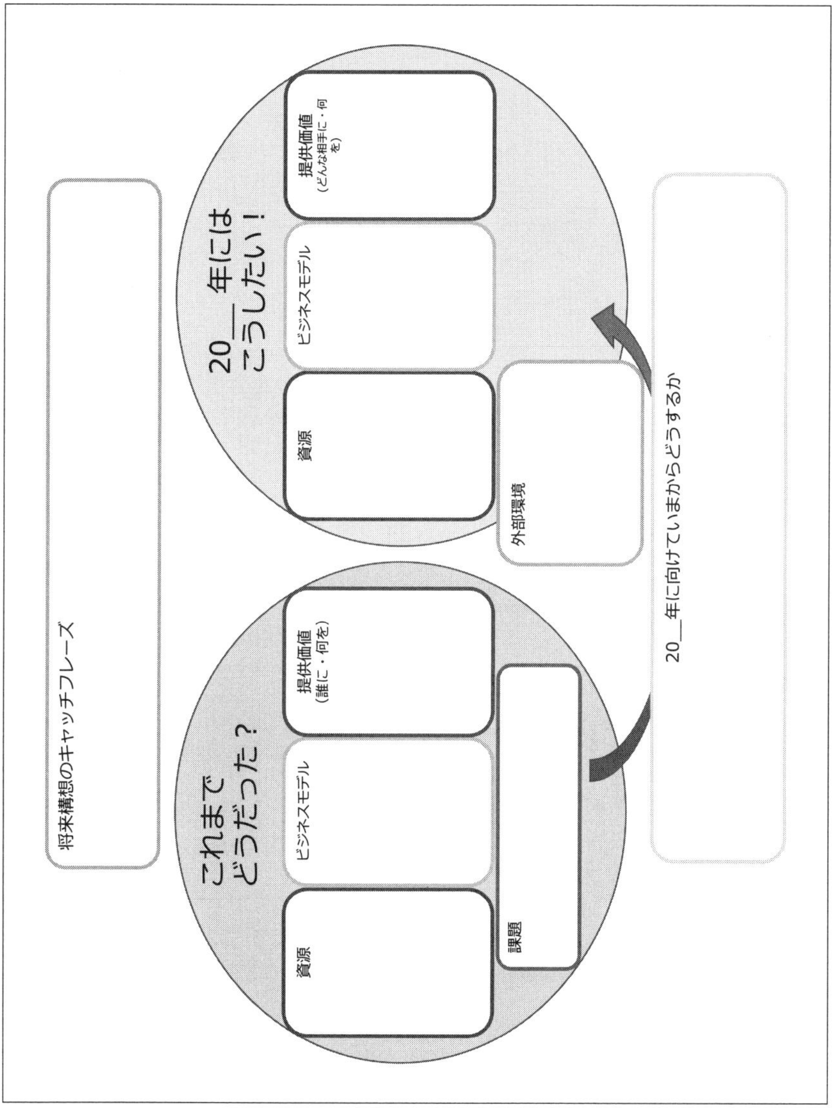

出典：首相官邸ホームページ「経営デザインシート」―経営をデザインする―

資料2：経営デザインシート（全社用）

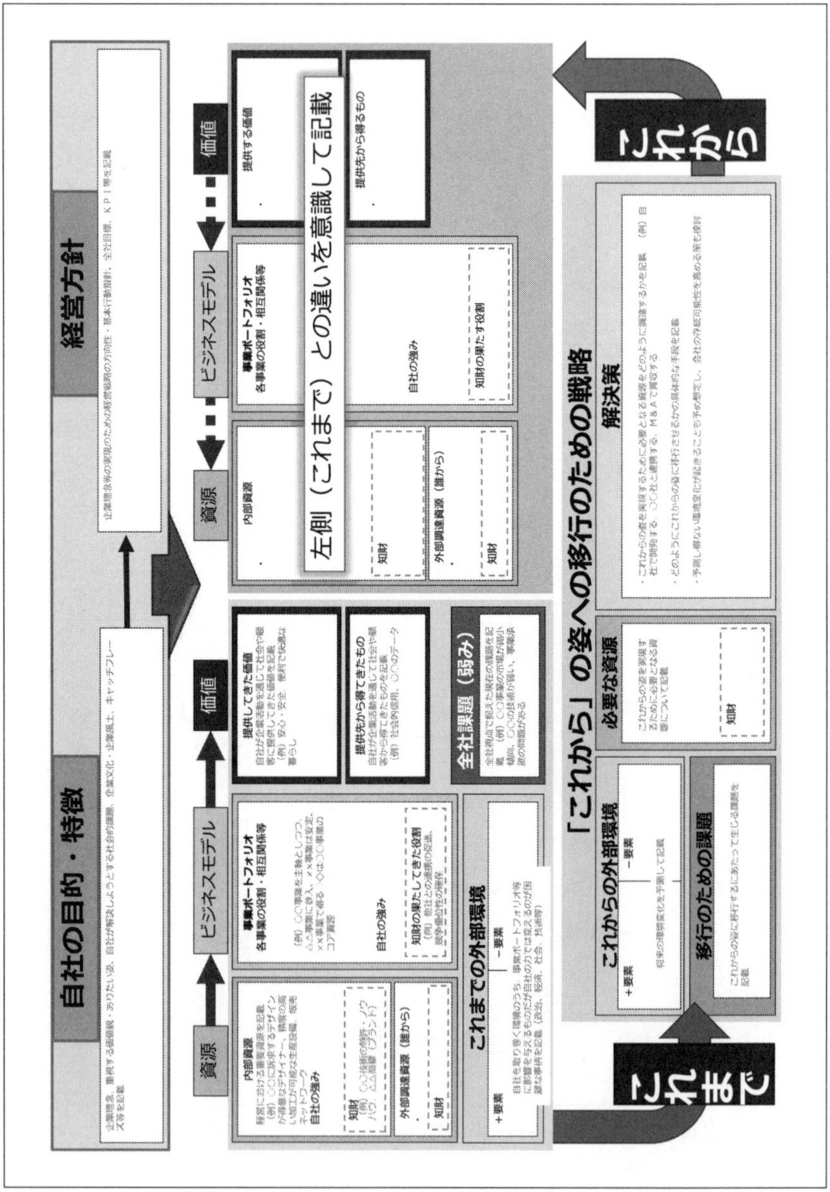

出典：首相官邸ホームページ

資料3：経営デザインシート（事業用）

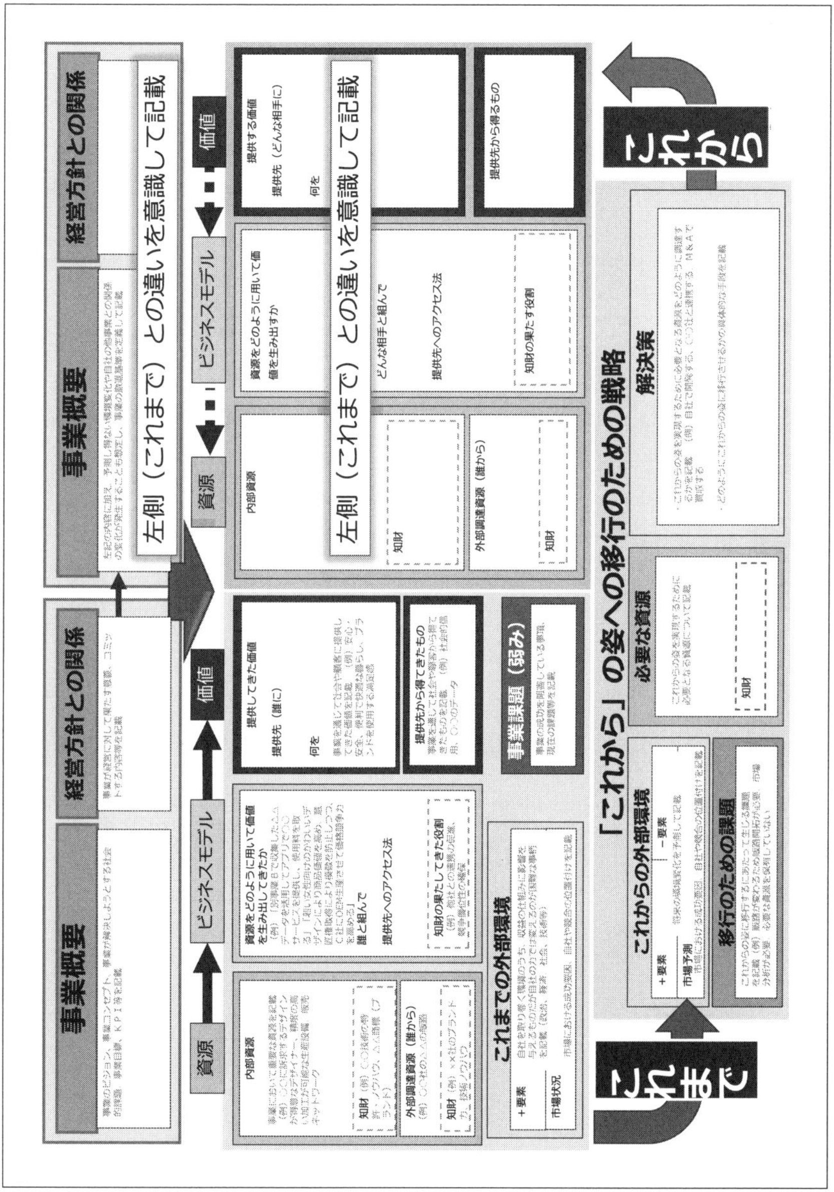

出典：首相官邸ホームページ

資料4：ローカルベンチマークガイドブック企業編抜粋

③ 4つの視点

❶経営者への着目

STEP 1 「❶経営者」へ着目する理由

経営者が経営に与える影響は大きく、経営者の優劣が企業の優劣を左右することもあります。そのため、まずは「経営者」自身の考えを整理することが重要です。また、事業の継続性を推し測る観点から、事業承継の方針を確認することも重要です。

STEP 2 「❶経営者」欄の解説と記入例

ロカベンの４つの視点の「❶経営者」部分　解説

①経営者	経営理念・ビジョン 経営哲学・考え・方針等	地域企業においては、経営者が与える影響が大きく、経営者の優劣が企業の優劣を左右する面が強いといえます。そのため、経営者との対話に際して、まずは「経営者」自身について知ることが重要です。
	経営意欲 ※成長志向・現状維持など	経営者が自社のことをどのように捉えているのか、今後どのような事業展開を考えているかを把握します。
	後継者の有無 後継者の育成状況 承継のタイミング・関係	事業の持続性を推し測る観点から、経営者が高齢の場合は事業承継の方針を確認することも欠かせません。

ロカベンの４つの視点の「❶経営者」部分　記入例

①経営者	経営理念・ビジョン 経営哲学・考え・方針等	「地元とともに発展していく事業を常に検討し、実施していく」が経営理念。 社員に対しては、①社会的な責任を果たすこと、②常にチャレンジすること、③感動を創造できる人間を目指すこと、を方針として伝えている。 経営の見える化を行っている。試算表を開示し損益分岐点の開示による経営感覚の醸成をしている。
	経営意欲 ※成長志向・現状維持など	今年度創業〇〇年目であるが、まだまだ出来ることは多いと考えている。 目標としている売上高〇〇億円を目指して社長自ら直販先の開拓のための営業を行っている。
	後継者の有無 後継者の育成状況 承継のタイミング・関係	後継者は経営企画会議のメンバー全員で推薦で選んだ候補者がいる。 現在は専務として経営全般について学ばせているところ。 前任者が実施したことを洗い直し、引き継ぎに備えている。

STEP 3 「❶経営者」欄についての第一歩

まずは肩慣らし。以下の空欄に自分の考えを書いてみましょう。

経営者

【ⅰ. 経営理念・ビジョン 市場動向・規模・シェアの把握経営哲学・考え・方針等】

参考資料　　　：会社案内
ヒアリング相手：経営陣、創業者

弊社は（目指すべき姿　　　　　）を掲げて（価値観　　　　　）をモットーにした会社です。社会的課題である（自社のドメインに関連する社会的課題　　　　　）を解消するために、（経営方針　　　　　）を自社の大方針として取り組んでいます。

【ⅱ. 経営意欲（※成長志向・現状維持など）】

参考資料　　　：なし
ヒアリング相手：経営陣

市場環境として（自社の市場環境の変化　　　　　）を捉えて、事業展開として（事業展開 積極的な事業展開 or 堅実な成長 or 現状維持）を実施しております。

【ⅲ. 後継者の有無、後継者の育成状況】

参考資料　　　：株主名簿
ヒアリング相手：株主、代表取締役社長もしくは会長

事業承継については（後継者）に（事業承継の年数　　）において実施するべく、（実施事項①　　）（実施事項②　　）（実施事項③　　）を取り組んでいます。
※予定なしの場合は「なし」の記載で OK です

STEP 4 「❶経営者」欄を考えるための主な質問

項目名	質問内容
経営理念・ビジョン、経営哲学・考え・方針等	経営理念について教えてください。
	経営理念の浸透をどのように図っていますか。
	経営計画・経営目標は作成していますか。
	どのような方法（相談相手など）で経営計画を作成していますか。
	経営計画に対する進捗管理はどのように行っていますか。
	経営者として将来、どのような会社にしたいですか。理想の会社の姿はどのようなものですか。
	経営者として尊敬している方や大事にしている本などありますか。
経営意欲	成長志向、現状維持、その他、現在どのような意欲で取り組まれていますか。
	1 年後、3 年後、5 年後のビジョンや売上目標などありますか。
後継者の有無、後継者の育成状況、承継のタイミング・関係	後継者はいらっしゃいますか。
	経営者から見た後継者はどのような印象ですか。
	後継者にはどのように事業を承継されていますか。
	（後継者候補がいない場合）今後どのように事業の承継を考えていますか。

出典：経済産業省ホームページ

資料5：事業承継計画（様式）

社名						後継者		親族内 ・ 親族外				
基本方針												
項目		現在	1年目	2年目	3年目	4年目	5年目	6年目	7年目	8年目	9年目	10年目
事業計画	売上高											
	経常利益											
会社	定款・株式・その他											
現経営者	年齢											
	役職											
	関係者の理解											
	後継者教育											
	株式・財産の分配											
	持株(%)											
後継者	年齢											
	役職											
	後継者教育 社内											
	後継者教育 社外											
	持株(%)											
補足												

【注意】計画の実行にあたっては専門家と十分に協議した上で行ってください。

出典：『事業承継ガイドライン』（中小企業庁）

おわりに

私事ですが、著者は平成４年に損害保険代理店として開業し、平成８年からは生命保険代理店事業も開始した後、平成11年から開業社労士・FP事業も始めました。

そして、平成12年（36歳時）に売上・利益拡大を目的として、廃業する保険代理店から事業を譲り受けました。その15年後、平成27年（51歳時）には、社長の年金相談やセミナー講師・執筆等に集中するため、保険代理店事業を譲渡しました。

この譲受・譲渡について思い返してみると、自身が保険代理店事業を譲り受ける際は、リスクを検討した後すぐに譲り受けました。一方、保険代理店事業を譲渡することについては、検討し始めてから実際に譲渡するまでに３年以上かかりました。その間、日常業務に追われ、また、誰にも相談できないまま同じことを何度も考えて悩むばかりで、なかなか決心できませんでした。

譲渡した後も、お客様対応を引き継いでもらえることに感謝しつつも、23年間経営してきた保険代理店事業を譲渡したことについて、口では説明できない寂しさが残りました。しかし、今となって振り返ってみると、事業譲渡により得意分野・やりたいことに集中でき、多くの社長の人生・会社経営に貢献するための時間を確保できましたので、よかったと思っています。もっと早く譲渡を決心できていれば、３年以上あれこれ悩んでいた間のストレスや時間の無駄も無くなり、より効果的であったかもしれないとも思います。

自身のこのような経験から、事業承継・M&A支援においても、後継者・買い手への支援ももちろん大事ですが、それ以上に、誰にも相談できずに困っている社長に寄り添い、社長の理想を実現できるように何らかの形で役に立ちたいと考えて、相談対応を行っているところです。

年金受給について考えることをきっかけに、経営の引継ぎも含めた事業承継や今後の人生計画について早期に検討し始める社長が一人でも増えれば、と願っております。

本書でお伝えした内容が皆様のお役に立てば幸いです。

主な参考資料

【第1章・第4章】
首相官邸ホームページ
経済産業省ホームページ
中小企業庁ホームページ
中小企業基盤整備機構ホームページ
『経営者の引退、廃業、事業承継の研究』令和2年7月同友館
『ビジネスモデル・ジェネレーション　ビジネスモデル設計書』平成24年2月翔泳社
【第2章】
厚生労働省ホームページ
日本年金機構ホームページ
『裁決例による社会保険法－国民年金・厚生年金保険・健康保険 第2版』平成23年12月民事法研究会
【第3章】
最高裁判所ホームページ
国税不服審判所ホームページ
国税庁ホームページ
『役員処遇実態調査 2021年版』令和3年11月政経研究所
『役員の退職慰労金 2021年度版』令和3年6月政経研究所
『法人税の租税実務のための判断基準』令和3年6月税務研究会出版局
『税理士業務に活かす「判決・裁決」ガイドブック 税務判断に役立つポイントをつかむ！』令和3年6月第一法規
『最新・全国調査［2021年版］「役員報酬・賞与・退職金」中小企業の支給相場』令和3年3月日本実業出版社
『増補改訂版　役員退職給与を巡る諸問題』令和3年2月大蔵財務協会
『オーナー会社のための役員給与・役員退職金と保険税務』令和2年12月税務研究会出版局
『税の難問 解決へのアプローチ 役員退職金の設定実務ガイド』令和2年11月税務経理協会
『第5版 役員報酬をめぐる法務・会計・税務』令和2年9月清文社
『税務弘報 第68巻第6号』令和2年6月中央経済社
『詳解 役員報酬・役員給与課税の非違事例100選』令和元年12月清文社
『実務解説 役員給与等の税務』令和元年10月税務研究会出版局
『全ビジネスパーソンのための分かりやすい「法人税法」の教科書』令和元年5月光文社
『最新の判決例から学ぶ 役員退職給与の税務 完全理解』平成30年12月日本法令
『決定版 知っているようで知らない オーナー社長の退職金』平成28年5月大蔵財務協会
『新版 検証 税法上の不確定概念』平成27年5月中央経済社
『役員報酬の法律と実務 新訂第二版』平成13年1月商事法務研究会

プロフィール

奥野　文夫（おくの　ふみお）

20年以上にわたる中小オーナー企業社長の年金・退職金・事業承継等相談対応を通じ、経営者の人生と会社経営を支援している。
一般社団法人社長の年金コンサルタント協会代表理事・京都中小企業互助協会理事長。特定社会保険労務士・ファイナンシャルプランナー。
経営者団体会員企業向け・士業向けのセミナー講師実績や新聞・雑誌記事の執筆実績多数。
『社長の年金　よくある勘違いから学ぶ在職老齢年金』（日本法令）等著書多数。
平成30年4月より「保険毎日新聞」にて社長の年金・退職金・事業承継等について連載執筆中。

税務監修

税理士　**中川　善行（なかがわ　よしゆき）**

社長の年金・退職金相談と
事業承継初期対応の実務

令和 4 年 1 月 20 日　初版発行

検印省略

著　者	奥　野　文　夫
税　務 監修者	中　川　善　行
発行者	青　木　健　次
編集者	岩　倉　春　光
印刷所	日本ハイコム
製本所	国　宝　社

日本法令®

〒101－0032
東京都千代田区岩本町 1 丁目 2 番 19 号
https://www.horei.co.jp/

（営　業）　TEL　03-6858-6967　　Eメール　syuppan@horei.co.jp
（通　販）　TEL　03-6858-6966　　Eメール　book.order@horei.co.jp
（編　集）　FAX　03-6858-6957　　Eメール　tankoubon@horei.co.jp

（バーチャルショップ）　https://www.horei.co.jp/iec/
（お 詫 び と 訂 正）　https://www.horei.co.jp/book/owabi.shtml
（書籍の追加情報）　https://www.horei.co.jp/book/osirasebook.shtml

※万一、本書の内容に誤記等が判明した場合には、上記「お詫びと訂正」に最新情報を掲載しております。ホームページに掲載されていない内容につきましては、FAXまたはEメールで編集までお問合せください。

ISBN 978-4-539-72884-0

続々リニューアル！ 主要 SJS 1

ビジネス書式・文例集

随時更新

社労士業務, 人事・労務管理業務に必要な各種申請・届出様式や, ビジネス文書・契約書・内容証明等をダウンロードできます（Word, Exce, PDF形式。収録書式：2,000以上）。キーワード検索のほか, 提出先別・事例別・申請月別でも検索可能です。

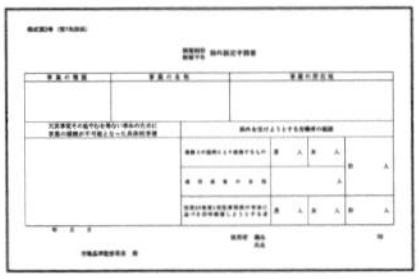

Wordファイル版

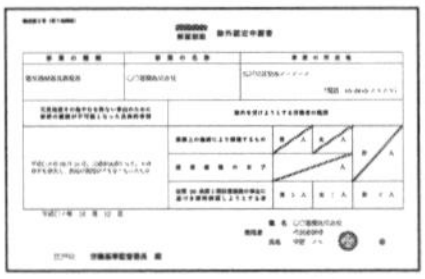

PDFファイル版

社労士業務必携シート

2021年12月新項目追加！

6訂版まで版を重ねた名著『社労士業務必携マニュアル』をデータ化！ I項目ごとにWordファイルでまとめたため, 必要項目を刷りだしてファイリングしたり, タブレット等を利用して顧客に説明したりする際にとても便利です。全104シート, 使い方解説動画付き。（監修・制作　ご存知平八会）

厚生労働省最新資料

毎週更新

（労働・雇用・派遣・年金・医療保険等）

厚労省から毎日のように公表される莫大な資料のうち, 社会保険労務士の実務に影響の大きなものを抽出して掲示しています。

社労士事務所だより（記事・ひな形）の配信

毎月更新

季節にあわせた数種類の事務所だよりのひな形と, タイムリーな記事10本を更新しています。ひな形と記事を選んだら, あとはお好みで貴事務所の案内を載せる等ご自由に作成いただけます。（A4判・B5判のWord文書形式）

未払い残業代リスク簡易診断システム

これまでの未払い残業代請求訴訟の傾向を踏まえた4大リスクに着目した質問に答えると, 自動的に発生していると考えられる未払い残業代が算出されます。印刷・保存が可能なので, そのままコンサルツールとして利用できます。

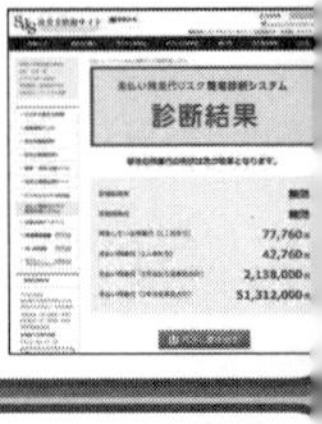

業務関連ニュースを満載したメールマガジン「SJS Express」

毎週配信

社労士業務や人事・労務関連業務に影響のある最新ニュース, 法改正情報, 厚労省関連情報, 当社の新商品, セミナーのご案内等をいち早くお届けします（原則として週一回配信）。

SJS Hot Topics

毎日更新

①法律・政省令・通達等の改正動向や手続きの最新情報, ②労務関連施策の動向やパブコメ情報, ③パンフレット・リーフレット等の最新情報を, コンパクトなニュース記事としてほぼ毎日提供しているSJSオリジナルコンテンツです。

就業規則・労務書式バンク

2022年1月新書式追加！

写真の各書籍の就業規則・各種規程の条文データおよび, 労務書式（労働条件通知書, 社内書式, 契約書）がダウンロードできます（労務書式は順次追加予定）。

私がSJSをお薦めする理由

畑中 義雄　先生（有限会社人事・労務）

利用頻度が高いのは, やはり書式や規程のひな形です。人事の基本的な書式などは自分のストックの中にありますが, 社内告知文書や社外への要望書など, 人事や管理部門で必要な文書などが, シンプルな形で多くあるので, アレンジしてすぐに使うことができます。労働判例のデータベースで過去の判例が検索できるのも助かっています。

これだけ使えて 2,365 円 / 月（税込）

3大サービス

＜ベーシック会員・プレミアム会員共通＞

営業・業務支援ツール 随時更新

社労士業務に必要な業務書式や営業用書式などを Word, Excel, PowerPoint 等のデータで提供しています。

労働判例データベース 2021年9月リニューアル！

SJS 会員サイトから第一法規株式会社提供の判例データベース『D1-Law.com 判例体系（労働法）』に接続し，労働にかかわる1万4,000件以上の判決文を検索できます。フリーワード検索ほか各種検索機能が充実しています。

ビジネスガイドWeb版 毎月更新

毎月10日の発売日より前に PC，タブレット，スマートフォンで読むことができます。2002年以降の2万ページ以上のすべてのバックナンバー記事（PDF形式）に加え,Web 版のみに掲載されている掲載記事関連情報の閲覧もできます。記事タイトルや著者名といったキーワードから検索して読みたい記事を選ぶことができます。

実務解説動画 随時更新

日本法令実務研究会（○○ゼミ）の，初回1時間分を無料でご視聴いただけます（対象となるゼミの詳細は，巻末の「日本法令実務研究会 動画＆レジュメセット」にてご確認ください）。レジュメ（PDF データ）もダウンロードすることができます。

ビジネスガイド定期購読（1年間） 毎月お届け

多くの社会保険労務士，企業の人事・労務担当者にご愛読いただいている実務誌『ビジネスガイド』の最新号を毎月お届けします。
労働・社会保険の手続きに関する改正情報，人事・労務に関する裁判例の動向，法改正で必要となる就業規則の見直し方法，助成金・奨励金の新設・改廃情報，人事・賃金制度の設計実務など，幅広い情報を掲載しています。

年に3回セミナー（動画）受講するなら絶対お薦め！

プレミアム会員限定サービス＋4

さらにこれだけ使えて 6,875 円 / 月（税込）

顧問先重要書類受渡保管庫

当サービスは，顧客や貴事務所の重要書類を安全，確実に保管・受渡できる（最大999件の共有フォルダ作成可。フォルダごとの ID・パスワードの発行，アクセス権限の設定可）サービスです。

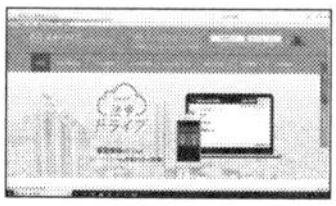

セミナー＆セミナー動画商品の無料受講【3回分】

日本法令主催の実務セミナーのうち，お好きなものを選んで会員期間のうちに3回，無料で受講できます。お申込み時点で未開催のセミナーに加え，開催後に見逃し配信中のセミナー動画＆レジュメセット商品からもお選びいただけますので，対象商品は優に100を超えます（一部対象外のセミナーもございます）。

『開業社会保険労務士専門誌 SR』Web版 2・5・8・11月更新

最新の法令・実務を踏まえたコンサルティング，業域拡大・新規獲得による営業拡大，事務所経営に関する情報とノウハウが満載の季刊『SR』が，バックナンバーを含め創刊号から5,000ページ以上の記事をすべて読むことができます。
記事タイトルや著者名といったキーワードから検索して読みたい記事を選ぶことができます。

ミニセミナーアーカイブ＆プレゼンレジュメ 随時更新

SJSの新サービスである会員限定 Web ミニセミナーの過去分を視聴できます。また，社労士にとってよくあるプレゼンテーション用のレジュメデータが利用できます。

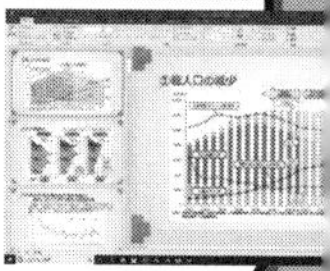

私がSJSをお薦めする理由

諸星 裕美　先生（オフィスモロホシ社会保険労務士法人）

新着記事では，すぐに具体的な内容にアクセスできるので，とても助かります。また必要な書式の参考例を入手できたり，欲しいと思える書籍も割引になるなど恩恵を受けています。送られてくるビジネスガイドは，事務所全員に回覧するようにし，業務に必要な号は必要に応じて，自分の手元に置くなどして，常に参考とするようにしています。

これだけじゃない！！　会員特典・お申込方法等は目次後のページをご覧ください

さらに !! 会員特典

★書籍・雑誌の割引販売

弊社発行の書籍、雑誌のすべて（在庫のあるものに限ります）を２割引でご購読いただけます。

★様式・CD-ROM の割引販売

弊社が発売している様式、CD-ROM 等を原則として２割引でご購入いただけます。

★弊社主催・共催セミナーの割引受講

弊社主催または共催のセミナーを特別価格にて受講いただけます。

★「社労士市場」における割引販売

弊社と提携している各メーカーの業務関連ソフト等を、特別価格にてご購入いただけます。

★プロフィール掲載（希望者のみ）

当サイト内の「社労士紹介ページ」にご自分のプロフィール等を掲載することができます（掲載期間は会員期間と同じ１年間。開業社労士の方のみ掲載可能）。会員専用ページ（マイページ）内で随時更新することができます。

会員期間中は無制限に利用できます。

年会費

ベーシック会員　**税抜 25,800 円（税込 28,380 円）**

プレミアム会員　**税抜 75,000 円（税込 82,500 円）**

会員加入資格

どなたでもお申し込みいただけます。ただし、「社労士紹介ページ」への掲載は、開業社会保険労務士の方に限らせていただきます。なお、法人にてご利用いただく場合は、ご担当者様個人とのご契約とさせていただきます。

申込方法

新規申込の場合

SJS ホームページ（https://www.horei.co.jp/sjs/）からお申し込みください。

ビジネスガイド定期購読会員から SJS 会員に変更する場合

ビジネスガイド定期購読料金と SJS サイト年会費の相殺を行いますので、SJS 会員担当にご連絡ください。

●お問い合わせ

日本法令®

SJS 会員担当

✉ sjs@horei.co.jp

☎ 03-6858-6965（月～金 9：00～17：30）